直播电商全能一本通

ZHIBO DIANSHANG QUANNENG YIBENTONG

张云青　隋东旭◎主编

宋艳苹　谢　阳　杨淼儿◎副主编

電子工業出版社

Publishing House of Electronics Industry

北京 • BEIJING

内 容 简 介

电商+直播，开启了电子商务的新征程，启动了电子商务飞速发展的新引擎。电商与直播的结合，另辟蹊径地为电子商务的发展增添了无限可能。本书分为7章，包括绪论、直播团队的组建、直播电商的准备工作、直播电商常用的技巧、主流直播电商平台运营实战、直播营销误区和直播规范与监管、直播电商案例分析。

图书在版编目（CIP）数据

直播电商全能一本通 / 张云青，隋东旭主编. 一北京：电子工业出版社，2021.9
ISBN 978-7-121-41892-1

Ⅰ. ①直… Ⅱ. ①张… ②隋… Ⅲ. ①网络营销 Ⅳ. ①F713.365.2

中国版本图书馆 CIP 数据核字（2021）第 175699 号

责任编辑：袁桂春　　特约编辑：马凤红
印　　刷：北京虎彩文化传播有限公司印刷
装　　订：北京虎彩文化传播有限公司印刷
出版发行：电子工业出版社
　　　　　北京市海淀区万寿路 173 信箱　邮编：100036
开　　本：787×1 092　1/16　印张：11.75　字数：293 千字
版　　次：2021 年 9 月第 1 版
印　　次：2022 年 10 月第 2 次印刷
定　　价：56.00 元

凡所购买电子工业出版社图书有缺损问题，请向购买书店调换。若书店售缺，请与本社发行部联系，联系及邮购电话：（010）88254888，88258888。

质量投诉请发邮件至 zlts@phei.com.cn，盗版侵权举报请发邮件至 dbqq@phei.com.cn。

本书咨询联系方式：（010）88254199，sjb@phei.com.cn。

丛书编委会

前 言

电子商务领域已经成为我国年轻一代和众多创业者发挥创造力、体现创新精神的重要阵地。电商平台优质的内容，是将广大创业者与无数用户紧密联系在一起的纽带。互联网技术的进步，促使网络直播正逐渐成为人们重要的表现途径，越来越多的网民加入直播平台，网络直播带来的收益越来越高，影响范围越来越广，通过网络直播获取收益的方式也逐渐变得多元化。随着“直播+”业态的不断发展，“直播+电商”即直播电商进入人们的视野，正在改变人们的消费方式。

相较于传统电商，直播电商的优势在于其拉近了商品与用户之间的心理距离，使用户可以更好地了解商品。这些变化体现了消费升级有不断深化的趋势，用户从单纯地比较商品的价格和商品的功能参数，提升到更关注整个消费过程中的精神体验。在这个过程中，越来越多的用户希望获取更具知识性和专业性的信息内容，作为自己购买行为的决策参考。优质的电商平台内容对用户选择商品产生了越来越人的影响。对于电商企业，如何超越过往的电商运营思维，快速拥抱直播电商的新趋势，抢占直播电商时代的先机，是它们必须直面的新挑战。

本书包括 7 章，第 1 章绪论，介绍了直播电商认知、直播电商的运营理论与价值、直播电商的发展及未来趋势；第 2 章直播团队的组建，介绍了直播团队的组织框架、不同直播团队的组建、直播主播的打造、直播主播助理的打造；第 3 章直播电商的准备工作，介绍了直播选品、直播的硬件选择、直播脚本的制作、直播预告的策划；第 4 章直播电商常用的技巧，介绍了商品讲解技巧、直播间互动法则、直播粉丝营销、直播流量的提升、直播销售话术的修炼、直播礼仪的规范、直播中的禁播与封杀、直播数据分析、直播电商客服、直播电商物流；第 5 章主流直播电商平台运营实战，介绍了淘宝直播、快手直播、抖音直播等；第 6 章直播营销误区和直播规范与监管，介绍了直播营销误区、直播规范与监管；第 7 章直播电商案例分析，对医疗、旅游、教育行业及农产品领域的直播案例进行了分析。

本书具有以下特色。

一是内容具有前瞻性。本书在创作初期，便充分考虑了电商平台生态规则的升级变化，从根本性的方法论着手，理论结合实践，保证了本书具有跨规则、跨类目、跨阶段的应用价值。

二是理论结合实践。本书从实践出发，针对当下直播行业的问题，为读者提供有针对性的理论知识，使读者能够把理论知识运用到实践中去，不断发现问题、解决问题，从而提高自身的专业技能。

本书由张云青和隋东旭担任主编并进行全书的统稿工作。由于编者水平有限，书中难免存在错误和疏漏之处，敬请广大专家和读者不吝赐教。

编　者

目 录

第1章 绪论

学习目标

- 掌握直播电商的概念与特点；
- 熟知直播电商的运营理论和价值；
- 了解直播电商的发展和未来趋势。

学习重点、难点

学习重点：

- 直播电商的类型；
- 直播电商的价值。

学习难点：

- 直播电商的运营理论；
- 直播电商的价值。

1.1 直播电商认知

2016 年是不折不扣的“网络直播元年”，互联网技术日新月异，种类繁多的网络直播平台犹如雨后春笋般涌现。网络直播以压倒性的态势，占据了创投领域第一热门的位置，且久居不下。在这一年里，不仅有大大小小的网络直播平台蓬勃兴起，更有直播电商发展的火爆，吸引了众多投资者纷纷加入，还出现了众多当红网络主播疯狂吸金的现象。那么，直播电商到底是什么呢？为何会有如此大的魅力？

1.1.1 直播电商的概念和特点

1. 直播电商的概念

直播电商是基于电子商务平台，以网络直播为手段，主播通过直播的形式将商品展示给用户，并与用户进行实时互动，运用多种方式激发用户购买力，将用户和商品销售相结合的一种商业模式。

2. 直播电商的特点

直播电商具有平民化、共时性与灵活性、真实性与丰富性、互动性与不确定性、平等性、社群化等特点。正是因为这些特点，用户才会对其异常喜爱。

1）平民化

随着智能手机的普及和无线通信技术的发展，网络直播内容制作和发布的门槛越来越低，网络直播已经不再仅仅是一种娱乐方式，而是成了网络用户普遍使用的表达方式。网络直播摆脱了传统视频直播对场景的限制，同时，直播内容的碎片化，使得用户只要打开直播平台，就能选择自己喜欢的内容进行观看。

网络直播内容的制作者可以在法律允许的范围内自由地表达自己，将自己的想法及观点传播给他人，实现了人与人之间的有效沟通，增强了交流的丰富性，极大地提升了信息传播的效率。

2）共时性与灵活性

随着互联网及移动网络的发展和手机、电脑等电子设备的普及，人们越来越倾向于通过这些电子设备获取和传播信息。如今，由于无线局域网（Wi-Fi）的覆盖范围大幅增加，以及手机、电脑等接收流媒体信息能力的显著提升，网络直播信息的传播变得更加快捷。

众所周知，很多大事件的电视直播都受时间限制，电视节目的观众若不能在指定的时间内观看，就只能等待重播。在网络直播出现前，人们若想观看体育赛事、重大事件的直播，身边若没有电视机就不能实现，这给观众带来了极大的不便。网络直播的出现则给用户带来了极大的便利。用户如果有观看网络直播的需求，只要将电子设备（如手机或电脑）连接上互联网，然后搜索直播链接，即可进行观看。由此可见，在网络直播模式中，视频的采集、发布和收看可同时进行。

现在，随着网络媒体的兴起，用户选择的自主性逐渐提升，这是由于视频在网络直播后便储存于该平台，用户即使错过了直播，也可在任何时段登录网络平台，进行点播重看。可见，网络直播具有很强的灵活性，能更好地满足用户的观看需求。

网络直播的灵活性具体体现在如下 3 个方面。

（1）网络直播内容的采集非常灵活。用户需求的多样性决定了网络直播内容的丰富性，学习、旅游、购物、娱乐等各种不同的日常活动，都可以成为直播的内容，而且内容的采集通常仅需一部智能手机就可以操作。

（2）网络直播内容的发布非常灵活。无论是在专门的直播平台上，还是在淘宝等电商平台上，用户只要申请入驻并通过审核，就能轻松发布自己的直播内容。

（3）网络直播内容的接收非常灵活。用户只要有电脑、智能手机等相关电子设备，就可以登录直播平台，寻找自己感兴趣的内容。

3）真实性与丰富性

相较于经过层层包装的人与物而言，人们更希望看到真实的场景。网络直播将真实的生活场景展现在用户面前，满足了用户对真实性的需求。另外，网络直播还可以与事业全面结合，“直播 + 旅游”“直播 + 音乐”“直播 + 医疗”“直播 + 教育”等，使得网络直播的内容极其丰富，从而提升了网络直播的正向效用。

4）互动性与不确定性

互动性是网络直播与传统直播的最大区别。传统媒体在直播事件时，只能采用文字、图片、音频和视频等，将现场事件的发展传递给观众，但主播与场外观众之间、场外观众互相之间是不能进行交流的。而网络直播却能实时互动，这是其天然的优势，一方面，网络主播不仅可以让用户及时掌握事件的动态信息，还可以与观看同一直播的用户进行沟通交流；另一方面，用户可以把自己的想法、观点、感受等发表在即时留言板、论坛、弹幕等互动平台上，实现与其他用户的互动，有效增强了用户的参与感。直播平台也因实时互动的存在而具备了社交属性，并以视频为节点形成了社区。

直播过程中的互动将人与人之间的联系变得更加人性化。当然，视频直播除具有强大的互动性外，还有极大的不确定性。直播没有彩排，呈现出来的是主播和用户的真实画面，因此，在直播的过程中经常发生“意外”，尤其在进行户外直播及生活直播时，更是如此。虽然有很多直播因这些“意外”的出现而备受欢迎，因为这种不确定性使用户的猎奇心理得到了满足；但也有很多直播因这些“意外”的出现而备受指责，因为直播真实地展现了直播现场的不堪入目；还有很多直播因这些“意外”的出现而遭遇停播，因为其内容不合法。

5）平等性

在以电视为主流媒体的传统传播时代，信息的传播是单向的，即媒体制作内容后传输给观众收看。在这样的信息传播模式中，内容制作方与观众之间的地位是不平等的，内容制作方具有更大的主动权，处于较高的主动地位，而观众的地位则很被动。

而在网络直播领域，多元化的共享平台使得直播内容的采集、发布、收看都是在平等的基础上进行的。一方面，直播内容的制作者之间、用户之间是彼此平等的，均具有同等的权利，且必须遵循相关法律和平台规则；另一方面，内容的制作者与用户间也是平等的，双方均拥有自主选择权，并可基于互动平台进行平等的交流。

6）社群化

通常情况下，观看同一个直播的人大多具有相同的兴趣和爱好，这些有共同兴趣和爱好的人极易集合成社群，而现实生活中将人集合起来的驱动因素非常多。例如，很多人喜欢网络购物，由此形成了带货直播；还有很多人喜爱观看体育赛事，由此形成了体育赛事直播；更有很多人喜爱学习充电，由此形成了培训直播；等等。直播生成的社群互动塑造了一种新的社交方式，满足了人们的社交需求，使互动的趣味性得以有效提升。

1.1.2 直播电商的类型

目前，电商平台与直播相结合主要有 3 种类型，第 1 种类型是电商平台上线了直播的功能；第 2 种类型是直播平台与电商平台合作，为其提供流量；第 3 种类型是将直播与电商化运营相结合的创业公司。这 3 种类型各有自己的独特性，不过相比较而言，第 3 种类型的竞争优势更加突出，随着该模式的日渐成熟，会有越来越多的企业参与，并会出现实力型的直播电商平台。

1. 第 1 种类型：电商平台上线了直播的功能

第 1 种类型的典型案例是淘宝直播、天猫直播。天猫上线直播功能后，美宝莲在 2015 年“双十一”期间，出售的口红商品总数达 9 万支，此次直播以网红为主；美宝莲于 2016 年 4 月在天猫进行了直播，仅用 2 小时就售出 1 万支口红，成了明星为参与主体的直播活动；杜蕾斯于 2016 年 4 月 26 日开启了直播，当天观众达数十万人，3 小时的直播结束后，杜蕾斯的流量规模增长了 1/5，成了品牌策划与执行的直播活动。无论是哪种直播形式，都能在短时间内为商家带来大规模流量，促使其出现了爆款商品。2020 年“618 活动”期间的数据显示，开淘宝直播的商家数量同比大涨 160%，超过 600 位来自品牌商家的总裁、高管走进直播间。整个“618 活动”期间，带货销售额超过 1 亿元的直播间中，商家自己的直播间占到了约 2/3。

从电商平台发展的角度分析，与直播形式的结合不会从根本上颠覆其运营模式。如果平台运营的商品没有改变，推出直播功能的目的只是吸引用户进店，那么，其与传统广告就没有太大的区别。多数电商平台即使上线了直播功能，也没有改变原有的商品体系。

淘宝直播的内容具有多元化特征，包括娱乐、美妆、服饰等。在这种类型下，用户会跟随主播的动向而行动。当主播从一个平台转向另一个平台时，用户也会随之发生迁移，而不会继续停留在原平台。

2. 第 2 种类型：直播平台与电商平台合作，为其提供流量

第 2 种类型的典型案例是快手平台。快手作为短视频平台，近几年的发展可谓日新月异。快手在 2018 年 7 月上架了自己的快手小店，并从 2019 年开始打造直播带货功能，还与淘宝合作，在主播直播的时候挂淘宝的链接，用户可以直接单击“小黄车”中的链接，跳转到淘宝网进行产品的购买。同时，快手也与京东达成了商业合作。

3. 第 3 种类型：将直播与电商化运营相结合的创业公司

第 3 种类型的典型案例是波罗蜜与小红唇。波罗蜜全球购是一家自营海淘平台，其 App 于 2015 年 7 月投入运营，具有主播可采用直播视频的方式与用户进行实时交流的功能，并将其作为自己的特色之一进行重点打造。该平台通过 App 向用户展示海外购物场景，还添加了聊天室功能，提高用户的参与度，使其产生身临其境之感。在产品价格设定方面，波罗蜜采用当地的“店头价”，即采购现场店家的价格即为最终提供给用户的商品价格。平台建立了专业的团队，负责商品采购、供应及存储等各个环节。现如今，波罗蜜已经在韩国和日本开展海淘业务，并成功地完成了多轮融资，雄厚的资金实力加上商品供应体系的逐渐成熟，致使该平台的影响力不断提高。

视频电商平台小红唇的客户群体定位于 90 后的年轻女性用户，该平台上的知名红人及时尚达人，就保养、美妆、购物、生活经验等与用户进行面对面的视频交流。为了培养优秀网红，深挖用户的商业价值，小红唇不断吸引投资，在输出优质内容的同时，努力提高用户的黏性。

此类平台自发展初期就采用电商运营与直播形式相结合的模式，其内容输出是围绕平台运营开展的，网红在直播中推广的商品也在平台经营的品类范围内。其电商平台的发展与直播运营息息相关。不同于传统电商平台只是在原有基础上推出了直播的功能，此类平台在设计开发阶段就以移动互联网为核心，与传统电商相比，其起点更高，因此，竞争优势也更为明显。

1.2 直播电商的运营理论与价值

1.2.1 直播电商的运营理论

1. STP 营销理论

在现代市场营销理论中，市场细分（Market Segmenting）、市场目标（Market Targeting）、市场定位（Market Positioning）是构成公司营销战略的 3 个要素，称为 STP 营销。

1）市场细分

市场细分指把某个市场的客户划分成多个小客户群，如服装市场，人人都需要买服装。而卖服装的人可以进行很多种细分，例如，按客户的性别，可以分为男装、女装；按客户的年龄，可以分为童装、青年装、中年装、老年装；按客户不同的职业，可以分成不同的工装等。市场细分是根据很多企业的经营状况总结出来的理论。

2）市场目标

在了解了市场细分的含义后，人们很容易体会到，客户需求的差异性实在是太大了，任何企业、任何产品，都不可能满足全部客户的所有需求。如果一家企业生产出来的产品不能切实满足客户的需求，就是一件很有风险的事情。为了规避风险，提高成功的概率，企业就有必要深入地了解客户的需求，对具有某些共同点的客户群体进行分类，进而有针对性地解决他们的问题。市场选择的根本目的就是选择确定目标客户。

3）市场定位

随着人们的生活水平越来越高，需求的差异化也越来越大，且极容易产生新的需求，有的新需求可以被满足。对于企业而言，能不断地满足人们的新需求，就是一种进步。人类的需求具有很大的相似度，一般情况下，一个人产生了某种新需求，肯定意味着有一小群人也会有该需求，独一无二的需求在商业世界没有大的普遍性。这些是从目前人类社会的特点总结出来的一些规律，虽然不完全准确，但是作为方向上的指引却非常靠谱有效。分析某个市场是否存在，是否可以进入，都离不开分析人们的需求。

市场可进入性指企业可以通过自己的一些营销活动进入某个市场，并且可以通过努力有优势占有这个市场。进入市场是为了能盈利，但是盈利的本质是以合理的成本满足一部分特定人群的需求。只有满足了这个条件，这个市场就是一个可盈利的市场，能产生价值，并有可能一直延续下去。

可盈利并能产生价值，只是企业定位市场的一个目标和方向。具体如何选择市场，以期达成这个目标，还需要方法和策略。针对不同的市场和不同的客户群体，应该使用不同的策略，如手机市场中小米手机的定价一直不算太高，一千多元的手机就已经非常好了。在我国，愿意花几千元钱买手机的人肯定没有愿意花一千多元钱买手机的人多。所以，小米在中端市场的产品价格优势非常明显，能牢牢地抓住那部分用户的心，甚至使那部分用户成为“米粉”，而且还迅速地聚集起数千万人的“米粉”。对于这部分市场的把握，小米定位得十分准确。

市场定位需要把握目标客户的心理，根据企业自身的特点优化产品的服务，还要顾及公司形象，通过各种手段对企业形象加以设计和强化，让企业在人们心中与竞争公司区分开，从而占领市场的有利地位。

上述 3 种市场策略都是在企业日常经常活动中，常见且非常有效的策略，合理地运用好，就能为企业带来非常不错的收益。

2. 4P 营销理论

著名的 4P 理论，其中的 4 个 P 分别是 Product、Price、Place、Promotion 这 4 个英文单词的首字母。任何营销，其核心都离不开好的产品（Product），质量好的产品是一切的前提。定价（Price）时需要深思熟虑，有些生意之所以做不下去，很可能是因为一开始的定价错得太离谱了；定价合理可以保持相对公平，让买卖双方都不吃亏，是生意的长久之道。有很多商品确实有人需要，可是如果用户找不到商家，或者商家找不到用户，也会做不成生意。这是时常发生的事，这时就需要提供渠道（Place）供双方交易。促销（Promotion）是让买卖双方交易更加和谐融洽的手段，好的促销活动就像一顿好的烛光晚餐，可以让客户心情非常愉悦，同时，商家也能在促销活动中获得口碑与利润。总之，以 4P 营销理论为核心去思考营销组合方法，对企业而言，是非常有价值的策略。

1）产品（Product）

企业提供给客户有形或者无形的商品称为产品，产品可以是具体的实物，也可以是服务。企业应该通过对可控因素的控制调节，如品种、规格、款式、质量、包装、商标、品牌、服务等完成产品组合，以便激发和满足客户的需求。随着市场上同类产品的竞争愈加激烈，企业需要更加注重产品的开发，严格要求产品具有独特的卖点和差异性。

2）价格（Price）

价格指企业根据市场定位调整价格，以期达到营销目标价格。客户选择一种商品，其价格是重要因素。一个商品的合理定价，需要跟商品的成本、盈利目标、目标消费人群的购买力、品牌形象等相关因素结合起来，同时需要将基本定价、折扣价格、补贴、商业信用，以及各种定价方法和定价技巧等可控要素组合起来才能实现。

3）渠道（Place）

渠道将产品从生产者转移给消费者，消费者可以通过良好的渠道，以各种方式接触产品。企业需要思考的问题是如何挖掘渠道，同时还要维护现有渠道各方的关系。渠道作为企业的配套和保障条件，能够帮助企业完成销售任务。针对目标客户，企业需要调动多方渠道资源，尽力扩大企业的影响力。

渠道策略包括渠道覆盖、货物分配、中间商、网点、与配送相关的仓储和运输，以及其他可控因素的组合和控制。企业需要从各种渠道策略选项中做出最佳选择，从渠道总数、每个渠道中介的数量和类型制定和调整营销目标，确定渠道应完成的功能。

4）促销（Promotion）

促销是利用各种信息传播手段，激发目标客户购买欲望，向目标客户传达心理线索，使其尽快做出决策，以期促进产品销售增长的短期行为。一些促销手段也可以在一定程度上加深人们对品牌的印象，如促销广告、员工推销、营业推广、宣传、公共关系等多种方式的结合和运用。此外，促销也可以成为市场竞争的有效手段。国外研究结果表明，低质量品牌推广对优质品牌销售的影响，远远小于优质品牌推广对低质量品牌销售的影响，优质品牌推广是高品质的影响。

3. 新零售中人、货、场的新关系

直播电商是新零售的具体表现形式，直播电商重新定义了人、货、场的关系。“当谈消费品、谈零售的时候，最终还是回到 3 个字：人、货、场。互联网带来了很多变化，但是人、货、场没有改变，商业最终用互联网的技术和思想去重新构架人、货、场的关系，重新在其中寻找新的机会和产生新的效率。新零售重要的标志是：它成功与否的核心在于围绕人、货、场商业元素的重构能不能有效，能不能真正提高效率。”时任阿里巴巴集团 CEO 的张勇在“2016 新网商峰会”上如此解读新零售所提出的新观点。

以阿里巴巴为例，以人、货、场为基础的综合新型营销模式，在充分发挥大数据力量的基础上，集合前台的栏目和后台的算法技术，通过创新运营方式进行三位一体的营销。如在天猫图书商业模式中，人是用户，货是书，场是场景或营造的氛围。

人、货、场在营销中的新关系如下。

（1）核心是人。在这个营销概念中，人是最核心的内容。通过还原人们在购买中的表现，基于商业思维对人进行深刻剖析，从而提炼出一个人或一类人群的兴趣点、购买偏好和其他消费特征。天猫网基于大数据的支持，对用户以前的购买表现进行分析，并

对用户进行画像，进而分析出该用户对于图书的需求。通过画像，可将同等类型的用户进行标签化定义，如身份类人群、兴趣类人群、营销类人群、风格类人群及功能类人群等，在不同消费场景进行运营，为不同类型用户提供便利。

对“人”这一维度的分析需要解决 3 个问题，①目标客户是什么样的人群？也就是为书找到喜欢或是有阅读需求的读者；②这一人群有什么样的消费能力？通过这样的定位，可以看出读者在下单或是在选择商品时会有哪些偏好；③这个人群有什么样的消费特征？通过消费特征分析决定营销商品及方式推荐。

（2）基础是场。场即场景，以淘宝手机客户端为例，打开页面，就能够看到丰富的入口，这些入口就是不同的场景。例如，首页出现的“有好货”“必买清单”“淘宝头条”“淘宝直播”“家有萌娃”等。每个人看到的内容都不同，这是根据对人群需求进行分析后的个性化推荐，从而实现千人千面、偏好消费。对于已经在天猫开有店铺的商家而言，自己店铺的微淘、消息以及个人主页，经营者都可根据不同人群进行场景设置。

在场的维度方面，要解决两个核心问题，①这个场要圈定哪类人群？所提供的场景会吸引哪些人点击和关注？②目标人群在该场景中要找到什么样的货品？货品是否符合用户的需求？

（3）重心是货。在图书行业，货即为图书及其衍生品。在货的维度方面，要关注书的类目、定价以及面向的人群等。店家要明确把书投递到对应的场景中，找到目标用户。同时，折扣力度以及利益点也需要考量。如何搭配产品才会更加吸引用户，也是货品维度需要解决的问题。

1.2.2 直播电商的价值

1. 有效提升电商平台销售

早期的互联网秀场直播、游戏直播，以繁荣的景象向人们展示了直播的巨大影响力，伴随着该领域的迅速发展，直播形式在多个互联网相关行业内得到应用，电子商务也是其中一个。很多电商平台在推出直播应用、开展直播活动后，其商品销售规模都有了明显的增加，最终的效果甚至比预想中还要好。

例如，蘑菇街将直播功能推出前后用户的消费行为进行对比发现：直播功能推出前，很多用户在下单前要浏览上百个网页，原因并非平台展示的图片不够吸引人，而是用户本身难以在短时间内做出消费决策；相比之下，以直播形式进行的商品推介更为形象，时尚达人会直接为用户提出穿搭建议，并对相关商品进行推广，更容易促使用户下单，能够大大缩短用户的决策时间。

蘑菇街于 2016 年 4 月正式推出直播功能，使得之前在该平台具有足够影响力的关键意见领袖，能够以视频直播形式，与用户分享他们在购物方面的经验。蘑菇街直播的用户大部分为 95 后的年轻用户，女性也是所有用户中的主体。

淘宝上线直播平台也是对传统电商模式的革新。阿里巴巴在 2016 年制定的电商发展战略中，紧紧围绕升级用户体验、完善整体生态建设、促进商家发展等主题进行。直播平台的推出，有效地推动了阿里巴巴电商业务的发展及其战略实施。

淘宝平台在 2016 年 3 月推出了直播功能。数据统计显示，两个月后，淘宝直播的主播人数就上千了，其用户数量更是达到了千万级。对淘宝直播的用户组成进行分析可以发现，90 后的年轻用户所占比例超过 50%，其中，女性占大部分。在直播功能上线前，每天的 20:00—22:00，很多用户会与商家达成交易；而在直播功能上线后，大部分用户会在这个时段观看平台直播。

在直播形式的效果得到验证后，有越来越多的电商平台上线直播功能，直播与电商的结合逐渐成为主流趋势。该模式在出现后迅速崛起，在互联网领域，使整个行业产生了根本性变革。

根据传播学大师马歇尔·麦克卢汉的观点，信息传播的发展很大程度上取决于媒介本身。直播媒介的出现，同样会作用于信息传递的方式，能够极大地提升用户体验。媒介作用于信息，而信息则作用于人们的消费行为及决策，直播形式促使人们的消费行为发生了改变。

在传统模式下，电商平台主要通过图片向用户展示商品，尽管图片展示与视频都是作用于用户的视觉感知，但绝大部分图片是经过处理的，刻意突出商品的优势及亮点，所以，很多用户拿到手的商品与设想中的效果存在着很大的区别。

相比之下，直播形式能够让用户从多维度了解商品信息，更接近其实际效果，还能在观看过程中与主播进行沟通互动。在这种情况下，主播的意见能够对用户的购物行为产生引导作用。虽然直播形式与销售员直接面向用户进行商品推广之间存在共性，但两者之间并非完全一致。平台直播能够吸引多个用户同时观看，即主播的意见能够同时影响多名用户。

有业内人士指出，直播之所以能够促进商品的大规模销售，原因是用户间的从众效应能够促成很多人做出消费决策。在直播过程中，用户与主播之间可以进行及时互动，当主播的信息输出使部分人做出消费决策后，也会带动其他人的消费行为。

部分用户在观看直播后，可能对是否购买某商品还心存犹豫。但当他们看到其他人坚定地选择该商品后，会进一步打消自己的动摇心理，果断地做出决策。限量出售缩短了用户理性思考的时间，还可能出现抢购现象。传统模式下的电商平台受信息传播载体的限制，难以开展此类形式的运营。因为相对于文字及图片传播形式，直播更能激发用户的非理性行为。

2. 重构传统电商生态

从经营者的角度，直播丰富了其信息传播的载体形式；从用户的角度，直播能够升级其消费体验。

直播还有助于促成电商平台与第三方品牌企业之间达成合作关系。原因在于，直播形式除了能够帮助商家提高商品销量，还能扩大品牌信息的覆盖面。通常情况下，主播会就品牌的发展过程、创始人本身及其他相关信息进行“科普”，能够使用户对品牌的内在价值有更加全面的认知，从而提升品牌的知名度及影响力。

目前，电商平台在流量获取方面仍需投入大量成本，直播形式能够有效降低经营者在这方面的成本消耗。很多网红本身就有大批粉丝支持，粉丝用户会购买其推荐的商品。同时还能将直播内容包装成完整的视频节目，把商品信息与主播的才艺展示完美地结合到一起，使用户更容易接受。

在直播运营过程中，主播承担着内容制作、表达及输出的任务，发挥着不可替代的作用。在淘宝电商平台中，有部分店铺经营者尝试直播，并获得了巨大的成功。还有部分网红在积攒了足够粉丝后，开始入驻淘宝店出售商品，并通过直播形式吸引更多的用户光顾自己的淘宝店。另外，淘宝平台会吸纳各个领域的意见领袖、时尚达人、高质量品牌商家的运营者等进行主播的管理及运营。淘宝平台在前期与机构合作，负责主播的管理运营，经过筛选后找出适合自己的主播人才，再与主播单独签约，达成合作关系。

传统模式下的电商平台主要通过文字及图片形式推广商品，当直播形态不断趋向于主流，以往的电商运营参与主体就要进行转型。例如，从事服饰类商品展示的平面模特，之前主要是穿着新款服饰摆造型，由摄影师为他们拍摄静态图片；当直播形式不断普及时，视频推广形式逐渐取代了图片传播，这些平面模特就要向主播方向发展。目前，部分网红孵化企业正在有意识地将模特培养为主播人才，很多电商平台的主播都来源于此。

电商平台还要做出相应的调整，改革需要逐步进行。首先，是在直播领域有所涉及，然后，将直播运营作为自身的业务组成部分，最后，将直播纳入整体发展规划中。革新传统业务构成体系也是电商平台需要解决的难题。

在利润获取及分配方面，店主自己担任主播为店铺带来流量，依靠粉丝变现带来的利润直接归店家所有。与电商平台签约的主播需要定期完成平台下发的任务，然后从平台那里收取相应的报酬。电商平台还逐步建立针对主播的奖励标准，根据其专业水平、最终实现的商品销售业绩等，定期对表现优异的主播给予奖励。

秀场直播、游戏直播大多依靠粉丝打赏。与电商相结合的直播形式尽管十分注重内容输出，但在商业化运营方面，后者表现得更为明显，是依靠商品销售获利的。

虽然直播形式才刚刚兴起，但包括蘑菇街、淘宝在内的实力型电商平台都已进军该领域，大部分电商平台都在纷纷上线直播功能。但电商平台可能并不会仅仅满足于直播功能的推出。如今，虚拟现实技术（Virtual Reality，VR）的发展正如火如荼，如果 VR 的应用能够延伸至该领域，VR 直播就可能作为电商平台实现用户转化的有效工具得到应用，从而推动直播形式的进一步升级。

3. 提升企业和用户双方的价值

1）提升企业价值

（1）带来流量。对于电商平台而言，流量是非常重要的，流量越多，用户产生的购买力就越大。在直播+电商模式中，通过直播能够利用网红的个人魅力迅速地聚集用户，产生粉丝效应，为电商平台带来巨大的流量。

（2）降低成本。网购的优势在于其便捷性，但是其中也存在着诸多问题，比如不能获得真实体验、对商品信息的了解不深入等，这些问题都会影响用户决策。为了提升用户的购物体验，各电商平台都在努力解决这些问题，如设置导购达人、在线 3D 试衣间、VR 设备等。这些方法虽然有效，但是所需要的人力成本和技术成本很高，一般的电商平台都难以支撑。而借助直播，传统的一对一导购模式被彻底颠覆了，主播能同时对很多用户进行讲解。并且由于视频的直观性，这种讲解的真实性很高，用户也比较容易接受和信服。所以，电商直播所产生的导购效果更好，所耗费的成本也更低。

（3）刺激消费。电商直播能对消费产生刺激作用主要有两个方面的原因，①通过直播，用户接收到的信息更加真实、更加丰富，用户对商家的信任度提升了，没有后顾之忧，决策更加容易；②在直播的过程中，主播会对用户的心理和决策产生一定的影响。有的时候，用户可能会因为主播的某一句话就决定购买，也有可能因为主播的个人吸引力决定购买。总之，主播能对用户的消费决策产生重要影响。

2）客户价值

（1）解决信息不对称。用户在网购的过程中，难以抉择是否购买的一个重要原因就是获取的商品信息较少，用户对商品的了解不详细。而通过直播，商家和用户之间信息不对称的问题就得到了很好的解决，直播传递出来的信息更加完善、丰富，能给用户决策提供更有效的支撑。

（2）增加内容的真实性，构建信任基础。在很多用户的意识中，网购容易买到假货。因此，在做出消费决策的时候，考虑的问题往往更多，如这件衣服上身效果如何？这个化妆品是不是真的？会不会过敏？这款产品是不是真的比线下商场便宜？这些问题都会削减用户购买的积极性。

而通过直播，商品的真实属性得以还原，传播的内容更加真实，用户对商家的信任度得以有效提升，用户与商品之间、与品牌之间的信任基础得以建立，从而使得消费决策更加容易。

（3）即时互动，还原真实购物场景。直播有很强的互动性，在直播的过程中，用户和主播、用户和用户可以通过弹幕、留言等方式相互交流，有效地提升了用户的参与感。同时，直播独具的社群属性，能让兴趣相同、需求一致的用户聚集起来，一同消费，从而营造出一种团购的氛围，这种效果是传统电商和电视购物都无法做到的。在这种氛围下，无论是场景灯光还是场景音乐，都会对用户决策产生影响。

1.3　直播电商的发展及未来趋势

1.3.1　直播电商的发展

1. 我国直播电商的发展历程

我国的直播电商起源于传统电商发展新的业务模式的探索，随后受到内容平台的关注并跟进。从 2019 年开始，直播电商市场呈现爆发式增长，进入了快速发展时期。我国直播电商的发展历程如图 1-1 所示。

2. 我国直播电商的发展环境

1）我国直播电商发展的政策环境

我国直播电商的政策分为两类，一类是起直接推动作用的利好政策；另一类是起规范作用的文件。特别是 2020 年 7 月，中国商业联合会发布的《视频直播购物运营和服务基本规范》和中国广告协会发布的《网络直播营销行为规范》，都是与直播电商直接相关的重要规范性文件。

图 1-1　我国直播电商的发展历程

2020 年，我国部分与直播电商发展有关的文件如下。

2020 年 4 月，国务院金融稳定发展委员会发布了“稳预期、扩总量、分类抓、重展期、创工具”的 15 字工作方针。

2020 年 5 月，《重庆市加快发展直播带货行动计划》启动。

2020 年 7 月，广州市商务局印发了《广州市直播电商发展行动方案（2020—2022 年）》。

2020 年 7 月，国家发展和改革委员会发布《关于支持新业态新模式健康发展　激活消费市场带动扩大就业的意见》。

2020 年 7 月，中国商业联合会发布《视频直播购物运营和服务基本规范》（征求意见稿）。

2020 年 7 月，中国广告协会发布《网络直播营销行为规范》。同月，人力资源和社会保障部正式发布新职业公告，增加互联网营销师，下设“直播销售员”工种。

2）我国直播电商发展的经济环境

直播电商的上游是制造业。自 2019 年年底开始，我国的工业增加值增速开始下滑。不过截至 2020 年 7 月，我国的工业增加值同比增速恢复到正常区间。制造业的恢复说明直播电商上游客户的需求开始恢复，也为直播电商提供了充足的货源。我国规模以上工业增加值当月同比如图 1-2 所示。

图 1-2　我国规模以上工业增加值当月同比

直播电商的下游是各类用户。受疫情影响，我国的社会消费品零售总额于 2020 年第一季度显著下滑。不过，截至 2020 年 8 月，社会消费品零售总额开始恢复到去年同期水平。这说明直播电商的下游消费能力也在提升，为直播电商的持续发展提供了良好的基础。我国社会消费品零售总额当月同比如图 1-3 所示。

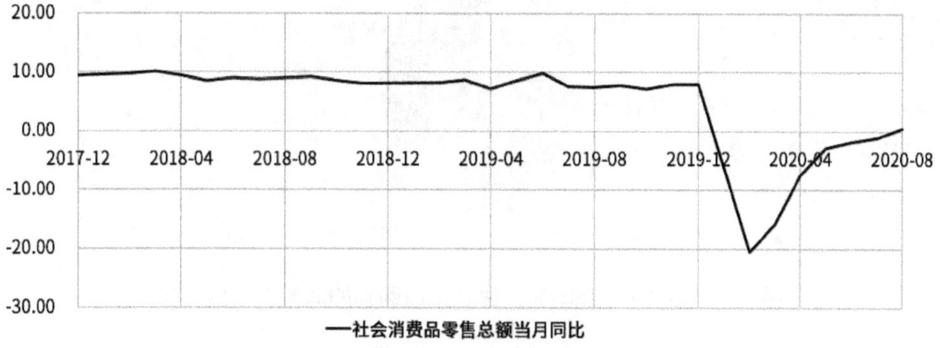

图 1-3　我国社会消费品零售总额当月同比

3）我国直播电商发展的社会环境

我国三线及以下城市的用户成为电商新的用户增量，消费下沉已成为电商行业人士公认的趋势。下沉市场的个体用户单次消费能力可能比不上一线、二线城市用户，但是他们的基数大，所以有较大的增长潜力。数据显示，2019 年“双十一”期间，各平台新增用户中，有相当大的比例来源于三、四、五线城市。2019 年我国主流电商“双十一”期间新增用户城市类型分布如图 1-4 所示。

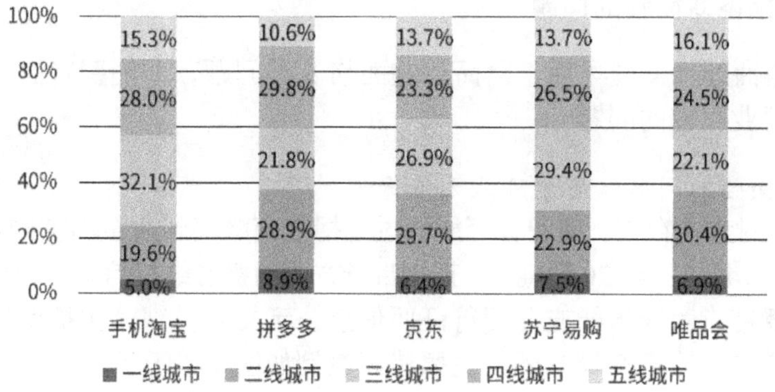

图 1-4　2019 年我国主流电商“双十一”期间新增用户城市类型分布

艾媒咨询的调研数据显示，线上购物的消费者人群中，30 岁以下的年轻人占据 64.4%，2019 年我国通过线上渠道购物的消费者年龄分布如图 1-5 所示。由于年轻人更容易接受新鲜事物，所以直播电商的互动性和趣味性可以满足他们不同的消费需求。

4）我国直播电商发展的技术环境

直播电商的发展离不开直播支撑技术的进步，这些支撑技术可以分为硬件、算法、宽带技术和芯片 4 类。硬件质量提高、算法升级、宽带技术进步和芯片设计迭代，都为直播电商提供了良好的技术环境。未来，5G 商用化的提速有望提升直播电商用户的体验，促进直播电商渗透率上升。2020 年我国直播电商发展的技术环境如图 1-6 所示。

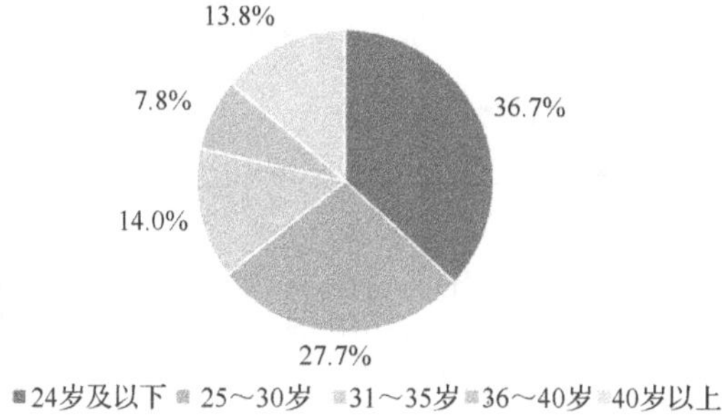

图 1-5　2019 年我国通过线上渠道购物的消费者年龄分布

图 1-6　2020 年我国直播电商发展的技术环境

3. 我国直播电商面临的问题

由于直播电商处于发展早期，因而普遍面临 3 类问题，即消费者面临的问题、主播面临的问题和行业面临的问题。

1）消费者面临的问题：质量可能无法保证

由于信息不对称的存在，消费者可能通过直播电商购买到质量与宣传不符的商品。数据显示，2020 年 6 月 1 日至 20 日期间，直播带货方面消费者维权信息日均达到 112 384 条，主要集中于直播带货商家未能充分履行证照信息公示义务，部分主播使用极限词等违规宣传，商品质量与宣传不符等方面。主播违规案例如图 1-7 所示。

图 1-7　主播违规案例

2）主播面临的问题：同质化和刷单

一方面，由于主播入行门槛低且人数众多，所以容易导致同质化。用户观看的内容同质化，主播也比较相似，因而会产生审美疲劳。对同一个主播而言，随着直播场次的增加，人们的新鲜感可能也会降低。

另一方面，行业也存在着刷单现象。有分析师认为，因为商家一般通过粉丝量、观看量等外显数据选择带货主播，且刷单成本低，所以，行业经常出现刷单现象。刷单类型有如下两种。

（1）流量刷单。流量刷单即主播通过向专门的刷单团队购买粉丝数量、播放量，以便人气看起来更好。这就导致商家在选择合作的主播时，处于信息不对称的状态。

（2）销售刷单。销售刷单指主播通过虚增销售数量和销售额，人为提高带货业绩。销售刷单的特点之一是退货率较高。

3）行业面临的问题：匹配困难

直播电商行业存在多频道网络（Multi-Channel Network，MCN）机构与主播的匹配困难的问题。一方面，头部主播个人能力强，与之签约的商家面临着激烈的竞争，报价比较高，甚至有时候头部主播还会选择"出走"；另一方面，中部的主播带货能力不强。此外，行业存在着信息不对称，导致 MCN 机构有时候也很难依靠各种榜单和流量，判断主播究竟有没有合作的价值。

1.3.2　直播电商的未来趋势

1. 高性价比的商品得到展示机会

由于直播电商用户非常看重商品的性价比，这让一些性价比高的白牌商品有了展示的机会，主播的流量集聚效应有助于这些商品打开市场，甚至形成品牌。而这在传统电商行业是比较难以实现的。传统电商的公域流量是按用户的购买数据（销量为核心）和付费流量进行分配的，白牌产品如果付费购买流量，性价比可能会降低。而大品牌自然流量多，具有先发优势。高性价比的商品得到的展示机会如图 1-8 所示。

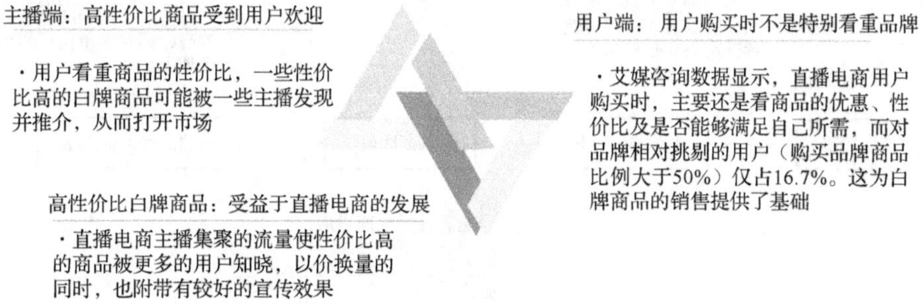

图 1-8　高性价比的商品得到的展示机会

2. C2M 模式兴起

直播电商行业目前还欠缺规范，一些主播由于没有稳定合作的工厂，所以，推荐的商品价格低廉且质量堪忧。而拥有供应链管理能力的头部 MCN 机构，可以通过关键意见领袖（Key Opinion Leader，KOL）直接了解客户的需求，从而反馈给品牌生产厂，工厂根据客户的实际需要进行生产。这种客户直连制造（Customer-to-Manufacturer，C2M）的生产方式确保了商品的质量，也使得商品更贴近客户的需求。高客户黏性与互动让供应链实现以客户需求为导向的反向供应链定制能力，短平快连接客户与商品，供应链建设更符合客户需求，也确保了商品的质量。

C2M 模式也会推动更多品牌商进入直播电商行业，以定制商品等方式与主播进行合作，提升商品性价比。C2M 模式流程如图 1-9 所示。

图 1-9　C2M 模式流程

3. 直播行业日趋规范化

随着直播电商主播被纳入“直播销售员”工种，以及要求主播持证上岗的规定在多个城市推进，行业将日趋规范化。作为新兴的行业，直播电商目前还没有受到多少约束，但是随着行业的发展，主播持证上岗有望成为趋势，这会促进行业的规范化运行。

4. 用户购物习惯发生了改变

随着直播电商的发展，用户的沉淀会引起消费习惯的改变。很多人在开始使用直播电商时，都是购买非必需品，但是随着使用次数的增多，用户也可能会把直播电商作为购买生活必需品的重要方式。这样，用户的黏性和客单价都可能上升。用户购物习惯的变迁如图 1-10 所示。

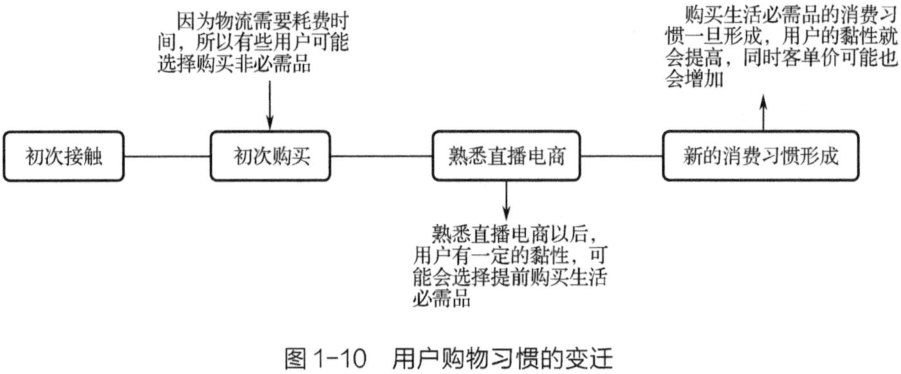

图 1-10　用户购物习惯的变迁

复习思考题

一、名词解释

1. 直播电商
2. 4P 营销理论

二、简答题

1. 直播电商的特点是什么？
2. 直播电商的类型有哪几种？
3. 直播电商的价值在哪里？
4. 直播电商的未来趋势是怎样的？

第 2 章 直播团队的组建

学习目标

- 了解个人直播团队的组织架构；
- 掌握低配版直播团队的组建。

学习重点、难点

学习重点：

- 商家直播团队的组成要素；
- 标配版直播团队的组成要素；
- 直播主播人设打造策略。

学习难点：

- 升级版直播团队的组成要素；
- 商家选择直播主播策略；
- 主播助理的技能和工作内容。

2.1 直播团队的组织框架

2.1.1 个人直播团队

作为整个电商直播组织架构中的一环，个人直播团队虽然势单力薄，但也是不可缺少的一部分。在商家直播、MCN 机构直播和供应链直播发展起来之前，个人直播就已经进入了市场，可以说个人直播是电商直播发展的源头。近几年，直播行业发展迅速，竞争激烈，很多主播纷纷加入商家直播或 MCN 机构直播等平台，很多个人直播团队难以为继。不过，仍然有大量怀抱创业梦想的人组建了个人直播团队。

一场好的直播并不是主播一个人就能完成的，而是需要团队成员的默契配合，只有前期的直播策划、脚本撰写，直播过程中人员的协调配合、主播的良好演绎综合起来，才能达到完美的效果。个人直播团队组织架构如图 2-1 所示。

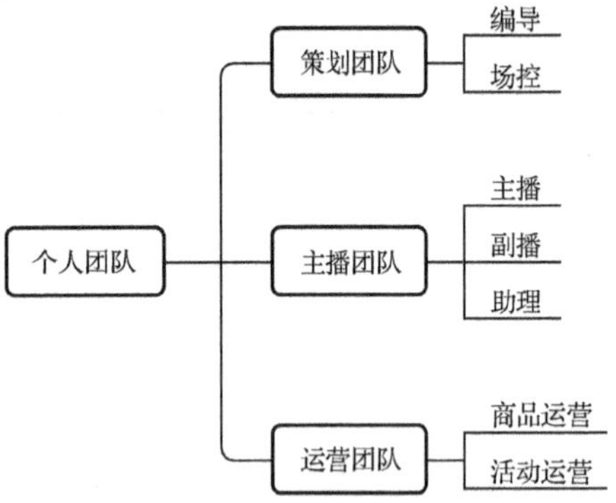

图 2-1 个人直播团队组织架构

1. 策划团队

策划团队的主要工作内容包括确定直播主题、策划直播活动、规划脚本和直播中的福利。团队成员要根据主题确定商品、开播时间、直播持续时长，还要针对不同的用户群体属性，制定不同的福利方案。

策划团队包括编导和场控，其主要职责如下。

（1）编导。负责策划直播活动，撰写直播脚本等。

（2）场控。负责直播间的中控台，协调商品的上架、下架，发送优惠信息、红包公告，进行抽奖送礼，随时根据直播间要求更改商品价格，以及控制直播间节奏等。

2. 主播团队

主播团队是直播的最终执行方，其工作内容是展示商品，与用户互动。除直播外，主播团队还要进行复盘、信息反馈，以优化和提升直播效果。主播团队一般包括主播、副播和助理，其主要职责如下。

（1）主播。负责正常直播，熟悉商品信息，介绍并展示商品，与用户互动，介绍活动，复盘直播内容等。

（2）副播。协助主播直播，与主播配合，说明直播间规则，介绍促销活动，补充商品卖点，引导用户关注等。

（3）助理。配合直播间的所有现场工作，包括灯光设备的调试、商品的摆放等，有时也承担副播的角色。

3. 运营团队

运营团队一般包括商品运营和活动运营，主要负责直播的正常运营，其主要职责如下。

（1）商品运营。负责提供商品，挖掘商品卖点，培训商品知识，优化商品等。

（2）活动运营。负责搜集活动信息，策划活动文案，执行活动计划等。

2.1.2　商家直播团队

目前电商直播的浪潮来势迅猛，站在直播的风口上，有经验的商家，尤其是对互联网、电商、新媒体比较熟悉的商家，纷纷开始构建自营直播团队。商家直播团队组织架构如图 2-2 所示。

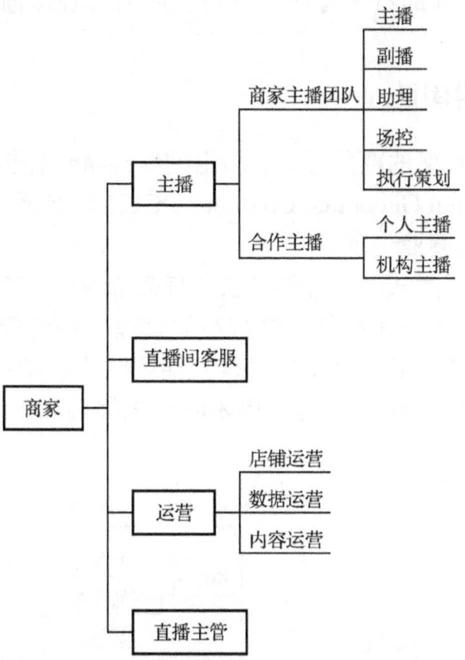

图 2-2　商家直播团队组织架构

1. 主播

商家既可以自建主播团队，也可以根据自己的需要选择合作主播。

（1）商家主播团队包括主播、副播、助理、场控和执行策划。在选择主播时，商家要寻找与企业特点相匹配的主播，形象、气质要与品牌形象相契合，并且熟悉企业文化和商品信息，塑造的直播主播人设要与商品的目标用户群体需求相匹配。

（2）合作主播包括个人主播和机构主播。

① 个人主播。负责一些活动型直播、品牌塑造型直播等。

② 机构主播。与个人主播的作用差不多，但是商家可以通过机构推荐，选择比较成熟和匹配的主播资源。

2. 直播间客服

直播间客服主要负责直播间的互动答疑，在直播间里配合主播直播，以及商品售后发货问题等。

3. 运营

运营包括店铺运营、数据运营和内容运营，其主要职责如下。

（1）店铺运营。负责配合与直播相关的店铺运营工作等。

（2）数据运营。负责直播数据检测，分析优化方案等。

（3）内容运营。负责直播前后的内容宣传、造势与运营等。

4. 直播主管

直播主管主要负责主播的日常管理、招聘、培训、心理辅导等。

2.1.3 MCN 机构直播团队

MCN 是一种多频道网络的商品形态，运用网红经济运作模式，将不同类型和内容的专业生产内容（Professional Generated Content，PGC）联合起来，借助资本的有力支持，持续输出内容，进而实现商业变现。

MCN 机构在组建直播团队时，主要的工作有筛选或孵化直播达人，发现并运营优质内容，帮助直播达人获取流量和粉丝，进行粉丝管理、平台资源对接、活动运营、商业化变现及子 IP 的开发等系列工作。MCN 机构直播团队组织架构包括直播业务、淘 Live & PGC 业务和直播商家业务，MCN 机构直播团队组织架构如图 2-3 所示。

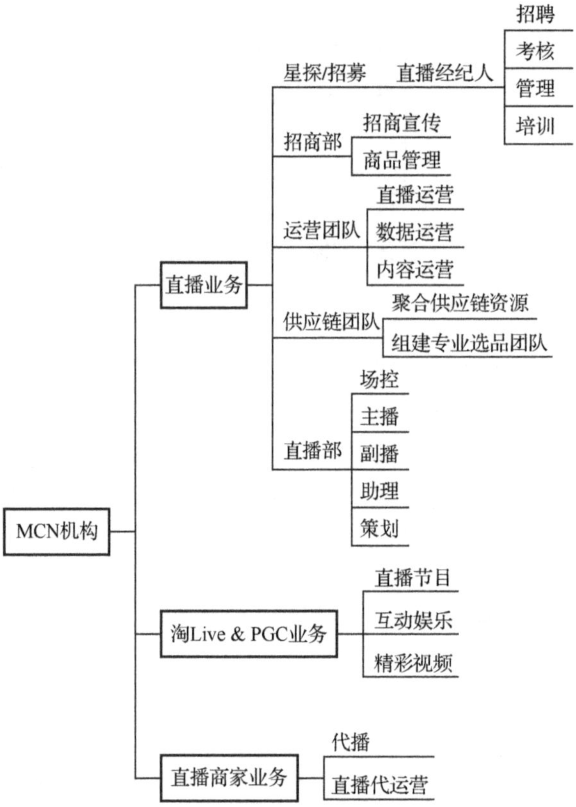

图 2-3 MCN 机构直播团队组织架构

1. 直播业务

直播业务的组织架构主要包括星探/招募、招商部、运营团队、供应链团队、直播部等，各组织架构的具体人员和工作内容如表 2-1 所示。

表 2-1　直播业务组织架构的具体人员和工作内容

直播业务组织架构	具体人员和工作内容
星探/招募	主要是直播经纪人，负责主播的招聘、考核、管理、培训等
招商部	招商宣传：负责与商家合作、商品招商等； 商品管理：负责商品的选品、更新、管理等
运营团队	直播运营：负责与各项直播业务运营相关的工作； 数据运营：负责直播数据收集、分析，优化直播方案等； 内容运营：负责直播前后的内容宣传、造势、运营等
供应链团队	聚合供应链资源：保持高频率带货形势下的货源稳定和价格优势； 组建专业选品团队：严格筛选商品，以保证质量
直播部	主要包括场控、主播、副播、助理、策划等

2. 淘 Live & PGC 业务

淘 Live & PGC 业务主要包括直播节目、互动娱乐和精彩视频。淘宝直播 PGC 栏目需要具有专业领域视频直播制作能力的机构，为淘宝用户传播其感兴趣、有价值且与电商关联的直播视频内容。

要想入驻 PGC 栏目，需要具备相应的资质条件：企业必须为独立法人，有固定的办公场地，为一般纳税人资质；公司注册时间要大于 1 年，且从事广告、自媒体、电视、电影制作等相关业务 1 年以上；公司注册资金不少于 100 万元。

MCN 机构在选择需要开通“淘 Live & PGC”的业务模块后，提交申请、通过审核并缴纳保证金以后，即可开启 MCN 机构直播。

审核成功以后，MCN 机构还要在 15 天内申请 3 次试播，每次直播的时长不得低于 2 小时，3 次直播累计观看用户达到 2 000 人后，就可以进入淘宝直播正式栏目群。要注意的是，MCN 机构旗下的各个栏目活跃度不得低于 70%，如果半年内未开播，就会被删除淘宝直播权限。

3. 直播商家业务

直播商家业务主要包括代播、直播代运营，提供的具体服务如下。

（1）代播。为商家提供主播、直播间等一系列直播服务。

（2）直播代运营。为商家提供直播及一切相关业务的一条龙服务。

2.1.4　供应链基地直播团队

在 MCN 机构培养主播帮助商家卖货的初期，货源只能依托商家寄样。在孵化新主播的过程中，MCN 机构发现仅仅依靠招商已经无法满足直播间对货品的需求，再加上行业发展越来越迅猛，主播成长得越来越快，同时用户也提高了对商品的要求，于是便诞生了直播基地、直播产业带、线下市场、设计师直播基地等产业。

图 2-4　供应链基地直播团队组织架构

直播行业，下半场拼的一定是商品供应链效率。每个供应链都要明确自身所具备的能力，瞄准自身所在的市场，打造自己的核心竞争力，进行精细化运营。规模小的供应链可以“小而美”，与 MCN 机构捆绑，长期运营；规模大的供应链可以做超级供应链，从而抢占更大的市场。供应链基地直播团队组织架构如图 2-4 所示。

1. 直播基地

直播基地运营主体主要有以下两类。

1）流量平台自建

流量平台自建的直播基地运营主体，如京东、淘宝、快手等平台在全国建的直播基地，包括自建自营、委托第三方运营和合作运营等不同的运营方式。

2）MCN 机构建设

MCN 机构都希望延展链条，因此很多 MCN 机构也开始打造直播基地，如位于杭州的谦寻文化传媒有限公司。

除了以上两类主体，具有产业运营经验的园区、孵化器、联合办公场地、批发市场等，也可以利用自身拥有的空间供应链，试水运营直播基地。

直播基地为主播和 MCN 机构提供了绝对的便利，并至少提供了 3 种价值，即空间价值、流量价值和供应链价值，同时直播基地的聚集效应也提升了 MCN 机构的议价能力。

2. 直播产业带

直播产业带的组织架构包括“货源厂家（一级供应商）+直播团队+其他”，这是一种商品最根源化的供应链，从源头上节省了成本和流程。

产业带拥有大量商家和相对成熟的管理体系，这让商品的品质和售后服务相对有保障。线上直播和线下的产业带供应链相结合，极大地提升了生产端到零售端的效率。对于主播而言，产业带的优势有效地解决了商品供给问题；而对于产业带中的商家而言，主播背后的庞大粉丝群体也打消了商家在商品销售方面的顾虑。

3. 线下市场

线下市场的组织架构包括“二三级供应商+直播团队+其他”，是一种以一二级批发与流通市场、专业品类市场、百货大厦等线下实际正常经营的实体市场为货源的供应链。

4. 设计师直播基地

设计师直播基地是以设计师为核心和出发点而形成的特色型小众化供应链。这类直播基地的人员配备和普通直播基地相差无几，只是商品的来源更高端，相应的成本也更高。

有些供应链直播基地和设计师品牌合作，或签约设计师进行设计打版，让合作的工厂生产样品，寄给主播后邀请其直播。这一种多为轻奢型供应链，客单价较高，其优点是款式更新较快，毛利率相对较高，主播愿意合作，而且由于款式上具备优势，再加上存货不多，库存积压也不会太多。当然，这类直播基地也有不足之处，那就是签约设计师的成本较高，这要求电商团队必须能够准确判断市场的流行趋势，同时对主播有较强的把控能力。

2.2　不同直播团队的组建

2.2.1　低配版直播团队

如果预算不高，那么可以组建低配版直播团队，根据工作职能，团队需要至少设置 1 名运营，1 名主播，低配版直播团队人员职能分工如表 2-2 所示。

表 2-2　低配版直播团队人员职能分工

团队人员	职能分工
运营 1 人	营销任务分解，货品组成，品类规划，结构规划，陈列规划，直播间数据运营
	商品权益活动，直播间权益活动，粉丝分层活动，排位赛制活动，流量资源策划
	商品脚本，活动脚本，关注话术脚本，控评话术脚本，封面场景策划，下单角标设计，妆容、服饰、道具等
	直播设备调试，直播软件调试，保障直播视觉效果，发券、配合表演，后台回复，数据即时登记反馈
主播 1 人	熟悉商品脚本，熟悉活动脚本，运用话术，做好复盘，控制直播节奏，总结情绪、表情、声音等

这种职能分工方式对运营人员要求比较高，运营人员必须是全能型人才，懂技术、会策划、能控场、懂商务、会销售、能运营，在直播过程中集运营、策划、场控、助理等身份于一身，能够自如地转换角色，工作要做到游刃有余。

只设置 1 名主播的缺点在于团队无法实现连续直播，而且当主播流失、生病等问题出现时，会影响直播的正常进行。

2.2.2　标配版直播团队

企业或商家选择直播带货，一般会按一场直播的完整流程所产生的职能需求，组建标配版直播团队。标配版直播团队人员职能分工如表 2-3 所示。

表 2-3　标配版直播团队人员职能分工

团队人员	职能分工
运营 1 人	营销任务分解，货品组成，品类规划，结构规划，陈列规划，直播间数据运营
策划 1 人	商品权益活动，直播间权益活动，粉丝分层活动，排位赛制活动，流量资源策划
	商品脚本，活动脚本，关注话术脚本，控评话术脚本，封面场景策划，下单角标设计，妆容、服饰、道具等

续表

团队人员	职能分工
场控 1 人	直播设备调试，直播软件调试，保障直播视觉效果，发券、配合表演，后台回复，数据即时登记反馈
主播 1 人	熟悉商品脚本，熟悉活动脚本，话术运用，做好复盘，控制直播节奏，总结情绪、表情、声音等

标配版直播团队的核心岗位是主播，其他人员都围绕主播来工作。当然，如果条件允许，还可以为主播配置助理，协助配合主播完成直播间的所有活动，这种团队配置的人数基本为 4～5 人。

2.2.3 升级版直播团队

随着团队的不断发展，企业或商家可以适当壮大直播团队，将其改造为升级版直播团队。升级版团队人员更多，分工更细化，工作流程也更优化，升级版直播团队人员职能分工如表 2-4 所示。

表 2-4 升级版直播团队人员职能分工

<table>
<tr><th>团队人员</th><th colspan="2">职能分工</th></tr>
<tr><td rowspan="3">主播
团队
3 人</td><td>主播</td><td>开播前熟悉直播流程、商品信息，以及直播脚本内容；
介绍、展示商品，与用户互动，活跃直播间气氛，介绍直播间福利；
直播结束后，做好复盘，总结话术、情绪、表情、声音等</td></tr>
<tr><td>副播</td><td>协助主播介绍商品，介绍直播间福利，主播有事时担任临时主播</td></tr>
<tr><td>助理</td><td>准备直播商品、使用道具等；
协助配合主播工作，当主播的模特、互动对象，完成画外音互动等</td></tr>
<tr><td>策划
1 人</td><td colspan="2">规划直播内容，确定直播主题，准备直播商品，做好直播前的预热宣传，规划好开播时间段，做好直播间外部导流和内部用户留存等</td></tr>
<tr><td>编导
1 人</td><td colspan="2">编写商品脚本、活动脚本、关注话术脚本、控评话术脚本，做好封面场景策划、下单角标设计、妆容服饰道具等</td></tr>
<tr><td>场控
1 人</td><td colspan="2">做好直播设备如摄像头、灯光等相关软硬件的调试；
负责直播中控台的后台操作，包括直播推送、商品上架，监测直播实时数据等；
接收并传达指令，例如，若直播运营有需要传达的信息，场控在接到信息后要传达给主播和副播，由他们告诉用户</td></tr>
<tr><td>运营
2 人</td><td colspan="2">负责营销任务分解、货品组成、品类规划、结构规划、陈列规划、直播间数据运营、活动宣传推广、粉丝管理等</td></tr>
<tr><td>店长导购
2 人</td><td colspan="2">辅助主播介绍商品特点，强调商品卖点，为用户“种草”商品，同时协助主播与用户互动</td></tr>
<tr><td>拍摄剪辑
1 人</td><td colspan="2">负责视频拍摄、剪辑（直播花絮、主播短视频，以及商品的相关信息），辅助直播工作</td></tr>
<tr><td>客服
2 人</td><td colspan="2">配合主播与用户进行在线互动和答疑；修改商品价格，上线优惠链接，转化订单，解决发货、售后等问题</td></tr>
</table>

2.3　直播主播的打造

2.3.1　直播主播人设打造策略

主播人设的打造对直播带货起着决定性的作用，主播不断输出专业内容，在内容中展现自己独特的风格，逐渐形成个性化标签，久而久之就会形成人物 IP，粉丝会特别信任主播说的话，愿意购买主播推荐的商品。

1. 培养主播直播的基本能力

在直播中，主播是商家或企业联系用户的重要环节，主播的各种表现在很大程度上决定了直播能否吸引用户的注意。主播的基本能力是直播成败的关键因素，所以培养主播的基本能力至关重要。直播主播应该具备的基本能力如图 2-5 所示。

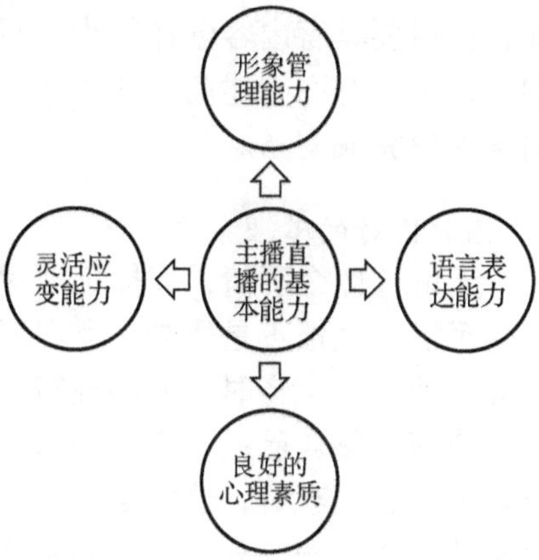

图 2-5　直播主播应该具备的基本能力

1）形象管理能力

形象管理主要指主播的仪容仪表，以及所选的商品要与自身的形象气质相契合。

（1）精致的妆容。“爱美之心，人皆有之”，人人都喜欢美好的事物，主播当然要把自己最美好的一面展现给用户。精致的妆容既是对自己的尊重，又是对用户的尊重，更容易获得用户的关注。

（2）整洁、得体的着装。大方、得体是对主播形象最基本的要求。主播的穿着要整洁、得体，着装要以简洁、自然、大方为原则，契合直播主题，争取在多个层面上与直播内容、直播环境、用户群体等保持一致，可以突出自身优势但不可触及法律底线，切忌为引人注目而穿着奇装异服，或过于暴露，否则只会适得其反，导致直播失败，甚至被封禁账号。

（3）所选商品特质符合主播形象。主播尽量选择与自己形象气质相契合的商品，可以根据自身专业水平或自身性格特征来选择。例如，活泼可爱型的主播可以推荐有创意、好玩、新奇的商品，这样更能吸引“90 后”“00 后”等目标群体；而成熟稳重型的主播可以推荐性价比高、有实用价值的商品，或推荐知识教育类商品，为用户提供价值，这样有助于赢得目标群体的信任。

2）语言表达能力

主播要想获得用户的认可和支持，除了要保持良好的形象，还要具有良好的语言表达能力，说出的话要具有亲和力、感染力，并且尽量打造自己的语言特色，用极具特色的语言调动直播间的气氛。

（1）语言幽默化。语言的最高境界就是幽默，幽默永不过时。幽默的语言不仅能在直播中起到“润滑剂”的作用，还能彰显主播的睿智、内涵与修养。

（2）语言要有亲和力。亲和力是人与人之间沟通交流的一种能力，直播行业中的知名主播大多具有很好的亲和力，在直播中热情地对待每一位用户，就像真诚地对待自己的朋友一样。

（3）积极互动，有效沟通。主播与用户互动交流时，要抒发真情实感，听了用户说的话后，要进行逻辑分析，以便探究用户的真实意图。运用语言表达进行有效的沟通，可以避免引起用户的质疑甚至反感，导致用户流失。

（4）表达内容丰富。要想满足庞大的直播用户群体的需要，直播内容必须丰富，因此，主播要具有内容创作能力，且内容要有内涵、有趣味。主播应灵活运用自己的专业知识，从多方面阐述商品的优势，传递商品的价值，从而赢得用户的信任与追随，最终引导用户完成交易。

3）良好的心理素质

无论做什么事情，直播都要保持自信、乐观的心态，如果不自信就会有各种顾虑，产生恐慌。直播不是彩排，所以要求主播必须有强大的心理承受能力，并且在面对用户负面、消极的声音时，能够理智、冷静地应对。在受到各方面的压力与挫折时，主播还要能快速调整自己的心态，并善于疏导自己的心理，反省自我。在直播最开始的阶段，可能很少有人观看，这时更需要努力坚持，不要轻言放弃，要有专业的直播精神，尽职尽责地完成每一场直播，从而不断积累直播经验，以求快速成长。

4）灵活应变能力

电商主播是一种特殊形式的销售人员，他们不仅要会推荐商品，还要能快速解答用户的所有问题，当然，这需要一个成长和学习的过程。就算准备工作做得再充分，直播过程中也难免会发生突发状况，这时就需要主播具有一定的灵活应变能力，保持冷静，沉稳、机智地进行应对，这样才有利于提升用户的信赖感。

2. 主播直播带货必备的专业能力

除了直播的基本能力，主播要想成功地通过直播带货，就必须具备直播带货必备的专业能力，如图 2-6 所示。

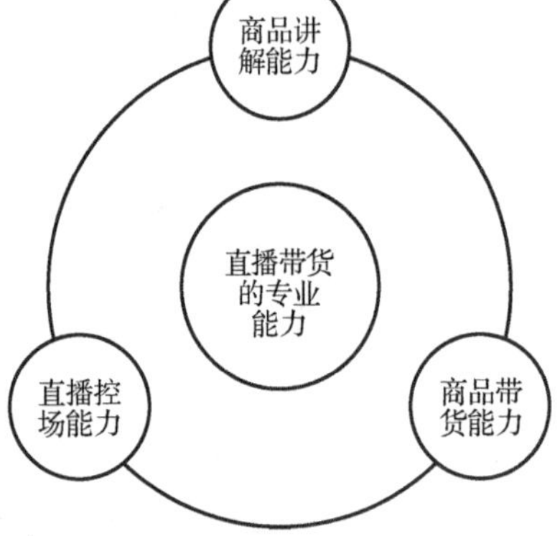

图 2-6　主播直播带货必备的专业能力

1）商品讲解能力

对于销售员而言，了解商品的专业知识，透彻地讲解商品信息是一种基本能力。

优秀的带货主播一定是一个销售高手，带货主播要熟练掌握商品的基础知识，全面了解商品的信息，清楚商品的卖点，讲解商品时，能够突出商品的亮点，灵活运用专业词汇为品牌背书，并延伸话题，将商品带入各种应用场景中，从而提升用户的信任度。例如，如果主播要推荐一款面膜，就要熟知面膜的主要功能、正确的使用方法，不同肤质对面膜功能的不同需求，以及这款面膜与其他同类商品的差异等方面的专业知识。通过互动给予专业性的解答，解决用户提出的问题，塑造专业性较强的主播形象，提升用户的信任度，引导用户做出购买决策。

2）商品带货能力

由于承担着销售员的角色，所以主播必须提升带货能力。当然，主播带货能力的提高不是一蹴而就的，而是循序渐进的，需要经过不断地学习、复盘和总结积累经验。主播带货能力的提高主要分为 3 个阶段，如图 2-7 所示。

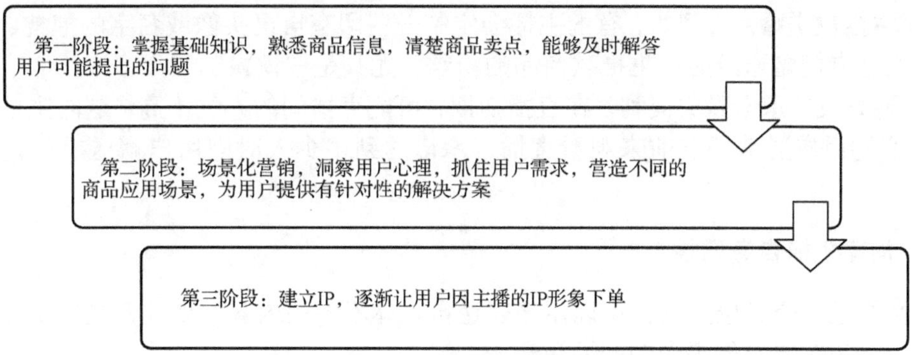

图 2-7　提高主播带货能力的 3 个阶段

3）直播控场能力

直播间控场的目的是根据直播流程，在从冷启动到人气增长再到人气稳定的过程中，把控好直播间的氛围，控制直播的节奏，引导用户互动，进而促成用户下单。直播主播的控场能力主要体现在以下几个方面。

（1）营造直播间的氛围。主播要擅长营造直播间的氛围，知道在什么情况下需要活跃气氛，从而调动用户的积极性，如主动引导用户刷屏、点赞，当转粉率较低时，积极引导用户关注自己。营造直播间的氛围可以使用户沉浸其中，提升用户的直播观看体验，延长用户的停留时长，从而带动直播带货的节奏，诱发用户的从众心理，促成其下单。

（2）商品的安排与讲解。直播前要制作好商品排序，根据现场营销效果随时调整商品顺序或循环上架商品，单品上架时间一般为 10 分钟，效果不好就可以立即切换商品，效果好还可以适当延长上架时间。例如，主播可以根据实际情况，用“宠粉引流款”商品增加互动和引流；还可以根据互动氛围、在线人数等情况，随时插入利润款商品。

（3）打消用户的顾虑。主播可以通过延伸话题营造商品的应用场景，提供解决方案，强调价格优势，打消用户在价格上的疑虑；或用权威背书，打消用户对商品质量的顾虑，提升用户对品牌的认可度。

（4）与助理密切配合。主播在讲解商品时，要与助理密切配合，共同吸引用户的注意力，“种草”商品，引导用户下单，同时及时解决弹幕中用户提出的各种问题。另外，助理要做好辅助工作，控制直播节奏，及时处理“黑粉”。

（5）与用户互动。主播与用户互动有如下几种方法。

① 多使用疑问句。疑问句可以激发用户的交流欲望，增强直播间的互动气氛，同时也可以让主播进一步地了解用户对商品的需求，如“你想不想要？喜不喜欢？”

② 进行商品比价。例如，与淘宝店铺、实体店及其他主播推荐的同款商品做对比，凸显自己带货的商品的价格优势。

③ 推出粉丝专享特价款。只有主播的粉丝才有机会购买专享特价款商品，这在一定程度上，为促使用户关注主播提供了心理动力。

④ 实时改价。将商品原价挂出或不设置价格，或设定一个比较夸张的价格，与用户就价格进行互动，等商品上架时再临时改价。

⑤ 限时限量秒杀。营造稀缺感，如“只有今天有，过了今天就不会再有。”以求激发用户的紧迫感，促使其尽快下单。

⑥ 主推款送赠品。例如，有的主播会定制一些印有自己头像或名字的抱枕、手机壳等小礼物，专门赠送给购买主推款商品的粉丝，尤其是“铁粉”。

⑦ 邀好友，承诺赠送福利。在直播初期，可能直播间的人气不高，这时主播可以让直播间里的用户邀请好友前来观看直播，承诺达到多少人时向用户赠送福利，如优惠券等。

3. 构建主播自身调性

调性本是一个音乐术语，可以用来表达自媒体不同的内容，如教育类自媒体的调性为知识，音乐类自媒体平台的调性为音乐。

直播的内容决定了直播的大方向和基调，但就主播自身而言，还需要形成自己的风格，让用户形成对主播的整体认知。每个主播都有自己的独特性，独特性决定了整体调性，调性建立在用户认知的基础之上。

优秀的主播要构建明确的、富有个性的自我调性，以便圈定特定的目标用户群体，形成共同的话题，吸引用户积极参与其中，并在用户心中留下深刻的印象。主播的调性对直播的效果起重要作用，也是直播营销的关键。主播与用户分享特定的内容，塑造自我有吸引力的亮点，从而吸引有共同兴趣爱好、共同价值观的用户群体。但直播内容相对直播营销有一定的局限性，直播内容没有特定的指向性和规律性，因此要想吸引住用户，主播就要形成自己的调性，用自身的人格魅力黏住用户。

主播要构建自身调性，培养独特的直播风格，用自己个性化的直播方式调动用户的听觉、视觉、感觉等体验。在构建自身调性时，主播可以从以下 6 个方面入手。

（1）直播方式。直播方式有幽默式、表演式、严肃式等，选择适合自己的直播方式。

（2）镜头感。对着镜子锻炼自己的镜头感，努力给用户营造面对面交流的感受。

（3）情感。建立情感桥梁，让用户表达自己的观点、看法和想法，以达到情感共鸣。

（4）情绪。用饱满的情绪去表达，模仿、学习各种表情，带给用户愉悦的体验。

（5）语速、语调。语速稍快，为平时的 1.5 倍，语调高低起伏、自然切换。

（6）音量。音量稍大，清晰地传达信息，还要用热情感染用户。

4. 如何打造主播人设

主播是电商直播的灵魂，优秀的主播自带流量，鲜明的人设是直播带货的先决条件。人设就是对人物的设定，主播通过人设可以让自身的定位更加鲜明、立体，让用户通过一个关键词或一句话就能记住自己。塑造人设对直播营销有非常重要的作用，首先主播可以通过人设展示自己的与众不同；其次，有了人设之后，用户会对主播印象深刻，迅速拉近主播与用户之间的距离；再次，人设有助于用户在看完直播后还想再见到主播，用户的关注欲望得以提升，进而提升直播间的流量。

主播在打造自身人设时，要着重考虑以下几点。

1）挖掘自身闪光点

在塑造人设时，主播要以自身特点为出发点，适当放大自己的闪光点，在镜头下展现出自己的真实特征，以吸引和感染用户。人设一定要真实，切忌一味追求完美的人设而脱离实际。

主播在打造人设时，可以选取自身的一两个闪光点，这样更有利于用户记忆和识别，如身材很好的人，可以做服装主播；会化妆、肤色好的人可以做美妆主播；还可以通过自己的身份引发用户的共鸣，如“宝妈”群体适合推荐婴幼儿用品，如玩具、绘本、食品等。

2）寻找自身辨识度

当直播市场渐入饱和状态时，差异化就是制胜的法宝。因此，主播要明确自己的人设定位，找到切合自己的专属标签，突出自身独特、别致、与众不同的亮点。例如，某男主播曾是某知名化妆品柜台的彩妆师，他用自己的实践和经验证明了自己是比女生还会化妆的男生，那么“比女生还会化妆的男生”就是他为自己打造的、具有很高辨识度的人设。

3）形成风格化的直播话术

形成颇具个人特色的直播话术有利于为直播营销赢得更多成功的机会。提高直播话术的方法是多听、多练、多总结，主播要学会解构其他主播直播话术的逻辑，分析其切入话题的方式，说话时的动作、语气、节奏甚至眼神等，从中汲取经验，从而不断地提升自己直播时的语言表达能力。

4）强化 IP 在用户心中的印象

为了让更多的用户记住自己，首先就要获得用户的信任，引发他们的共鸣。信任来源于专业，主播之前学过的专业或从事的职业都是很好的背书。共鸣来源于经历、爱好、情感和观点，把这些话题适当地穿插到直播中，更能体现主播的人格魅力，同时也能让人设更加立体、饱满。需要注意的是，人设一旦设立，就不能随意改变，更不能胡乱跟风追热点，而要长久坚持，通过持久创作与人设高度一致的内容，不断强化用户对主播 IP 的印象，进而不断提升用户的黏性。

5）选对商品，强化人设

选对商品对于电商主播尤为重要，合适的商品对于人设的塑造具有强化的作用。主播要选择符合自身定位、契合自身人设的商品，并且愿意把其分享给用户，这样做能够为人设的打造锦上添花。

6）了解目标用户群体，调整人设标签

主播在进行人物设定时，要充分考虑到人设面向的主要用户群体，通过对目标用户群体的调研，明确用户画像，从目标用户的视角重新审视自己人设的标签，去掉一些目标用户偏好较少甚至排斥的标签，这样可以在一开始就使主播的人设对特定群体产生充分的吸引力。

5. 明确主播人设定位

主播人设的定位可以从 5 个维度进行明确，如表 2-5 所示。

表 2-5 主播人设定位的 5 个维度

主播人设定位的维度	说明
我是谁	确定身份，如发起人、创始人、传播者、联合创始人等；确定形象，使形象统一，增加识别性；直播间的名字要与主题呼应，信息明确
面对谁	用户群体的地域、年龄、性格、偏好、收入状况、消费能力
提供什么	突出自己的核心竞争力，如推荐的商品应质优价廉
什么地方	电商类，如淘宝、京东、拼多多等；短视频类，如抖音、快手等；线下类，如供应链基地、实体店等
解决什么问题	解决用户痛点需求，提供品质好货

例如，一位销售经验丰富的美妆店员想尝试直播销售美妆商品，就可以按以上 5 个维度来定位主播人设。

（1）我是谁。我是一名美妆店员，销售经验丰富，热情诚恳，个人形象落落大方，平时喜欢使用口红，让自己看上去更有精神和活力。

（2）面对谁。面对追求改善气色、喜欢时尚的年轻女性用户。

（3）提供什么。提供美妆店内的招牌美妆商品，价格不高，是店内的畅销款。

（4）在什么地方。在美妆店内直播，推荐的商品在各大电商平台上架销售，同时线下的美妆店也同步销售。

（5）解决什么问题。满足年轻女性群体对美的追求。

围绕用户对美妆商品的核心诉求是追求美，塑造一个接地气、擅长让自己变美的主播，全心全意地为用户寻找更适合她们的美妆商品。这一人设定位要传达给用户的理念是“爱自己，就要让自己好看”，直播间的口号是“寻找最美的你”。

6. 多渠道渲染人设

直播带货前，主播要通过多个渠道全面渲染人设，积累一定数量的基础粉丝，这样有助于主播快速完成直播的启动工作。主播可以在各大社交平台主动渲染人设，如在微信公众号、微博、抖音、快手、视频号等平台上发布视频文案内容，吸引平台用户的广泛关注。总之，要想让直播间人气高、商品销量好，主播就要从多渠道深入渲染人设，使自己的人设深入人心，然后再将这些用户导流到直播间。

7.“传帮带”，打造主播品牌“连锁店”

很多超级主播拥有大量的粉丝和巨大的影响力，为了形成流量复利，传承自己的影响力，主播团队要不断培养新主播，形成主播品牌“连锁店”，通过“传帮带”培养主播带货家族，壮大的家族式主播团队可以产生强大的粉丝效应，为持续增长带货价值提供保障。

2.3.2　商家选择直播主播策略

有些商家在选择主播时很盲目，认为只要主播人气高，带货能力肯定不会差，其实他们忽略了一个重要问题，即高流量≠高转化。商家在选择主播时，其实有一定的规律和策略可循。

1. 明确主播的类型

主播主要分为商家主播、机构主播和客服主播 3 种类型，如图 2-8 所示。

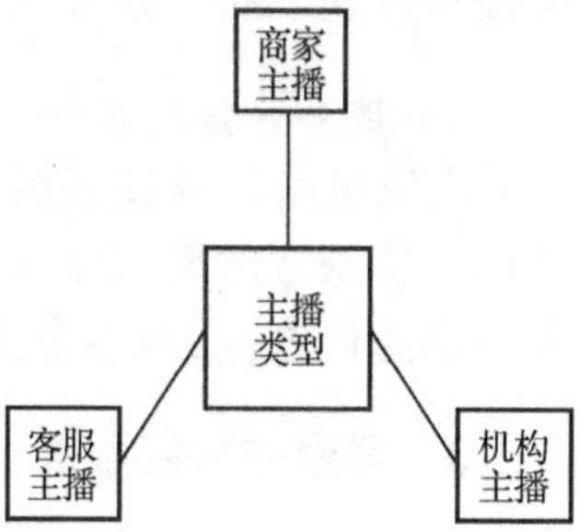

图 2-8　主播的类型

1）商家主播

商家主播指商家领导亲自上阵，在员工的配合下进行直播。电商直播行业的中小玩家基本上都选择这种方式。

商家主播的优点在于商家领导对自身店铺的经营状况和商品特性有更深入的了解，所以在介绍商品时会更全面，而且会对直播投入大量的精力；其缺点在于商家领导的个人精力不足，直播能力也因人而异、参差不齐。因此，商家主播在刚直播时，要多学习优质的直播方式与经验。

2）客服主播

客服主播指由外在条件和表述能力较好的客服或员工担任的主播，有经营团队的商家会用客服主播。

客服主播的优点在于可以多人持续直播，相互替换，多时段直播，以获得更多的免费流量；其缺点在于客服的性质决定了其专业度，有些人对平台运作的把控和商品的特点了解程度不够深，在直播时容易出现偏差。因此，商家要对客服主播进行专业培训，尤其是增加客服主播对商品知识和用户需求的把控，并建立相应的考核制度。

3）机构主播

机构主播指商家结合自身能力，请专业直播机构或直播达人进行直播。这类主播的优点在于拥有专业的直播间环境和专业的直播人员，直播时间充裕，可以很好地占据热门直播时间段；其缺点在于主播对商品和商家缺乏足够的了解，在挖掘商家需求方面存在一定的难度，且投入成本较大。

机构主播适合有一定直播基础的商家，商家在撰写直播脚本的过程中就要多参与，尤其是对商品卖点的描述，要尽可能详细地传达给直播人员。在直播过程中，商家要参与进去，及时提醒机构主播，而不是放任其随意直播。

2. 多渠道搜集主播资源

商家可以从多个渠道搜集主播资源，寻找合适的主播，搜集主播资源的渠道有以下几种。

1）通过阿里 V 任务可以找到淘宝直播中的任何主播

商家可以登录阿里 V 任务平台，在直播服务模块的“直播服务”中查找、筛选主播，并进入主播的主页进行查看。如果主播资料中显示“所属机构”，商家就需要与机构联系；如果没有显示“所属机构”，商家就可以与主播个人或其团队联系合作。

2）进入直播间与主播联系

商家在直播间看到中意的主播后，可以通过私信等方式联系主播，表达合作意向，主播在看到以后，如果感兴趣的话就会回复，然后在下播后沟通合作事宜。

3）联系主播所在的 MCN 机构

商家也可以通过联系主播所在的 MCN 机构与主播取得联系。直播 MCN 机构可以帮助作为货源方的商家链接带货主播。这样的方式一方面能够让商家找到带货主播；另一方面也能让直播 MCN 机构拥有更好的货源，从而使自身获得更长久的发展。

3. 考察主播匹配度

寻找主播的关键是选择适合商品属性的主播，在商家找到某个主播后，如果因为对主播不够了解，不清楚主播擅长带货的商品和个人能力，而导致商品或品牌宣传推荐不到位，就会影响商品的销量，所以考察主播的匹配度非常重要。

1）明确自己的诉求

商家挑选的主播是否适合自己商品的目标人群，需要商家根据主播的直播数据进行判断，可以借助一些数据查询工具查询主播的直播数据，如淘宝直播数据分析平台萤火虫、阿里 V 任务的灰豚数据等。

商家通过直播数据查询工具可以查看主播的粉丝量、平常的直播频率、直播时间、点赞数、评论数等，还可以进行实时查询，在主播直播时查看同一时段、同一领域的大盘流量，依此判断主播在行业内的影响力。当然，商家也可以通过榜单排名查看主播的实力。

商家要明确自己的诉求，根据诉求确定数据要求，不要盲目追求商品销量或直播间人数，因为有些商家追求的是品牌商品曝光，推广新品；有些商家追求的是商品销量，库存清仓，快速回笼资金；还有些商家追求的是品销合一，既要求一定数量的曝光，还要有一部分的销量。

2）了解主播擅长推荐的商品

商家除了要了解主播的流量数据和直播数据，还要了解主播的用户画像和带货数据，考察转化率，择优选择主播。例如，商家可以通过数据分析平台，查看“直播分析”数据中的用户画像，了解带货主播的类目偏好，以及主播曾经有哪些带货经历，主播擅长推荐什么商品，进而掌握主播的专业带货能力。

3）了解主播的互动能力

商家可以选择观看主播的直播或直播视频回放，了解直播间的粉丝互动率和直播氛围，也可以在数据分析平台查看直播数据分析。总之，商家在寻找主播时要特别慎重，前期需要做充足的准备和数据调研，根据查询的数据从多方面进行综合分析，了解并掌握主播最真实的情况，找到真正适合自身商品属性的主播。主播既要有人气、有能力，又要熟悉商品，还能满足商家的诉求。

2.4 直播主播助理的打造

2.4.1 直播主播助理认知

直播绝不是一场单人“脱口秀”，其考验的是主播和助理的配合默契度。现在大多数直播间中都有助理，助理和主播一样是不可或缺的存在。没有助理，主播很难在展示和介绍商品的同时很好地兼顾运营。如果说主播是直播的灵魂，那么助理就是直播的核心。

根据工作性质的不同，主播助理可以分为前场助理和后台助理，前场助理又有出镜、不出镜或很少出境两种。助理类型及其职责如表 2-6 所示。

表 2-6 助理类型及其职责

助理类型		职责
前场助理	出镜	主要充当主播的模特，试穿衣服，试用商品，帮助主播补充介绍商品信息，回答用户提出的问题，向用户演示领优惠券方式或下单流程等，调动直播间的气氛，把控直播的节奏，主播有事时临时充当主播的角色
	不出镜或很少出镜	在场外通过画外音或文字的形式，对主播提到的商品或优惠信息进行补充，配合主播完成直播
后台助理		负责配合直播间的所有现场工作，如调试灯光设备，摆放商品，修改商品价格，上线优惠链接，转化订单，解决发货、售后等问题

有些前场助理经常在直播间里出镜，在主播短暂离开期间代替主播展示商品，积累了自己的用户群和粉丝；有的助理属于达人直播的助理，由于固定与某个主播长期合作，他们之中一部分人在直播间几乎相当于半个主播。

一般商家的直播更加流程化和标准化，其直播模式是 1 个主播+1 个助理，助理很少出镜，通常会在场外通过画外音与主播互动，辅助直播营销。

2.4.2 直播主播助理的技能和工作内容

1. 直播主播助理必备的技能

一个优秀的直播主播助理需要掌握如下 4 个基本技能。

1）广告传媒能力

直播主播助理应懂得如何吸引更多的粉丝，使直播间人气更高，如设计一张足够吸引粉丝的直播封面，策划一场有利于“吸粉”的直播活动等。

2）团队沟通协作能力

直播主播助理必须与直播主播保持紧密、良好的沟通，有时直播主播只用一个眼神或动作，助理就能马上明白他的用意，可以达到“心有灵犀”的默契程度。

3）商品销售能力

直播主播助理需要了解直播商品的基本行业知识、所有的商品信息和商品卖点，例如，某款衣服最适合哪类人穿，受众对象是谁，怎样挖掘用户的切入点，提供解决用户需求的方案等。

4）直播引流与运营能力

直播助理需要了解直播平台的推荐机制和直播间的运营技巧，研究如何通过提高直播间浮现权，以尽可能多地获取自然流量，也要深入了解直播的技巧和需要避开的误区，从而得到更优质的商业流量。

2. 直播主播助理的工作内容

作为直播主播助理，无论是前场助理还是后台助理，其工作必须从开播前开始，为直播的顺利开展做好充分的准备。例如，充分了解本次直播的所有商品，与直播主播一起制定直播策略，熟悉发放优惠券的方式和时间点及商品链接、下单流程等，并提前确认直播场地和灯光布置等。直播主播助理的具体工作内容如下。

（1）直播的准备工作。协助团队成员选品，提前了解商品信息，摆放备播商品，确认直播场地，调试直播设备等。

（2）掌控直播节奏。活跃直播间气氛，帮助直播主播掌控节奏，如提醒主播直播活动的时间点等，提示用户关注主播，及时回答主播未顾及的用户提出的问题等。

（3）运用促单道具。根据活动策划，适时使用计算器、秒表、道具板等道具，辅助主播促进用户下单，顺利完成直播营销。

（4）应对突发状况。主播离席时应及时补位，维持直播间的热度；直播时出现声音、画面不正常时，及时检查维护；直播出现问题时，如商品链接、价格、优惠券、红包与主播宣传不符时灵活应对。

（5）配合主播。全方位配合主播，如主播问商品库存还有多少时，助理可以合理地根据直播间人数汇报库存；配合主播试用商品，强调试用商品后的效果，促成用户下单。

助理对主播的每一次配合其实都需要掌握好分寸，配合太少无法起到辅助直播的作用，配合得过于频繁可能会引起用户的厌烦和不信任。助理要了解主播的个性特征和直播节奏，这样才能提升配合的默契度。当然，这种恰到好处的配合并不是立刻就会形成的，而是需要经过长时间的团队磨合逐渐形成的。

复习思考题

1. 个人直播团队的组织框架由什么组成？
2. 供应链基地直播团队的组织框架由什么组成？
3. 升级版团队直播主播的主要职能是什么？
4. 商家选择直播主播的策略是什么？
5. 直播主播助理的必备技能是什么？

第3章 直播电商的准备工作

学习目标

- 了解直播选品的定义；
- 掌握直播选品的要素。

学习重点、难点

学习重点：

- 直播硬件的选择；
- 直播脚本的制作。

学习难点：

- 直播选品的选择依据；
- 直播预告的策划。

3.1 直播选品

3.1.1 直播选品的定义

选品指商家从供应市场中选择适合目标市场需求的商品，即商家在把握用户需求的同时，从众多供应市场中选出质量、价格和外观最符合目标市场需求的商品。直播选品是其目标市场的受众为直播间用户的选品。

3.1.2 直播选品的依据

直播选品应遵循如下两个原则。

1. 最好卖的商品品类

（1）低价、高频、刚需类商品。高频刚需类快消品好卖，这是行业内人士都知道的事实。现在网红直播选的商品大多以女性彩妆、护肤品、服装、生活日用类的实用快消品为主。

比如某男直播主播就以彩妆护肤为主，口红当属第一类。这正符合当下女性的需求，复购率高。因为化妆品保质期都是 3 年，所以用户完全可以放心囤货。

（2）商品详解更全面的商品。用户在购买一款商品前，一定要先对商品进行了解，如这件商品是哪里生产的？用的是什么材料？可以用来做什么？好不好用？除了这些常见的问题，还会有售后服务等用户关注的问题。

直播主播需要对以上问题进行回答，或者对这些问题提前进行输出，以使用户能够对商品了解更多。主播给用户的感觉越从容，那么用户就越会放心地在其直播间消费。

（3）展示性强的商品。展示性强的商品指利于直播间现场进行展示的商品，方便主播直接演示讲解，如服装、饰品等，这些演示能够加深用户的信任度。

2. 最好不要碰的商品品类

（1）玉石珠宝。玉石珠宝没有严格统一的价格标准，各地价格差异很大。购买者收到货后，和直播时的记忆相比较，如果产生不满意或失望的感觉，没有标准参考，就会感觉被坑了；在运货的过程中，玉石类产品极易磕磕碰碰而产生瑕疵，用户就会选择退货。

（2）生鲜、蔬菜、水果、鲜花。生鲜、蔬菜、水果、鲜花类不是高利润的商品，在运输过程中又涉及保鲜成本问题，甚至配送时间都要求以小时为单位，还要考虑在配送中出现的损耗，以及一些品类因重量原因导致的运费高。如果将这些成本纳入商品的整体价格中，商品价格就会缺乏竞争优势。

3.1.3 直播选品的要素

1. 品牌

直播选品的第一个要素是品牌，品牌的知名度、用户口碑甚至售后服务都需要考虑。知名度高和口碑好的品牌可以为直播间吸引流量，可以在前期预热时就发布预告引流。

在直播间售卖这类型商品时，用户的下单意愿更高，不需要多做介绍，就有用户自然下单。同时，在销售这类型商品后可以避免负面的售后体验，对主播的形象也有加分作用。

2. 商品

直播选品的第二个要素是商品。直播时需要有丰富的商品组合，如多种直播选品类型在直播间里同时出现，才能让整个直播效果更好。一场直播还要包含新品、热销品、库存品。新品可作为特色商品存在，热销品可作为利润品，库存品则充当低价引流的商品。

3. 价格

直播选品的第三个要素是价格，现在的直播间主打的都是低价，所以价格优势是直播间能否成功的关键因素。这需要主播和背后的运营团队，有强大的供应链支撑，能够对品牌方有很好的议价能力。

3.1.4 直播间的商品组合

1. 印象款

印象款指促成直播间第一次交易的商品。只要有了第一次交易，用户对主播或者直播间才会留下印象，下一次再进直播间的概率才会增大。所以，印象款的重要性不言而喻。什么样的商品适合作为印象款呢？可以选择直播间中高性价比、低客单价的常规商品，如卖包的直播间，可以选择零钱包、钥匙包；美搭的直播间，可以选择腰带、打底衫。印象款商品一定要实用且人群覆盖面广。

2. 福利款

福利款主要指给直播间引流的商品。福利款通常是以低单价的商品为主，或者是价格低于市场价较大的商品在直播间内销售。同时，要兼顾用户的消费习惯。高消费频次的生活日用品，如纸巾、洗衣液等，还有螺蛳粉、小面包等零食，都是冲流量的最佳利器。这些产品的用户是强刚需，适合居家囤货，不怕买多了。

通过对曾经在“双十一”期间单场销售额过亿元的某个专场进行分析，可以发现销售数量排序前列的商品都是低单价的引流款，为直播间带来了大量的流量。

3. 爆款

爆款的最大作用就是冲业绩。爆款商品的价格不一定低，但是一定是现阶段用户最喜欢、性价比最高的商品，这样才能够达到走量的效果。如抖音直播间经常出现的iPhone、华为手机、苹果耳机等商品，虽然利润很低，甚至很多直播间是亏本销售，但是它们都是爆款商品，可以为直播间冲击更高的销售额。通常在一场直播中，70%的销售额由5～6个爆款贡献。

4. 利润款

利润款的作用主要是为直播间带来利润。这类商品的价格不一定美丽，但是在款式、功能上有自己的独特之处。这种类型的用户主要是追求生活品质的高收入人士，他们对价格敏感度较低，只要打中他们的需求点就会下单。而这种类型的商品一般出货量不会很大，但是带来的利润相当可观。

5. 炮灰款

炮灰款的作用主要是用来给爆款做参照物。与上面提到的几款商品相比，最后这款商品是很多人容易忽略的类型，这种类型商品的作用本身就不是冲销量。它的主要作用是和爆款商品进行对比，在爆款上架前，准备一些款式不好、价格又贵的商品给用户观看，让用户心理上有一个概念，同样价位的商品是这样的。等上架爆款后，就可以降低用户的预期。在用户对比商品后，发现爆款商品质量比炮灰款更好，价格更有优势，这样就会让用户更容易下单。

3.1.5 商品信息收集

商品信息收集对于直播间选品而言十分重要，搜集商品信息可以遵循以下几个原则。

1. 直播带货商品与账号定位属性相关联

视频内容要与账号定位垂直，系统才会根据垂直内容贴上精准标签，然后将视频推荐给更精准的粉丝。直播带货商品选择也一样，主播的账号如果主攻美妆，直播带货商品就尽量选择美妆相关商品，原因在于主播对商品的熟悉度高，另外也符合用户对账号的预期，更有助于提升商品转化率。

2. 主播亲自使用过的商品

只有主播自己使用过的商品，主播才能知道它到底是不是一款好的商品，商品有哪些特性，该如何使用，如何推销，是不是适合主播的用户消费群体需求。

例如，如果主播想卖一款洗面奶，就要事先知道这款商品适合油性皮肤还是干性皮肤、自己的肤质、使用后的感受，还有主播身边其他肤质的人使用后的感受。用户对洗面奶有哪些需求？这款洗面奶能否满足他们的需求？

这些都需要主播亲测后才能得出结论，才能在直播间根据实际使用感受，向用户推荐商品，才会更有说服力。

3. 按照粉丝需求选品

直播主播账号上的粉丝一定是因为商品的特定属性能满足他们的需求才关注主播的，所以主播选择直播带货商品时，一定要了解直播账号上粉丝用户的属性和需求，如粉丝的年龄层次、男女比例、对商品的需求等。要了解直播主播账号的粉丝画像，可以借助数据分析工具，先要了解主播粉丝的性别、年龄、地域分布及星座情况，只有通过对大量的粉丝画像进行解读，才能明确主播账号的目标用户画像。进而根据这些需求，及时补充商品品类，以求满足用户的需求。

4. 选择高热度直播带货商品

与发视频蹭热点的逻辑一样，直播带货商品的选择也可以蹭热度，如过端午节要吃粽子，过中秋节要吃月饼，夏天的小风扇、冬天的暖手宝，或者当下某个网红、明星带火的某款商品，都是可以蹭热度的商品。不管用户是否需要这件东西，在那个时间段，用户对他们保持了高度关注，即使用户不买，他们也可能会在直播间热烈讨论相关话题，提升直播间的热度。

5. 选择高性价比直播带货商品

不论在哪个直播带货平台，高性价比、低客单价的商品都会在直播带货中更占优势。如某著名女主播的直播带货商品永远都会给用户“全网最低价”且“无条件退换”的福利。这不仅最大限度地保证了用户的权益，还让用户对主播产生了极高的信任，回头率更高。

6. 根据品类选择直播带货商品

直播带货平台上会有相对热门的商品品类，如美妆、零食、家用电器等。直播主播可以在这些热门商品品类中选择自己擅长，并且账号也适合的商品在直播间售卖。

7. 借助工具选择直播带货商品

学会使用工具是非常重要的运营方法，选择直播带货商品也一样。例如，通过数据分析可以得知直播商品中哪些产品的销量好，哪些商品在直播峰值的时候销量最高，哪些商品被点击的次数最多，哪些商品交易得最多。根据这些数据，主播能够获得高销量商品的名称、品类、单价、来源等各项信息，然后根据这些信息，结合账号定位和用户需求，选择合适的直播带货商品。

8. 选复购率高的直播带货商品

直播带货的用户群体相对稳定，不容易快速增加新用户。所以，商品的购买频次不但会影响收益，还会影响用户的活跃度，如果处理不当还会掉粉。因此，选一些复购率高的快消品，会有更好的效果。

3.2 直播的硬件选择

3.2.1 三脚架

三脚架是一种用来稳定照相机的支撑架。在直播领域，三脚架用来稳定直播用设备，如手机，可以达到某些摄影效果。三脚架如图 3-1 所示。

图 3-1 三脚架

三脚架按照材质分类，可以分为木质、高强塑料材质、合金材料、钢铁材料、火山石、碳纤维等多种。最常见的材质是铝合金，铝合金材质三脚架的优点是重量轻、坚固。最新款式的三脚架则使用碳纤维材质制造，它具有比铝合金更好的韧性及重量更轻等优点。常背着三脚架外出拍摄的人对于三脚架的重量都很重视，希望它能越轻越好。

三脚架按最大脚管管径分类，可分为 32mm、28mm、25mm、22mm 等。脚管越大，脚架的承重越大，稳定性就越强。

三脚架按脚管的节数分类，可分为 3 节、4 节、5 节等，脚管节数越少，脚架的稳定性越好，但脚架的节数越少，越不方便携带。

三脚架按用途分类，可分为用于商品拍摄、人像拍摄、风景拍摄、自拍等。

3.2.2 灯光设备

直播中常用的灯光设备是补光灯。摄像补光灯也称为摄像灯、机头灯、新闻灯等。其主要作用是在缺乏光线条件情况下拍摄时，提供辅助光线，以得到合格的画面素材。摄像补光灯已经具有可以调节亮度、色温，显示剩余电量等优良的操控性能。

现在使用的补光灯大多是 LED 补光灯。由于其具有光效率高、低电压、体积小、寿命长、响应速度快、抗震能力强、节能、环保等特性而得到了迅速普及。新一代的摄像补光灯都采用 LED 发光二极管为发光体，采用可充电电池供电，也有部分采用外接市电的供电方式。摄像补光灯如图 3-2 所示。

图 3-2 摄像补光灯

3.2.3 摄影棚

摄影棚是电影制片厂中拍摄内景最主要的生产场所。不同的经济体制、社会环境与生产条件下，可能形成不同形式、规模的摄影棚。早期的摄影棚只是一个仅有顶棚和棚架、四面漏空的“大棚子”，我国的“摄影棚”名称由此而来。主播在摄影棚中直播会有很好的直播效果。摄影棚如图 3-3 所示。

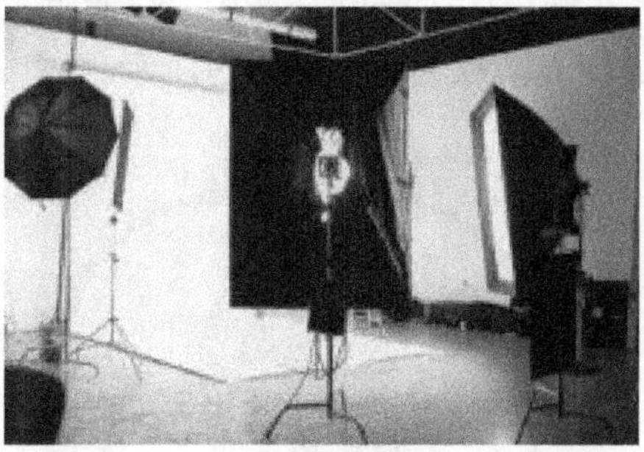

图 3-3　摄影棚

3.2.4　反光伞或反光板

1. 反光伞

反光伞是一种专用的反光工具，且有不同的颜色。银色和白色的伞面不能改变闪光灯光线的色温；金色的伞面可以使闪光灯光线的色温适当降低；蓝色的伞面能够使闪光灯光线的色温适当提高。在电商直播中，最常采用的反光伞大多是白色或银色的。使用时将伞安置在可以变换角度的云台上，用强光灯照射伞内，散射出的光线很柔和，阴影亦淡，是理想的光源。反光伞如图 3-4 所示。

图 3-4　反光伞

2. 反光板

反光板是拍摄时使用的辅助照明工具，用锡箔纸、白布或米菠萝泡沫板等材料制成。反光板起辅助照明作用，有时也当作主光用。不同的反光表面，可产生软硬不同的光线。反光板面积越小，效果越差。

常用 4 种类型的反光板有白色、银色、金色和黑色的。

白色反光板反射的光线非常微妙。由于它的反光性能不是很强，所以其效果显得柔和而自然。需要稍微加一点光，就可以使用这种反光板对阴影部位的细节进行补光。

银色反光板是最常用的一种反光板。这种反光板的效果很容易在被拍摄者的眼睛里映现出来，从而产生一种大而明亮的眼神光。在阴天和光线主要从被拍摄者头上方射过来时使用，它直接放在被拍摄者的脸下方，让它刚好在相机视场之外，把顶光反射到被拍摄者脸上。在阴天的光线条件下，白色反光板就不具备如此强的作用。

与银色反光板一样，金色反光板像光滑的镜子似的反射光线，但是与冷调的银色反光板相反，它产生的光线色调较暖。金色反光板更常用作主光。

黑色反光板与众不同，因为严格地说，它不是反光板，而是“减光板”或称为“吸光板”。使用其他反光板是根据加光法工作的，目的是为景物添加光量。使用黑色反光板则是运用减光法来减少光量。使用黑色反光板的原因是由于种种原因不得不常常要用讨厌的顶光拍摄，采用这种光线拍出的人脸常会产生“浣熊眼”。通过把黑色反光板放在被摄者头上的办法，可以减少顶光。反光板如图 3-5 所示。

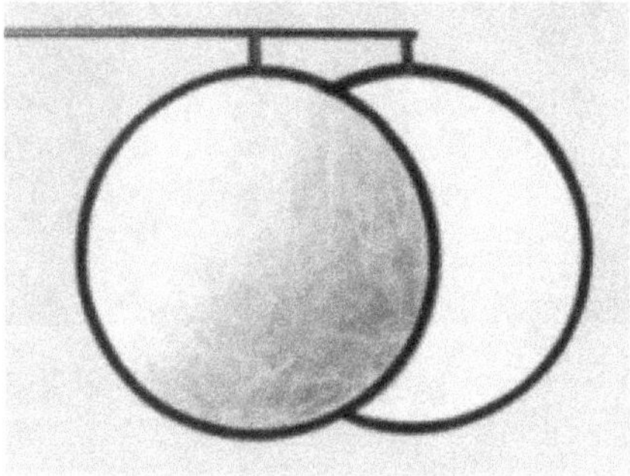

图 3-5　反光板

3.2.5　背景纸或背景布

背景纸或背景布用于拍摄各种物体，作用是给拍摄的物体背面加上背景，可以是白色的，如拍大头像时，也可以是其他颜色或风景等，在直播间中，背景纸或背景布的作用主要是装饰主播的直播间。背景纸或背景布如图 3-6 所示。

图 3-6　背景纸或背景布

3.2.6　直播硬件选择举例

1. 入门版直播硬件

适用人群：大部分入门级商家和主播小成本试水；

成本预算：200～300 元；

手机要求：高端手机（推荐 iPhone X 及以上型号或者其他高端安卓机型号，如华为 Mate 20 及以上型号）；

摄像头：手机自带摄像头；
收音：手机自带；
灯光：两个主播专用补光灯。

2. 高级版直播硬件

适用人群：专业主播和计划长期开播商家；
成本预算：4000～5000 元；
手机要求：高端手机（推荐 iPhone X 及以上型号或者其他高端安卓机型号，如华为 Mate 20 及以上型号）；
摄像头：手机自带摄像头；
收音：手机自带；
声卡：购买手机声卡套装；
灯光：两个金贝 150＋ 球型罩/方型罩。

3.3　直播脚本的制作

3.3.1　直播脚本的定义与主要内容

1. 直播脚本的定义

直播脚本指使用特定的描述性语言，依据规定的格式编写的可执行文件。电商直播脚本是一项卖货的计划和规划，主播和相关人员可按照这个内容进行直播。当然脚本的设计需要结合用户的需求出发。

2. 直播脚本的主要内容

1）明确直播主题

主题就是核心，整场直播的内容需要围绕中心主题进行拓展，比如配合品牌上新、店庆活动或回馈客户等。

如果内容与主题不符，如主播要做店庆抽免单的主题，结果用户进来发现主播在讲省钱技巧，迟迟不抽奖，用户马上就走了。再如主播要主推的商品是美妆，然而主播在其他商品上讲解太多太细，就很容易本末倒置，忽略主题，导致内容很差，让用户不知道主播的核心是什么，很容易流失一些用户。

2）把控直播节奏

直播节奏的制定指时间的规划。确定每段时间的直播内容，这样有助于主播从容不迫地把控整个直播间节奏，同时优化直播的流畅性，增加用户的观感体验，不至于在直播途中突然卡住，不知道该做什么，或是遇到突发状况就乱了方寸。在直播脚本中，一定要规划并体现出以下这些节奏点。

（1）根据直播的内容进行海报、软文的设计，并进行多渠道宣传。一场直播，不是等直播间开了就可以坐等有流量进来，而是要主动出击，广泛通告用户要做直播了，对这个主题有兴趣的用户都可以来参加，没准还能抽到小礼物。这也是为什么专业直播机构流量往往多于商家流量的原因。普通的商家太过于依赖某一个渠道的帮助，而不是反推如何结合各个渠道，以综合增加自己的曝光和流量。成熟商家永远思考如何增加付费渠道，进而引入更多的流量，而中小商家上活动仅仅是为了节省推广费。

（2）直播中要反复明确直播的目的。无论进行开场预热还是品牌介绍，或是整场直播活动的简单介绍，主播给用户传输直播的目的是非常关键的一点，要让用户明白“我在看什么”“我能得到什么”“有哪些福利和商品”。

一件商品大概需要 15～20 分钟讲解、表演、演示，然后用 5～10 分钟来重复自己直播的目的，希望达到的目标或者参与互动能够得到的好处。节奏的把控很重要，这也是专业主播和业余主播最本质的区别。这个阶段最重要的是直播的内容一定和最开始确定的目的相互呼应。

① 主播应强调身份的专业性和正确性，这样做的目的是建立用户信任，增加用户关注度；② 主播应强调商品的特殊性、适用性等内容，目的是针对这个商品提供独特的视角和深度分析，以期提高商品的转化率和客单价；③ 主播应传播对品牌有利的舆论导向。其目的是做一些危机公关的处理，因为商家开店可能遇到各种各样奇葩的用户，这个时候也可以利用直播进行一场危机公关，效果也会很好。比如某主播之前针对职业差评师做过一次直播，不仅获得了很多用户的认可和支持，当天还转化了不少“同情单”。

直播内容通常要分阶段设置，这个阶段不是前后关系，而是并列关系，因为也要考虑到很多用户是半路加入的，并不知道主播之前直播了什么，所以每个阶段都要有衔接，这就是节奏的把握。

3）直播分工的调度

直播是动态的过程，涉及人员的配合、场景的切换和道具的展示，前期在脚本上一定要做好标注。这样一方面可以更方便直播的筹备工作；另一方面，现场的配合也会更默契。

优秀的直播脚本，是一定顾及这些流程的各个环节和团队的配合，从而保证在正式直播时，内容有条不紊，而不是处处随机。总之，直播分工就是时间、场景、人员、道具、商品的综合性调度。

4）直播互动的引导

互动、游戏、福利等在什么时段插入，也要提前制定执行方案并体现在脚本上。这样可以让主播有一个明确的操控。脚本上也可以设置一些限时、限量的利益点，并在特定的时间发放。比如说主播可以给出一个口令，如“0520”，表示前 20 名私信客服的用户可以领取一个神秘大礼包，强调仅限 20 个名额，先到先得。

众所周知，抽奖是获客高峰期，若能合理使用套路，就能有效提升转化效果。主播一定要营造紧张的氛围，反复强调参与方式，如“还差×××个预约就能抽免单，马上单击预约参与抽奖”。奖品如果有实物，主播一定要拿在手上。诸如此类的互动方法还有很多，如脚本上还可以制作情感性互动、故事性互动等。这些互动把控得好，往往会有出其不意的效果。

3.3.2　直播脚本的分类

直播脚本分为单品脚本和整场脚本两大类。

1. 单品脚本

单品脚本即针对单品的脚本，单品脚本可以使用表格的形式写下来，这样就能把直播的卖点和利益点非常清晰地体现在表格上，以便在对接的过程中，不会产生疑惑点和不清楚的地方。品牌介绍、利益点强调、引导转化和直播间注意点，都是表格里应该有的内容。

2. 整场脚本

整场脚本指整场直播的脚本。在直播过程中，最重要的就是对直播套路进行一个规划和安排，重点是逻辑和玩法的编写以及直播节奏的把控。整场直播时长为 4～6 小时，中间不休息。

3.3.3　直播脚本的写作手法

1. 单品脚本写作

单品脚本指以单个商品为对象编写的脚本，包含商品解说、品牌介绍、功能展示等内容。

一场 2～6 小时的直播中，主播会推荐多款商品，其中每一款商品应当有一份对应的单品直播脚本，以表格的形式，将商品的卖点和优惠活动标注清楚。这样可以避免主播在介绍商品时手忙脚乱、混淆不清。单品脚本如表 3-1 所示。

表 3-1　单品脚本

商品名称	商品图片	商品卖点	日常价（元）	直播活动价（元）	核心卖点
大力水手联名款，初语 2020 年春装新款刺绣宽松圆领套头灰色卫衣女		1. 大力水手 IP 联名款 2. 小图案设计，基础又个性	299	149	直播间立减 150 元，库存 200 件，先到先得
初语秋季新款，韩版百搭哈伦风小脚中腰九分裤休闲裤女裤		1. 九分裤设计，显高、显瘦 2. 哈伦裤的版型，超适合丰臀女性，遮肉效果好	299	99	直播间立减 200 元，库存 1000 件
初语 2019 夏季新款，波浪绣线双层领时尚衬衣下摆不规则条纹雪纺衫		搭配半身裙或简单的休闲裤打造职业范，适合上班穿，折合价 57 元，很优惠	329	179	直播间立减 150 元，库存 500 件

续表

商品名称	商品图片	商品卖点	日常价（元）	直播活动价（元）	核心卖点
初语 2019 冬季新款，大力水手 Oversize 印花宽松撞色拼接加绒女卫衣		1．初语品牌 IP 系列 2．鸳鸯袖设计 3．可领优惠券再购买	239	89	150 元优惠券，库存 3000 件
初语长袖女卫衣 2019 春装新款抽绳字母印花贴布绣连帽套头上衣		胸前大贴布印花设计，让卫衣更吸睛	199	99	直播间立减 100 元，库存 1000 件

2. 整场脚本写作

整场直播脚本包含时间、地点、商品数量、直播主题、主播、预告文案、场控、直播流程（时间段）等要素。

直播流程包括详细的时间节点以及在该时间节点主播要做的事和说的话。直播流程包括以下 5 项。

（1）开场预热。打招呼、介绍自己、欢迎用户到来，当日直播主题介绍；

（2）话题引入。根据直播主题或当前热点事件切入，目的是活跃直播间气氛，调动用户情绪；

（3）商品介绍。根据商品单品脚本介绍，重点突出商品性能优势和价格优势（直播间活动）；

（4）用户互动。直播间福利留人，点关注、送礼、抽奖、催单话术、穿插回答问题等；

（5）结束预告。整场商品的回顾，催付；感谢用户，引导关注，预告下次直播时间、福利和商品活动等。

整场直播脚本的具体写作流程如下。

（1）第 1～5 分钟，近景直播，互动并展示本场直播的 1～2 款爆款，互动建议选择签到打卡抽奖，不断强调每天定点开播，等待大流量进来。进行暖场之后，就是近景直播。让用户关注这个直播间，打卡、转发，向大家不停地强调，例如，每周三进行直播。每周三的 8 点，让用户关注这个直播间。

（2）第 5～10 分钟，讲解并展示当日新款和主推款商品。

（3）第 10～20 分钟，将当天所有的商品全部走马观花展示一遍，不做过多停留，但潜在爆款可以重点推荐。整个过程持续 10 分钟，助理紧密配合，把一套套搭配好的商品都展示出来。但整个过程不看用户评论，不受用户影响，按自己的节奏逐步进行。

（4）开播半小时后正式进入商品逐个推荐。有重点地根据用户对于商品的需求进行介绍。每个商品的 5 分钟直播脚本参考单品脚本。

（5）直播中，场控根据同时在线人数和每个商品的点击转化销售数据，引导主播进行重点演绎的调整。

（6）停播前 1 小时，做呼声较高商品的返场演绎。

（7）停播前 0.5 小时，教用户怎么领优惠，怎么成功拍下。

（8）停播前 10 分钟，主播剧透下次直播的新款，助理见缝插针回复当日商品的问题。

（9）最后 1 分钟，强调关注主播，下次直播准时开播的时间、下次直播福利，建议用户下播后去看宝贝讲解。

3.4 直播预告的策划

3.4.1 直播预告的定义及重要性

1. 直播预告的定义

直播预告是直播前发布在平台上的直播预知信息。

2. 直播预告的重要性

直播预告能够清晰地描述主题和直播内容，能让用户提前了解直播内容，同时便于平台编辑挑选出好的直播内容，进行主题包装推广。

直播预告可以上传主播在直播中要分享的商品，这样在开播后，就能更好地利用大数据，将直播内容进行用户匹配，获得更精准的用户流量。

3.4.2 直播预告制作的规范与技巧

1. 主题展示

直播的主题是预告文案中最重要、最关键的内容，需要向大家展示直播的时间、平台和主要内容。这个部分一定要放在文案最显眼的地方，避免宣传了很多，用户却不知道在哪看，导致做无用功。

2. 亮点呈现

直播预告文案如果只是没有任何吸引力的简单的通知，用户看了也不会进直播间。在设计预告文案时，一定要善于包装直播内容，将直播策划的亮点展示出来。

如在制作带货直播预告文案时，商品的卖点、优惠价格都可以作为亮点。而且可以将主播带货的商品一一罗列出来，让用户看一眼就能了解商品的信息。

3. 设置悬念

直播文案预告中，不必将所有的亮点、福利都告诉用户，避免用户失去兴趣。文案中应该留有一定的悬念，以勾起用户的好奇心。如在某主播的直播预告中，就运用了如下填空的方法设置悬念。

“如果不是全网最____，怎么会让上千万人，挤在一个直播间里买东西？”

“如果没有大量地发____，怎么会让路人也兴奋得大呼小叫？”

“倒计时 1 天，如果不是全程都____，怎么会让不买东西的人也舍不得离开？”

主播可以借鉴这样的方法，设计直播预告文案，只要能勾起用户的好奇心，主播预告的文案就成功了。

4. 搭建场景

一场成功的直播肯定要有一个明确的直播主题。在预告文案中，应该围绕主题为用户搭建直播场景，让用户通过文字，联想自身的实际情况，更好地参与直播。如“最适合夏天窝在家里、周末闲在家一定不要错过、工作太辛苦想要解压……”

5. 传递价值

很多人看直播不只是为了打发时间，观看直播能得到什么也是用户关心的重点。因此，在直播预告文案中，主播可以瞄准用户关心的重点，提出解决方法，从而展现直播的价值。如“闲暇时间提升自我的 *n* 个小方法、成功减肥 5 公斤一定要知道的 *n* 个小方法、晚间护肤一定要避免的坑……”

用户通过这些文案，就能直接了解想要的信息，感受这场直播是有价值、值得观看的。

3.4.3 发布直播预告的流程

下面以淘宝为例，描述发布直播预告的流程。

1. 必须去中控台发布

中控台需要填写的内容项，每一项内容都应当准确填写。

在手机上发布目前无法加入商品的详细信息。因此，后台看到来自手机端发布的信息，会直接拒绝发布者申请。

2. 需要两张封面图

封面图尺寸 1：750mm×750mm。

封面图尺寸 2：1120mm×630mm（用于首页，此图建议为浅色纯色背景）。

3. 直播标题

直播标题应在 12 个汉字内（空格、标点算半个汉字）。

必须包含具体内容亮点。不要在标题体现利益点和使用“#”符号。

建议格式：用一句话形容内容亮点。目的是第一时间让用户在茫茫直播中，对该直播内容感兴趣。推荐有个人风格的内容，杜绝无病呻吟、口水词等。

4. 内容简介

内容简介的第一段不少于 26 个字符。（前台仅显示出这一段，正文里不要使用“内容简介”这 4 个字。）

前面 26 个字符（最少 18 个汉字，标点和空格算半个汉字），对内容标题解释的一句话。简明扼要，不拖沓，有吸引力，且应有包括行动点的文案，如“还不快戳”。

第一段可以是本场直播的嘉宾/粉丝福利/流程/特色场景文案、主播的自我介绍、主打商品背后的故事，具有可读性。直播脚本越细化就越有说服力。建议读者多看看视频网站对视频的简介，其他多余的内容体现在第二段。

5. 推荐商品

推荐的商品至少 3 个。

6. 内容展示位（不强求）

目前内容展示位默认显示“否”，需要记得勾选“是”选项后，才能出现填写内容的对话框。

7. 预告视频（预告要上手机淘宝首页的话，此项必选）

建议预告视频的内容为：化妆小视频（加速版）、室内换衣（加速版）、室外造型秀等，这些是平台对内容的基础要求，有创意、有能力的主播可以在此基础上自由发挥。注意预告视频的尺寸必须为 16 : 9（横屏）。

3.4.4　淘宝直播平台首页的展示

（1）如果预告视频符合以下要求，就能进入【淘宝直播频道】→【预告】→【每日必看】模块。

① 最好不要有水印（目前对水印没有强求，如果要上首页就绝对不能有）。

② 预告视频的尺寸必须为 16 : 9。

③ 画面整洁不凌乱，有重点，不要全是无实际含义的微笑和打招呼式的内容。

（2）如果希望预告视频在手机淘宝首页的淘宝直播模块中展示，就必须符合如下两点要求。

① 需要符合预告模块要求的视频，必须上传 2 张封面图。

② 手机淘宝首页视频要求更加严格，需要符合下列所有要求。

a. 内容标题+内容简介+两张封面图+直播的预告视频，这 4 项的风格和人物造型等要保持一致；

b. 视频时长在 20 秒内，文件大小在 2MB 以内、MP4 格式，全程不能有字幕、异形等处理，也不要一直挥手说：“Hi!”

首页是从频道入选的预告中择优的结果，挑选的条件是封面图和直播间的主播形象相符，要求没有落差，且画面赏心悦目（主播形象+直播间装扮），且视频内容、创意、展现形式要有代表性，而不是主播很普通地站在镜头前。

3.4.5 标题、封面图的设计与操作

1. 标题的设计与操作

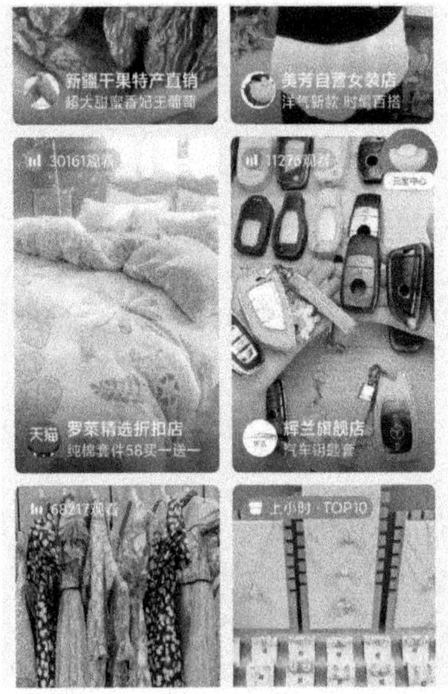

图 3-7 标题的设计

设计直播标题的时候，标题要能够吸引眼球，字数要控制在 10 个字左右，好的标题可以吸引更多的用户进入直播间。标题的设计如图 3-7 所示。

设计标题有很多禁忌，根据《广告法》的规定，不得在商品包装或宣传页面上使用绝对化的语言或相似用语，如最高级、全网、全国、全世界、抄底、国家、顶级、第一品牌、绝无仅有、万能、销售冠军、独家、首选、绝对、唯一、巅峰等。

设计可以增加权重的标题技巧包括：不要放商品折扣信息，切入用户消费场景，文字干净不啰嗦，突出痛点，抓住用户不想错过好商品的心理。

常用标题模板举例：这种/些/样+名词+形容词，如“这些服装的面料是纯棉的”；运用比喻、拟人、对比，如“比情人还甜的苹果”；疑问句“怎么……”，如“怎么对付闭合粉刺”；场景化有创造力的画面，如“随时随地让肌肤喝饱水”。

2. 封面图的设计与操作

单击【创建直播】按钮，进入【创建直播】界面，如图 3-8 所示。

单击【创建预告】模块，进入【创建预告】界面，如图 3-9 所示。

图 3-8 进入【创建直播】界面

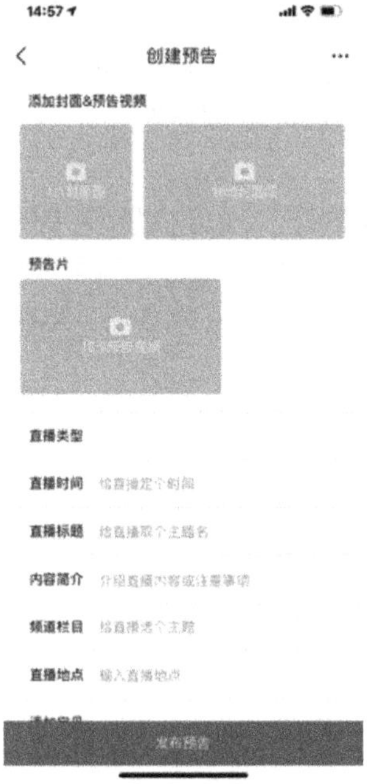

图 3-9 进入【创建预告】界面

直播封面图要求两张：1 张 1∶1，1 张 16∶9，两张都必须上传。

平台对封面图的要求：图片上不能出现文字，图片不能使用拼接图，图片不能过于花哨，图片不能出现贴纸、贴图元素，图片不能出现边框，图片不能有明显的 logo，图片有显著肖像的要出示授权，如明星、知名人士的肖像。

主流封面图内容：纯色（不要白色）背景+人物，纯色（不要白色）背景+人物+手持商品，高清商品摆拍图，超级仿妆人物图，炫酷特色技能摆拍，吸引点击的小卖点。直播封面图如图 3-10 所示。

图 3-10　直播封面图

复习思考题

一、名词解释

1. 直播脚本
2. 直播预告

二、简答题

1. 什么品类的商品最好卖？
2. 直播选品的要素有哪几个？
3. 直播的硬件有哪些？
4. 直播脚本的主要内容有哪些？

第4章 直播电商常用的技巧

学习目标

- 了解商品讲解技巧；
- 掌握直播间互动法则。

学习重点、难点

学习重点：

- 直播粉丝营销；
- 直播销售话术的修炼。

学习难点：

- 直播流量的提升；
- 直播销售话术的修炼；
- 直播礼仪的规范；
- 直播数据的分析。

4.1 商品讲解技巧

4.1.1 商品讲解的内容

1. 品牌故事的介绍

关于品牌故事的介绍，主播可以介绍品牌创立和发展过程中有意义的事件，可以是有关品牌创始人的故事，也可以是品牌发展过程中的重大事件。内容应既能体现品牌理念，又能加强用户对品牌的认知，还能增强品牌的吸引力。

2. 商品成分

例如，用户对化妆品成分的关注度越来越高，很多用户还关心商品的有效成分有哪些。他们常常愿意为含有某种有效成分的商品买单，如含有氨基酸的洗面奶，含有神经酰胺、维生素 B 的舒缓修复乳液，含有胜肽、维生素 C、A 醇抗氧化成分的精华或者面霜。直播的时候可以依照商品成分表，对成分进行充分的了解，以便在直播间内展开详细的介绍。

3. 商品功效

很多直播主播大部分的时间都会放在介绍商品功效上，这些通常也是用户给予商品关注最多的一个方面。但是切记不要夸大、虚假宣传商品功效，否则就有商品下架、直播限流甚至封号的危险。主播应该以客观公正的口吻进行讲解。

4. 商品展示

在进行商品展示时，可以展开讲解的商品详情有很多，如商品外观设计、商品质地及使用方法、使用效果、使用技巧等。

（1）商品外观设计。主播可以讲解该商品的外观设计，以及这样的设计能否令用户使用时更方便。

（2）商品质地。主播可以向用户展示商品的质地，如水润情况、吸收程度、延展性等。

（3）使用方法。主播可以在直播间使用要讲解的商品，并向直播间的用户展示使用效果及使用感受。

（4）使用效果。如粉底、眼影都可以直接展示上妆效果，这种方法比较适用于彩妆、洁面、卸妆用品等。

（5）使用技巧。主播可以在直播间对使用技巧进行分享，可以边化妆、边展示。一边演示化妆步骤，一边介绍商品，以便用户能更加直观地看到商品的使用效果。

5. 使用感受

例如，主播可以向用户说明使用商品前皮肤的状态，及使用商品后皮肤变成什么状态，把使用感受真实地反馈给直播间的用户。

6. 对比市场上同类型商品

主播可以选择市场上其他同类型商品，分析其差异，从而凸显主播直播间商品的优势。

7. 突出讲解商品核心优势

商品在直播间的优惠价格、安全有效成分和使用效果等，都可以成为商品的核心优势。

由于直播间用户流动性比较大，主播尽可能反复多讲几次商品的核心优势，以便照顾新进直播间观看的用户。

4.1.2　商品讲解的方式

如何在短时间内，将商品详尽、清楚地介绍给直播间的用户呢？主播可以参考以下两个公式。

1. 公式一：商品介绍 + 价格对比 + 使用场景

该公式由商品介绍、价格对比和使用场景组成，适合简单地推广商品，主播应在 3 分钟之内将商品描述出来。下面以某品牌的酸奶坚果烘焙燕麦片为例，用上述公式对该商品进行讲解。

（1）商品介绍。“这款燕麦片是由烘焙燕麦、酸奶块、玉米片、巴旦木等食材搭配组合而成的，营养丰富。而且冲泡起来非常简单，一杯热水加满，搅一搅就能喝了，口感非常绵密，喝起来很舒服。”

（2）价格对比。“在门店购买这样一袋燕麦片饮品的日常价是 19.9 元。今天，在直播间的价格是 9.9 元一袋，非常实惠。”

（3）使用场景。“这个燕麦片非常适合上班族，买一袋在办公室囤着，来不及吃早餐的时候冲一杯，就不会饿坏肚子。”

2. 公式二：店铺名称 + 商品介绍+原价+现价+折扣力度+线下价格 + 使用场景 + 抢购方式+快递+售后

该公式由店铺名称、商品介绍、原价、现价、折扣力度、线下价格、使用场景、抢购方式、快递、售后组成，适合详细地介绍主推商品，在 10 分钟之内将商品描述出来。下面仍以燕麦片为例，用该公式对商品进行讲解。

（1）店铺名称。“接下来这款商品是来自 × × × 旗舰店的酸奶坚果烘焙燕麦片。”

（2）商品介绍。“这款燕麦片是由烘焙燕麦、酸奶块、玉米片、巴旦木等食材搭配组合而成的，营养丰富。而且冲泡起来非常简单，一杯热水加满，搅一搅就能喝了，口感非常绵密，喝起来很舒服。”

（3）原价+现价+折扣力度+线下价格。“这样一袋燕麦片饮品在门店的日常价是 19.9 元，今天，在直播间的价格是 9.9 元一袋，超市也有卖，价格是 22 元一袋。所以，今天在直播间直接打了近 4 折，价格上非常划算。”

（4）使用场景。“这款燕麦片非常适合上班族，买一袋在办公室囤着，来不及吃早餐的时候冲一杯，就不会饿坏肚子。”

（5）抢购方式。“这款酸奶坚果烘焙燕麦片库存只有 5 000 件，抢完就没有了哦。已经上架了，赶紧去抢。进店铺还有 5 元的优惠券，领券后就可以直接下单使用。”

（6）快递。“而且这款燕麦片是全国包邮的。”

（7）售后。“本商品支持 7 天无理由退、换货，请放心购买。”

知识扩展

直播间商品讲解的技巧

1. 对比价格的方法

主播在对比价格时，应对比店铺的日常价格、线下的价格、往期最大折扣。例如：“这袋燕麦片，平时在平台旗舰店的价格，搞活动时一袋也要 19.9 元，去线下专柜买就更贵了，一般都是一袋 22 元。而今天在直播间一袋只要 9.9 元，比‘双十一’时还要便宜 2 元，相当于打了近 4 折，而且厂家几乎没这么低价格卖过。”

需要注意的是，不论是不是历史最低价，都不要说是历史最低价，以避免使用广告极限词。价格对比一定要真实，避免欺诈消费者的情况发生。

2. 营销使用场景

使用场景对促单有着非常明显的作用，主播的讲解应让用户知道“为什么要买”，引发痛点共鸣，从而激发用户的购买欲望。

例如，某主播在讲解防蚊灯时说：“夏天是蚊子最多的时候，如果宝宝被蚊子咬了，就会哭闹不止。普通防蚊液需要喷满全身才能防蚊子，那样的话身上会有很大一股防蚊液的味道，宝宝不爱闻，对宝宝来说也不健康。那么这个时候怎么办呢？我建议点这个防蚊灯。晚上睡觉的时候点着了，就不用担心蚊子咬宝宝了，这样宝宝就能一觉睡到大天亮。”

4.1.3 常见品类商品的介绍侧重点

1. 食品类

食品类商品需要现场试吃，通过主播在直播间实际展示吃的过程，介绍食物的口感，用户就可以通过主播的描述，了解食物的色、香、味。主播还要同时介绍清楚食物的配方，有些需要操作处理的食品，要事先准备好，还可以在直播间展示操作方法。

食品类商品用户的关注点：保质期、配料、口感、规格、价格。

2. 美妆护肤类

美妆护肤类商品应采用现场做试验的介绍方式，如口红、眼影等彩妆商品，一定要在现场无滤镜的条件下试色；而面膜等护肤品，一定要在现场挤出其基液，展示其内含物。

美妆护肤类商品用户的关注点：质感、功效、成分、适用人群、价格。

3. 鞋靴服饰类

鞋靴服饰类商品需要边展示边介绍，这类商品的展示要实际上身试穿。主播可以通过讲解穿搭技巧、展示穿搭秀等方式，直观地展示给用户。

鞋靴服饰类用户的关注点：自己适合什么风格、面料是否舒适、实际上身效果、有无色差、尺码、价格。需要注意的是，主播介绍时，要透露模特身材尺寸信息，以方便用户进行比对。

4.1.4 商品讲解需要注意的事项

（1）不可脱离商品实际。主播一定不要为了订单，凭空捏造事实，对商品的讲解必须建立在商品实际的基础上。

（2）语言通俗易懂。商品信息的传播要考虑受众的信息接受能力。因此，主播的言语要通俗易懂，要用用户听得懂的语言去互动和售卖，以便于用户记忆与传播。

（3）不可偏离用户的心理诉求。商品的卖点不单单是为了促单，还应根据市场需求或潜在需求而定，要有实际使用价值。

（4）商品本身要贴近受众。商品本身的设计要有一定基数的受众，不然订单的数量必然会受到影响。

4.2 直播间互动法则

直播间互动法则包括语言有特色、有亲和力、多与用户互动 3 个方面。

4.2.1 语言有特色

直播间最常见的互动就是主播和用户交流。用户通过弹幕和主播交流，主播大多通过麦克风回复用户。因此，主播在与用户交流的时候，说话方式就显得极为重要。

1. 多感谢、多赞美用户

主播在和用户交流的过程中，一定要尊重对方，万万不可挑剔用户，切记不可轻视用户（小主播更应该关注用户），或是语言攻击用户，这都是主播大忌。只有主播尊重用户，用户才会尊重主播。如果是新人主播，因为本身没什么人气，这时候要尽量留住用户。只有留住用户，才能让直播间的人气越来越旺，主播还要平等地对待观看直播的每位用户，因为用户就是主播的支持者。主播还要经常感谢自己的支持者，多说“谢谢”或者其他赞美用户的话语。

当有用户送礼物给主播的时候，不论礼物的价值多少，主播都要向用户表示感谢，如“谢谢×××送的×××！”最好配上适当的称赞：“感谢×××又送来礼物，谢谢！您真大方。”让用户感受到主播的诚意与对用户的在意，让用户能够自愿与主播进行互动。在没有用户送礼物的时候，主播也要经常对用户表示感谢或者赞美用户，如“感谢大家的陪伴，有你们在，我才能继续在这里直播。谢谢各位。”因此，无论是大主播还是新入行的小主播，对用户一定要多感谢、多赞美。

2. 表情动作丰富，调动气氛

很多主播在进行直播的时候，都是打开摄像头的（除了一些游戏主播），因此，主播的表情和动作也很重要。许多新主播在进行直播的时候，就是呆呆地坐着，偶尔尬聊几句，不仅动作僵硬，表情也不够丰富，这正是新人主播人气上不去的主要原因。直播间是主播和用户沟通互动的桥梁，主播除了要善于调动现场气氛，处变不惊，还要尽可能地增加与用户的交流，提高用户的参与感。

新手主播一定要经常做一些丰富的表情和动作。例如，女主播要学会偶尔做个爱心手势，或者调皮地吐一下舌头。不要小看这些细节，这些细节会使用户感受到主播的积极与热情，带给他们一定的感官刺激，令其产生好感，从而带动打赏和消费。

在主播拥有了丰富的表情和动作后，就应该考虑如何带动直播间内的氛围。主播带动直播间内气氛的方法步骤是：气氛营造—直播间氛围布置—气氛调动—合理利用音乐。

（1）气氛营造。最好把每次直播都营造成喜庆活动。营造喜庆活动的气氛就是为了吸引用户，扩大直播间的影响。如果活动带动了整个直播间的气氛，就会有许多人来直播间观看，其中不乏一些商家。

（2）直播间氛围布置。先利用一些能带动气氛的背景布来装饰背景。背景音乐也要选择能带动气氛的，在播放前要自己先听一遍，确认无误后才能使用。最后，再设计一些小礼物或纪念品分发给直播间的用户，以吸引人气。纪念品最好是分成两部分，一部分通过抽奖的方式分发；另一部分根据打赏的金额数分发，通常发给打赏排行榜前十的观众。

（3）气氛调动。直播间的气氛调动主要靠主播与用户间的互动。一些新主播通常会在用户进入直播间时喊用户的名字，让用户感觉到主播注意他了，进而产生了心理上的满足感。例如，“欢迎×××来到我的直播间！”或是利用一些点歌服务等，都可以调动直播间的气氛。

（4）合理利用音乐。很多主播在进行直播的时候，都会放一些背景音乐，营造直播间的气氛。当有铁杆粉丝进入直播间的时候，可以放点隆重的音乐，同时主播再说：“欢迎×××来到直播间！”就会让粉丝有宾至如归的感觉。在直播交流的时候，也可以放一些符合气氛的音乐，这样更容易调动用户的情绪，使整个直播间的用户都感同身受。直播间只有具有良好的气氛，才能吸引更多的用户。

3. 幽默搞笑永不过时

幽默诙谐永远是拉近主播和用户距离的一个法宝。网络视频直播的魅力主要体现在趣味性上。所以，尽管应该在视频直播中加入专业技能、科普知识等内容，但加入的知识绝不应该是生硬客套的说教，而应与视频直播融为一体，以趣味的方式呈现给广大用户。

如何利用幽默诙谐的方式提高直播过程中的趣味性呢？具体方法有语言幽默化、内容丰富化和形式多样化 3 种。

（1）语言幽默化。在直播过程中，主播讲的无论是专业技能还是科普知识，只要幽默利用得当，主播就能使整个直播过程轻松愉悦。因为这种轻松愉悦的氛围是用户喜欢的，也能够得到用户的认可。由于用户群体的广泛性，各用户的性格和知识水平会存在差异，所以，在直播的过程中，难免会遇到一些“奇葩”用户。这个时候，主播就应该运用幽默的语言巧妙地化解尴尬。幽默的语言不仅能在直播中起到润滑剂的作用，还能彰显主播的睿智。

（2）内容丰富化。要满足庞大的用户群体的观看需求，视频直播的内容必须非常丰富才行，尽量涵盖娱乐、体育、旅游、音乐、健身、综艺节目、情景剧等多个类别。

（3）形式多样化。视频直播类型主要有秀场直播、电子竞技（游戏）直播、移动直播、体育直播、活动直播、电商直播等。在风云变幻的直播行业，网络主播只有保持变化多端、幽默风趣的直播风格，才不会被行业淘汰，越战越勇。

4. 从真实情感出发，忌过分做作

主播是在屏幕前与用户交流的，所以，主播在和用户沟通的时候，一定要了解对方在说什么，同时也要让对方知道自己在干什么。主播在与用户交流的时候要注意以下几点。

（1）有效沟通，也就是要多听。作为听者，要设身处地，从说话者的角度，根据用户说话的语气、内容，包括用户所处的年龄段和所具备的知识条件，层层分析、反复琢磨，这样才能听懂对方说的话。千万不能模棱两可地和用户沟通，万一说错话，可能会引起用户反感，造成用户流失。

（2）主播要把自己想表达的内容通过语言、动作和表情充分展示给用户，并结合自身的想象，进行逻辑分析，从而准确地表述出来。

（3）只有主播主动去问，才能知道用户要表达的真正含义。就算是倾听也不是被动的，而是要主动去倾听，必须不断探究用户的真正意图。

（4）有效沟通，还需要慰问网友。一个知性的女主播远比只懂得靠妆容去吸引人气的女主播受欢迎得多，女主播长相差不多就可以了，但一定要懂得用户的想法。有些主播虽然长相一般但善于沟通，在用户心情不好的时候，她们会适当地鼓励用户，倾听用户的心声，当用户进直播间的时候，她们知道用户最需要的东西，也许她们的知识水平不是很高，但她们懂得通过学习去提升自己。

主播与用户交流的时候要抱着一颗真诚的心，只有这样用户才会信任主播，用户的黏性自然就会提升。

4.2.2 有亲和力

亲和力是人与人之间沟通交流的一种能力。那些知名直播主播都非常具有亲和力，在直播的时候会热情地对待每一位用户，把他们当成好朋友。有亲和力的主播一般都积极向上，善于与人沟通交流，通常都会有一些铁杆粉丝。那么如何才能拥有亲和力呢？

1. 倾听用户的心声

主播平日里可以与用户高谈阔论，但有时候也需要倾听用户的心声，听听他们在想什么，他们希望主播怎么样等。所谓的倾听并不只是单纯的动作或行为，它还体现了自身的修养和对他人的尊重。许多主播在直播的时候也会和用户聊天，可是他们的人气总是上不去，究其原因，不是他们的直播没意思，而是他们不懂得倾听用户的心声。倾听的好处有如下几点。

1）倾听可以掌握和了解更多信息

在与用户沟通的时候，倾听用户的想法就可以了解用户对主播的期待，以及给主播提的一些建议。而且在和用户沟通的时候，倾听会让用户产生信任感，无意间又拉近了两者之间的距离。

2）搜集信息

在倾听用户心声的时候，根据用户的话语可以推断出对方的一些信息，从而确定自己比较受哪些类型和年龄段的用户喜欢，然后根据用户类型重新规划直播内容，从而吸引更多的用户。

3）建立更牢固的信任关系

研究表明，比起听人说话，人们更喜欢让别人倾听。主播有时候会开设问题咨询环节，目的就是倾听用户的心声。主播大多通过直播平台弹幕或 QQ 群与用户交流。在人少的时候还好，在人多了后，主播的直播屏幕可能被弹幕覆盖，有时候会看不清用户写的内容。因此，主播可以在适当的情况下通知对方，以便让用户知道情况，这样就能更加有效地交流。

4）耐心倾听

有时候一些主播会因为提问的人太多，就只听个三言两语，这是不礼貌的行为，也很容易造成用户的误解。因此，耐心倾听完一个用户再倾听下一个，才是有质量的直播。

5）排除消极情绪

在倾听完用户的心声后，不能妄下定论或感情用事，应该理性对待，然后给予帮助或建议。通过积极解决用户的问题，达到提升用户好感的目的。每个用户都是主播慢慢积累下来的资源，应当用心对待，这样才能使自己的直播之路越走越远。

2. 用智慧巧妙化解负面评价

主播在直播的时候可能会犯一些小错误，如主播被“黑粉”嘲讽了几句后就突然情绪激动，还有主播一气之下直接下直播等，这都会给主播带来负面评价。主播应该学会化解负面评价，处理负面评价必须平衡自身的利益和用户的需要。比如，为了平息用户的不满，主播不可能直接发礼物开启各种抽奖活动，这样对消除负面评价不仅没有好处，反而会让那些恶意中伤的人愈发肆意妄为。因此，有效地化解负面评价显得极其重要。化解负面评价的方法有切勿本能回复、就事论事、热情总是对的、提前做好心理准备等几种。

1）切勿本能回复

在回复负面评价的时候，主播应该考虑事情的严重性，根据事情的严重程度进行判断，而不能率性而为。比如，若有用户骂了主播，主播若是一顿反骂，这样不仅影响自身的形象，也会影响自己在用户心中的地位，还会让一些原本支持主播的用户失望。

2）就事论事

在遇到负面评价的时候，要针对评论本身进行判断，而不能殃及他人。假如有一个用户骂了主播，还说直播不好看，作为主播不能直接就说“不好看就不好看，没人让你看”等话语，而应当就事论事，可以问用户：“哪里不好看？请这位用户给些建议。”主播不能急躁，要心平气和地解决问题。

3）热情总是对的

人们面对负面评论时，保持热情恐怕是很难做到的。当这类评论很多时，若要求主播热情答复评论，就更难了。但无论如何，主播都要尽量热情回复。让热情变成一种解决方法，除了可以帮助主播解决困难，说不定还能带动其他评价不好的用户改差评为好评，变坏事为好事。

4）提前做好心理准备

主播应该习惯负面评论的出现，这是一定会发生的。即使他的直播是平台上最好看的直播，给用户带来了许多欢乐和笑声，也还会有人不满意，就如同最好的大厨也无法满足所有人的口味一样。所以，作为一名主播，一定要提前做好接受负面评论的心理准备。

4.2.3　多与用户互动

用户的打赏基本上就是主播的主要收入来源（还有一小部分是平台给的底薪）。因此，用户打赏越多，主播的收入自然也就越高。所以，与用户做好互动沟通，是对主播的基本要求。

1. 从共同话题入手

当用户第一次见到主播的时候，可能会因为不了解而产生很多问题，但是时间一久，问题问完了就觉得没什么话题可以聊了。为避免出现冷场，主播就要寻找可以引起用户集体共鸣的话题活跃气氛。具体方法有如下几种。

1）从一些小细节入手

作为电商主播，肯定非常了解商品，而用户观看直播大多是为了购物，那么他们的兴趣就有可能是一致的。在介绍完商品后，主播可以向用户询问对商品的意见，如衣服的搭配、首饰的搭配等。这些都可以让主播和用户产生共同话题，进而拉近双方的心理距离。

2）对用户感兴趣的东西也感兴趣

对用户感兴趣的东西也感兴趣是和用户拉近距离、搞好关系最便利的一种方法。主播要先了解清楚用户感兴趣的物品，这样在与用户沟通的时候，才可以对用户喜爱的物品表现出极大的兴趣。

3）可以利用自己的悲伤经历和用户展开话题

女性是很容易感性思考的，对于悲伤的事，女性会不由自主地产生怜悯和同情之心。主播可以向用户倾诉一些生活中不顺心的事，调动她们的情绪，让她们觉得自己和主播的经历有着类似之处而产生共鸣。

2. 高能段子手与用户调侃

作为一个主播，性格开朗是必要的，许多有人气的主播经常在直播中穿插几个段子或者笑话活跃气氛，主播可以利用如下几种段子提高自己的人气。

1）多看多读，摸清喜好

好的段子手需要经过长期多看多读的积累才能成长起来。如果想成为一个专业的段子手主播，就必须养成每日阅读、学习的习惯。想要摸清用户的喜好，最重要的还是要多和用户沟通。除了日常在直播间里与用户沟通，还可以在QQ群里与网友讨论，或在自己社交平台上看用户的评价，以及他们朋友圈的日常动态，这样就能快速地了解用户的最新情况。根据用户的喜好聊天、说段子，就会事半功倍。

2）加强互动，积累人气

讲段子可以加强主播与用户之间的互动，有助于主播积累人气。还有一些主播会通过自黑的形式与用户进行互动，这种风险比较大，建议新主播最好不要模仿，以免适得其反。

3）深知套路，抓住机会

段子的套路有挖苦类、蹭热点类、有争议类等。这都是一些常用的套路，大多数的主播都比较适合。段子的创作可以将一些明星的热门视频、热门段子进行修改，改编成自己的段子。针对大家讨论的热点话题发表有深度的、有争议性的观点，也是不错的方法。若能根据自己直播间的气氛，适时使用段子进行调节，肯定能让人眼前一亮。此外，主播还可以关注一些明星段子手的微博或节目，他们的日常生活都有可能成为段子的素材，根据实际情况进行总结，然后结合自己的直播模式，就能创作出新段子。

3. 做游戏，拉近心理距离

主播与用户互动除聊天、讲段子或讲笑话以外，还有一种有效的方法，就是和用户做游戏。许多知名主播采用与用户做游戏的方法，进一步提升人气和用户的黏度。而新人主播也可以通过和用户做游戏的方法，拉近与用户的距离，增加人气，吸引更多的用户。受交流方式的影响（现在大多数的主播都是通过弹幕与用户交流的），并不是所有的游戏都适合直播互动。如下两种小游戏非常适合主播和用户拉近心理距离。

1）你画我猜

你画我猜是比较简单的游戏，不需要提前练习，只要主播想象力足够丰富，有绘画表达能力就可以。画完之后让用户猜，猜中就有奖励；如果猜不中，可以让用户送点小礼物。

2）脑筋急转弯

脑筋急转弯也很容易，主播需要事先寻找一些有趣的、符合自己直播主题的脑筋急转弯题。脑筋急转弯游戏速度比较快，因此可以使用多局模式，如用户连续猜对五题就能让主播表演；如果猜错太多，则让用户送一些小礼物。

借助游戏，主播不仅能够很快与用户拉近距离，还能增加用户的黏性。许多新入行的主播要想快速积累人气、增加流量，最好的方法就是与用户做游戏。这种方法能够行之有效，是因为直播有实时性。因此，与用户之间的互动，小游戏是必不可少的。

4. 礼品互动

1）给幸运用户送特色小礼物

用户为了表达对主播的喜爱之情，会送一些礼物给主播，那么为什么主播会送礼物给用户呢？主播送给用户礼物是为了活跃现场气氛。例如，某主播在开播之前，发布了一条公告："今天在下直播的时候，会从在场的各位用户中抽取 20 位幸运用户，并给这 20 位用户赠送主播精心准备的小礼物一份。"这样一来，用户的积极性就被调动起来了。在礼品的选择上，主播应该让用户感受到主播的诚意。

只要是真心喜欢主播的用户，无论是什么样的小礼物，他们都会很开心地收下。因此，主播为了真心感谢用户的支持，就可以选择一些带有自己形象的小礼物送给用户，这样的礼物会显得更加用心一些，如带有主播照片的水晶音乐盒或水杯，都是让人感动的小礼物。

2）以送礼物为中心设置互动环节

为了使直播变得丰富有趣，同时保持直播间的气氛，有些主播会经常送用户一些小礼物，报答用户的喜爱，这时候主播就可以借助送的礼物，增加一些直播环节，增加人气，活跃直播间的气氛。主播可以借用以下 3 种互动方式赠送小礼物。

（1）可借助小游戏的方式。主播可以将小礼物当成游戏奖品送给用户。

（2）采用抽奖的方式分发小礼物。在直播的时候，主播可以将直播时间分成几个小的时间段，如每一小时插入一小段，然后在某个时间段加入抽奖活动。还可以利用公屏进行预告，如"再过 × × 分钟我们就会进行一轮抽奖，获奖的小伙伴可以得到主播亲手送出的小礼物一份"。这样既能提前告知直播间里的用户，也能让他们继续留在直播间，可谓一箭双雕。

（3）煽情收尾送礼。在直播结束的时候，主播可以通过煽情收尾送礼活动，使直播间的气氛达到新一轮的高潮。主播可以讲述以前的悲伤经历或不顺心的事，以博取用户的同情，再跟用户说正因为有了他们，自己的直播事业才能继续下去，并对他们表示感谢，最后表示要送给用户一些小礼物。这样的主播，用户都会喜爱。在直播的时候，主播一定要灵活地运用礼物活跃直播间的气氛，为自己增加人气，这样才能进一步地拉近与用户间的距离。

4.3 直播粉丝营销

4.3.1 直播粉丝营销的定义

粉丝营销是一种网络营销方式，是企业利用优秀的产品或企业知名度吸引庞大的用户群体作为粉丝，利用粉丝相互传导的方式，达到营销目的的商业行为。随着网络直播行业的迅速发展，粉丝营销也用在直播营销方面，指利用主播的知名度吸引用户观看直播，利用粉丝相互传导的方式，达到营销目的。

4.3.2 直播粉丝的获得方式

新人主播为了将用户发展成为粉丝，并获得粉丝们的信任，首先要做到诚信守时，其次要以信任为基础，树立品牌形象，最后实现营销的目的。

1. 获得粉丝信任

粉丝不会无条件支持主播，主播也不应毫无底线地利用粉丝的支持。只有在信任的基础上，双方才能够互相给予价值。倘若某一天主播的形象崩塌了，绝大部分粉丝也将离之而去。

1）拒绝欺诈

2020 年 3 月，宁波市北仑区警方破获一起网络诈骗案，犯罪嫌疑人是某平台一位小有名气的主播，而报案的，正是他百万粉丝中的一位。在该主播的直播主页上，能看到他很多开着各式豪车、生活奢侈的视频。但据警方调查，这些豪车其实都是从租车平台租的，目的是让粉丝相信，他很有钱，以便实施诈骗。

该主播平时主要靠直播赚钱，月收入高的时候可以达到数十万元，日常花销不少。在新冠肺炎疫情期间，该主播因为违规直播，导致账户被平台查封。没有其他收入来源的他，就想通过诈骗粉丝维持自己的日常开销。该主播被利益冲昏了头脑，一开始只是欺骗粉丝，可后来却一步一步地走向犯罪的深渊。此案例中受伤害的不仅有他的众多粉丝，还有他自己，作茧自缚地毁掉了自己的未来。

在直播间诈骗粉丝的最终归宿便是牢狱之灾，水能载舟亦能覆舟，主播在直播间要注意自己的言行，千万不要诈骗粉丝。

2）诚信守时

直播时间是影响粉丝信任度的潜在因素，主播在开始直播前，一定要给自己确定好直播的时间，并做到准时直播，争取在粉丝心中树立一个诚信守时、信守承诺的形象。如果主播因为临时有状况，导致开播时间无法保证，就应该在自己的直播间挂上直播通知。一定要在原本约定的时间前，给粉丝一个答复。

2. 树立品牌形象

品牌形象是指企业或其某个品牌在市场上、在社会公众心中所表现出的个性特征，它体现公众特别是消费者对品牌的评价与认知。品牌形象与品牌不可分割，形象是品牌表现出来的特征，反映了品牌的实力与本质。品牌形象包括品名、包装、图案广告设计等。形象是品牌的根基，所以企业必须十分重视塑造品牌形象。

品牌形象是消费者对品牌的所有联想的集合体，它反应了品牌在消费者记忆中的图景。新媒体时代，特别是以直播电商为主导的新媒体时代，个人IP就是一个品牌。

1）打造专业形象

直播电商时代，主播是直播间的主体，主播的专业程度、个人形象、言谈举止都影响着直播间商品的销量。个人IP的打造关系着直播间的兴亡，很多主播因为个人形象受损导致一个有着巨大商业价值的直播间毁于一旦，同样，也有很多主播因为个人形象突出引来大量的粉丝关注。如何建立主播与粉丝之间信任的桥梁便成为直播电商关注的焦点。

那些大直播间的粉丝为何如此信任该主播呢？

（1）专业技能的保障。主播的专业能力在一定程度上影响着直播间商品品类的上限，如果一个主播在介绍产品的时候表现不出过硬的专业能力，则很难获取直播间粉丝的信赖，这需要主播在该商品品类上有足够的行业经验来支撑一场长达几十分钟的直播。只有主播游刃有余地解答来自粉丝的各种提问，才能获得粉丝的信赖与常驻。

（2）粉丝福利的日常化。直播间常用的活跃氛围的手段便是粉丝福利，主播利用人们喜欢占便宜的心理来设定游戏环节，通过发福利的方式来留住直播间的人气，既能活跃直播间的氛围，让粉丝得到实际的好处，又能吸引粉丝常驻直播间，以此来提高销售额。福利的日常化，实质上为用户提供了价值，无形中加深了粉丝甚至是“路人”对主播的印象，粉丝更愿意留下来，“路人”也更容易“转粉”，真可谓一举两得。

2）形成个人品牌

个人品牌是一个真实、完整、独立、有趣人格的外在呈现。一个人只有找到了真实的自己，才能创造更大的价值。主播可以尝试使用SWOT分析模型实现自己的目标。

SWOT分析模型将与研究对象密切相关的各种主要内部优势、劣势和外部的机会、威胁等，通过调查列举出来，并依照矩阵形式排列，然后用系统分析的思想，把各种因素相互匹配起来加以分析，从中得出一系列决策性的结论。

运用这种方法，可以对研究对象所处的情景进行全面、系统、准确的研究，从而根据研究结果制定相应的发展战略及对策等。用SWOT分析法分析主播形成个人品牌的条件，如图4-1所示。

直播主播可以通过SWOT分析法，明确自己的优势和劣势，进而选择适合自己的策略。

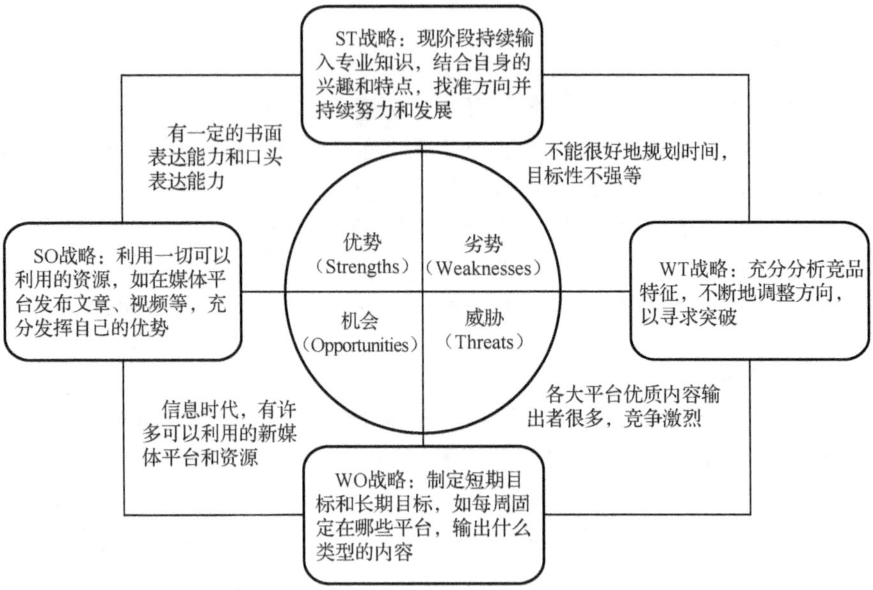

图 4-1 个人品牌形成的条件

知识扩展

SWOT 分析法

SWOT 分析法指分析企业的优势（Strengths）、劣势（Weaknesses）、机会（Opportunities）和威胁（Threats），是将企业内外部各方面条件进行综合和概括，进而分析组织的优势和劣势、面临的机会和威胁的一种方法。

SWOT 分析法有 4 种不同类型的战略组合：优势—机会（SO）战略、劣势—机会（WO）战略、优势—威胁（ST）战略和劣势—威胁（WT）战略。

优势—机会（SO）战略是发展企业内部优势与利用外部机会的战略，是一种理想的战略模式。当企业具有某些特定方面的优势，而外部环境又能够为发挥这种优势提供有利机会时，可以采取该战略。

劣势—机会（WO）战略是利用外部机会弥补内部劣势，使企业改变劣势而获取优势的战略。当企业的外部机会依然存在，但由于企业存在一些内部劣势而妨碍其利用机会时，就应当采取措施克服这些劣势。

优势—威胁（ST）战略指企业利用自身优势，回避或减轻外部威胁所造成的影响。如企业的竞争对手采用新技术大幅度降低了成本，给企业造成了很大的成本压力；同时，由于材料供应紧张，其价格可能上涨；消费者要求大幅度提高产品质量；企业还要支付高额环保成本，等等。这些都会导致企业成本状况进一步恶化，使之在竞争中处于非常不利的地位。但若企业拥有充足的现金、熟练的技术工人和较强的产品开发能力，便可利用这些优势开发新工艺，简化生产工艺过程，提高原材料利用率，从而降低材料消耗和生产成本。

劣势—威胁（WT）战略是一种旨在减少内部劣势，回避外部环境威胁的防御性战略。当企业存在内忧外患时，往往会面临生存危机，降低成本就成了改变劣势的主要措施。

4.3.3　直播粉丝积累与维护的方法

1. 因地制宜

因地制宜指应根据不同的社交平台的特性发布差异性内容。每个社交平台的宗旨不同，直播推广的内容就要有针对性。如微博的娱乐性较强，直播内容就应以轻松愉快的为主；因为直播中动态行为较多，所以主播要展现真实的状态。

2. 因时制宜

在一场直播中，主播若全场都在和粉丝闲聊或一直都在表演才艺，就很容易使粉丝产生疲倦感，继而离开其直播间。如何规划整场直播，才能做到有条不紊、丰富充实呢？下面以 2 小时的直播为例，分成 6 个时间段分别提出建议方案。

（1）主播在从开播前 10 分钟至开播这一时间段，主要与粉丝进行互动。新主播在开播前的一段时间内，要尽可能多地向新进直播间的用户介绍自己。

（2）主播在开播 15～40 分钟这一时间段，主要展示个人才艺。刚入行的主播如果与粉丝互动少，会导致粉丝人数少，直播间氛围冷清。如果此时主播再没精打采的，那么进了直播间的用户必然会直接换房。所以此时主播不要气馁，一定要保持乐观的心态和洋溢的笑脸，展示自己的才艺，积累自己的粉丝以提升人气。

（3）主播在直播 40～60 分钟这一时间段，主要与粉丝聊天互动。恰到好处的聊天不仅能够带动直播间的氛围，也能让直播间更生动有趣。

（4）主播在直播 60～80 分钟这一时间段，可以加入一些小游戏，以激发粉丝热情，并丰富直播内容。

（5）主播在直播 80～100 分钟这一时间段，可以选择继续表演才艺，经过之前的才艺展示、游戏互动等环节，粉丝的热情会达到一个高潮，此时主播可以进行才艺展示，作为粉丝福利演唱大家愿意听的歌曲。

（6）主播在下播前 20 分钟至下播这一时间段，以聊天互动的形式结尾，不能到了下播时间就立即关掉直播间，使粉丝产生距离感，导致之前主播所做的努力可能都没有效果。

3. 线下聚会

目前，直播社群呈现爆发式增长，大多数主播都有自己的粉丝群。主播会在群里发布直播时间通告，管理粉丝活动，甚至与粉丝直接交流。线下活动的举办，可以提高粉丝的活跃度，粉丝可以毫无顾忌地谈天说地。为了更好地让直播社群粉丝间交流更加深层次，形成全新的直播社群文化，线下聚会就必不可少。成功的线下聚会可以提高粉丝间的凝聚力，极大地提高直播社群成员的仪式感和体验感。直播社群需要通过仪式宣告主播的存在，弘扬直播社群的价值观。通过举行仪式可以强化直播社群成员的共同价值观，从而增强社群成员间的凝聚力。仪式感塑造的统一化和符号化，无论是外在的统一着装，还是成员统一整齐的行动，带给社群成员心灵的震撼是商品无法比拟的。

4.3.4 社群营销

直播社群营销等于粉丝营销，不仅要遵循直播社群生存的三近原则，还要采用让核心粉丝变管理员、培养资深粉丝做渠道等方法，实现直播社群的高转化率。

1. 网络直播社群生存三近原则

粉丝群体属于直播社群的一种，也需要遵循网络直播社群生存原则。要建立一个基于信任感的良好直播社群，就要遵循直播社群生存的三近原则，即相近地域、相近年龄和相近兴趣。只要满足这 3 个原则，就会出现人与人之间相互认识、相互依赖、成员间频繁互动的现象，使得社群黏性更强，活跃时间也就越长。成员之间的相互信任，夯实了直播社群的高转化率。

2. 让核心粉丝变管理员

粉丝可分为核心粉丝、普通粉丝和路人粉，分类的原则是粉丝与主播间的黏性，核心粉丝是黏性最高的粉丝。核心粉丝到底扮演什么角色？他们的作用有哪些？哪些人才能称为核心粉丝？如何维系和发挥核心粉丝的作用呢？

1）核心粉丝的作用

因为核心粉丝可主动承担管理员的职责，所以，主播可以在粉丝群、直播群中挑选核心粉丝帮助管理直播间，担任管理员。

（1）忠实的追随者。毋庸置疑，一直追随品牌、维护品牌的粉丝才能称为忠实的追随者，品牌应该基于粉丝的忠诚度给予他们更高的回馈，这样会给他们带来更强的荣誉感、更好的体验度，以及获得他们更高的忠诚度。

（2）信息的传播者。作为核心粉丝，他们会义不容辞地为品牌进行正面信息传播，也有可能会担当起为品牌正名的责任，这往往比品牌专属媒体公关部的作用还有效。

（3）需求的发起者。核心粉丝会代表部分粉丝向品牌提出价值诉求，而这些价值诉求，正是品牌应该去捕捉的消费者需求，并针对这些需求推出商品和服务。

（4）问题的反馈者。核心粉丝会基于品牌在市场上的反映，向品牌提出很多问题，而这些问题恰恰是品牌需要去正视和解决的。

（5）体验的促进者。核心粉丝可以代表大部分粉丝优先体验品牌推介活动，并提出改进的意见。

2）核心粉丝人群的标志

（1）有一定的前瞻性。不是什么人都能够成为核心粉丝的，尤其是对于一些商品更新换代非常频繁的品牌而言，具有一定前瞻性的粉丝带来的价值会非常高。

（2）有敏锐的洞察力。进入核心粉丝圈的人对商品市场的发展趋势要有极强的判断能力，以便对商品的创新提出有益的建议。

（3）有宽泛的人际圈。核心粉丝应该是喜爱人际交往的，这类粉丝对品牌推广价值很高，因为他们愿意分享，可以对品牌传播起到很大作用，这正是发展核心粉丝需要着重关注的。

（4）有很强的荣誉感。核心粉丝不会因为自己不是企业内部人士而感到事不关己。相反，核心粉丝对品牌的喜爱程度有时候往往超出品牌对其的期望。一旦品牌对核心粉丝赋予极高的荣誉，就能够很好地促进核心粉丝为品牌提供源源不断的信息。

3）维系和发挥核心粉丝作用的方法

（1）新品体验。新商品上市前，主播应邀请核心粉丝提前体验，并请他们给予意见，核心粉丝都非常愿意担当这个光荣角色，新品信息的传播往往就在这个阶段出现。

（2）线上互动。主播应通过线上各式各样的互动活动，充分调动核心粉丝的积极性，增加其黏性、活跃度，以及对品牌的依赖感及归属感。

（3）线下互动。在线下，主播也应该举办系列的活动，以增加与粉丝间的情感联系，毕竟面对面会更有真实感觉。

（4）建立圈子。主播应建立核心粉丝圈子，让粉丝互相成为朋友，最好就是采用建立区域论坛的方式，将不同地区的粉丝按照地缘关系联系起来，并让一些核心粉丝中的积极分子进行区域圈管理。

3. 培养资深粉丝从事渠道推广

资深粉丝对主播的认可度较高，有向他人分享、推荐主播的欲望。主播如果再给予他适当的利益，就会极大地鼓励资深粉丝，促使他们向渠道推广者转变。但将资深粉丝当作渠道推广者，需要注意利益上的共享和分配关系，尽量兼顾利益群体。

4.4　直播流量的提升

4.4.1　提高直播人气的技巧

一场成功的直播，一定要有火热的人气做支撑。人气越旺，直播间的氛围越好，说明用户的参与度越深，发生购买行为的概率就越大。主播可以从良好的互动仪态、展示幽默、感谢用户和明星造势这 4 个小技巧入手，营造直播间的氛围，让直播真正发挥带货功能。

1. 良好的互动仪态

主播需要将最好的互动仪态展示给用户，这样才能留住用户。首先，主播要亲身示范，在直播的过程中亲自试用商品，如推荐零食，主播就要亲自试吃，将口感、味道等分享给用户。在分享的过程中，主播要条理清晰、声音洪亮，如果解说了很久还不能准确地将商品的特性描述出来，把用户听得一头雾水，那么，直播效果就会大打折扣。其次，主播要丰富自己的表情和动作，在与用户互动的过程中，尽可能让自己的表情更加丰富，多做一些小动作等。这些小动作会令主播更加有亲和力，拉近用户与主播之间的距离。但要注意的是，主播的小动作不要太多，过于频繁的小动作会给人留下浮躁的感觉。

2. 展示幽默

幽默能有效地拉近人与人之间的距离，主播可以在直播的过程中，展示自己幽默的一面，增加直播的趣味性。著名主播的直播间之所以非常受欢迎，和他们幽默有趣的言谈风格是分不开的。用户即使不购买商品，也会认为观看直播非常有趣。

3. 感谢用户

感谢用户能提升用户与主播之间的黏性。在直播带货过程中，有的用户为了表达对主播的喜欢会主动赠送礼物。此时如果主播主动感谢用户，用户就会觉得主播是一个有礼貌、懂得感恩的人，从而加深对主播的好感。在建立好感的基础上，信任也会油然而生，于是主播推荐的商品就会更加深入人心，会被更多的用户接受。

4. 明星造势

2020年以来，明星走进直播间已经成为一大趋势。明星的加入给直接间增加了可观的人气。

许多明星本人也加入直播带货的阵营，一大批明星纷纷投入直播带货领域。本身带有超高关注度和流量的明星和带货主播的流量结合时，往往会碰撞出神奇的火花，提升转化率就成为必然。

所以，主播若想提升直播间的热度，借助明星的热度造势也是很好的方式。

4.4.2 打造流量直播间

很多商家和个人，做直播时只想着如何上热门，却不知道如何看数据，如何优化自己的直播内容，更不知道流量背后的秘密。然而，主播只有在熟知了上热门的流量规则后，才能“对症下药”。

1. 流量的来源

对于希望立足于直播行业的新手主播，想在短时间内获得大量流量有一定的难度。所以，为了提升直播间的人气，有的主播会去“买流量”，进行针对直播间的付费推广，但在“买流量”前务必知晓流量的来源。

（1）兜底流量。兜底流量指无论是在抖音、快手平台，还是在淘宝平台，所有的主播在第一次直播带货时，都会得到平台扶持的流量，称为“兜底流量”。

（2）付费流量。付费流量主要针对淘宝直播而言，指通过钻展、超级推荐等付费方式将直播间的入口放到首页或者推荐位去展示，以获得流量。为了提高直播间的人气，新手主播可以考虑在前期为直播做一些付费推广。

（3）免费流量。免费流量分为站内流量和站外流量两大类，其中，站内流量是平台内的流量。通常情况下，不管是在淘宝直播，还是在抖音和快手直播，如果主播在站内本身拥有的用户数量很庞大，那么，做起直播就会很容易，流量的转化率也会非常高。站外流量指除平台内的流量外，直播间在其他平台所拥有的用户流量。

（4）活动流量。直播平台常常举办一些活动，给予直播间外的流量扶持。由平台举办活动带来的流量称为活动流量。

2. 内容垂直化

1）直播电商的发展趋势及内容垂直化的定义

（1）直播电商的发展趋势。2020 年以来，直播行业迎来新的发展机遇，直播卖货异常火爆。中国演出行业协会网络表演（直播）分会发布的《2020 年中国网络表演（直播）行业发展报告》数据显示，截至 2020 年年底，我国直播用户规模达 6.17 亿人，全行业网络主播账号累计超过 1.3 亿个。未来会出现越来越多的直播间，并且观看直播的用户群体会变得越来越成熟，对直播内容的需求也会越来越专业化。在这样一种趋势下，通过直播获得大量用户流量红利将变得十分困难。直播运营人员要想突出重围，打造自身竞争力，就需要将直播内容进行精准划分，聚焦在某一特定用户群体的需求上，在更多细分市场中寻找机会。

随着互联网技术的成熟和发展，直播行业迎来了新一轮“热潮”。数据显示，2020 年 2 月，抖音短视频月独立设备达到 49 089 万台，同比增长 3.7%，拿起手机分享自己的生活状态已成为当下流行的生活方式。用户增多，流量变大，对厂商的吸引力也随之增大，于是“直播+电商”的商业模式应运而生。随着该模式的成功，许多在线直播平台纷纷加入了直播电商的领域，为用户呈现了海量的直播内容。

随着直播的热度持续提升，直播的内容主题、直播形式、功能架构、盈利方式、平台定位等高度雷同的问题愈发凸显，出现了越来越多的同质化直播内容。目前许多平台都缺乏精细化、差异化的发展策略，往往使日益成熟的受众群体感到“麻木”“疲惫”，导致“直播+电商”的效果大打折扣。因此，内容垂直化将会成为未来直播电商的发展趋势。

（2）内容垂直化的定义。内容垂直化是专注于某个领域或者分类下的内容。它有着纵向分布、精准细分、需求鲜明等特点。可以集中于某个行业、技术、话题内容等，如主要做美妆直播的某男主播，只要一提起“口红一哥”这个词汇，人们就能马上联想到他。

2）垂直内容定位的原因及重要性

随着社交媒介的快速发展，我国已进入了垂直化的社交时代，人们不再热衷于传播泛化的信息，而更加强调“你与我”之间的联系；热衷于在“物以类聚，人以群分”的专属领域分享特定的信息流，进行深层次的挖掘和交流。在这种情况下，要想做深做强直播电商，就必须借助直播平台深入垂直领域，深耕内容创作。所以，主播在进入直播行业前，应先给自己的直播账号制定一个完整的运营方案，锁定目标人群，并针对这部分人的具体喜好、个性特征、实际需求等方面确定直播内容方向，即直播定位，明确地向广大用户介绍自己与他们的关系。清晰准确的定位会帮助主播明确自己的方向，对自己的直播生涯大有裨益。

定位清晰的直播账号更受直播平台的重视。直播平台更愿意扶持定位清晰、在特定领域制作受用户欢迎的垂直内容的直播账号，因为这些定位精准、内容鲜明的直播账号，往往能保证平台本身在竞争激烈的直播电商行业和海量的直播内容中获取关注度。

定位清晰的直播账号能更好地吸引流量、黏住用户。任何直播定位都不可能覆盖全部用户的喜好，所以，想要争取更多的用户，持续保持直播间的热度，就必须找准账号定位，从定位点精准发力，从自己的直播用户中，找到并服务好自己的目标群体。

3）如何做到直播内容的垂直化

（1）找到合适的领域。想尝试直播带货却没想好销售什么商品的人，先要找准自己适合的领域，这样在直播带货的过程中，才能更好地发挥自己的特长和专业优势，真正地做到垂直化。

（2）强化自己的专业。回归到本质，直播电商的核心是电商，如淘宝直播一直在强调电商的“直播化”，在商业能力、专业度的基础上，创造更多的平台、场景帮助商家、主播进行直播。在现在直播带货逐渐趋于成熟的阶段，对直播电商运营者的专业要求也就越来越高。很多商家只因看到了直播带货拥有的巨大红利，就盲目地进入直播带货的大市场，如果自身没有直播电商的专业知识，只有充足的货源却没有带货经验，没有精准找到粉丝群体，即使自己的商品质量再好、性价比再高，最终也可能白费功夫。

（3）塑造某个领域的形象。在找到了适合自己的领域，掌握了相应的专业知识后，主播还需要利用电商平台的媒体技术，进行自我形象的塑造和个人品牌的传播。例如，某著名女主播在社交媒体发布的内容表明，她擅长运用女性视角的特殊表达方式，将现代都市女性独立、享受生活品质、充满自信的独特气质和个人魅力展现给公众，有着区别于传统男性审美观的女性服装风格，塑造出自信、知性成熟的形象，得到了女性消费者的心理认同。如果主播能做到在其所从事的专业领域，公众即使不看其直播也能知道这个主播的名字，就算在垂直领域成功了。

3. 挑选主播

一个性格鲜明、富有强大的感召力和个人魅力的主播可以帮助商家获得曝光，吸引更多的用户，反之，则会给商家带来损失。如何选择合适的主播呢？商家可以从以下 3 个方面对主播进行考察。

（1）主播的基本素质。主播的基本素质包括以下几个方面。

① 具备一定的语言表达能力。语言表达不仅要口齿清晰，还要拥有自己的语言特色；

② 具备良好的形象，镜头造型感较强，能吸引人的目光；

③ 具备一定的娱乐精神，互动能力及表现欲强，擅长与人交谈，能够很好地活跃气氛；

④ 具备良好的职业精神，有良好的执行力，能积极配合商家完成销售任务。

（2）与商品的匹配度与承接力。挑选的主播能否出色完成带货任务，需要商家根据主播的直播数据进行判断，不能盲目地选择名气大的主播。两位著名头部主播的直播定位如表 4-1 所示。

表 4-1　两位著名头部主播的直播定位

项　目	主播 1	主播 2
选品	全品类覆盖	以美妆为主
优势	覆盖面广	人群画像精准
劣势	人群画像模糊	覆盖面窄

这两位头部主播在带货模式上有很大的区别。下面以这两位著名头部主播为例，根据他们的直播数据，简单地对他们的直播定位进行分析。

主播 1 在选品上会比较杂，几乎是销售全品类商品。在直播时除了苛刻的选品门槛、比价压价、售后要求等，还要求商家给用户发放优惠券、赠品、福利等，在其直播间内提供非常大的价格优势。她的直播间会有比较明显的优劣势，优势有人群覆盖面广；劣势有选品杂乱，导致直播间的人群画像比较模糊，并且主打的是低价商品，用户都是冲着低价来的，如果没有低价就很难在其直播间实现较好的销售数据。

主播 2 直播间团队大部分的精力聚焦在美妆护肤品类，并且直播的原则就是追求高质量商品，在价格方面就没有主播 1 直播间那么低廉。所以，他在选品、带货模式上与主播 1 相反，在优劣势上自然也是相反的。主播 2 直播间的优势有人群画像精准，大部分是热衷于美妆护肤类商品的白领、学生阶层；劣势是覆盖面窄，除了这两个群体，其他人员则很少进入其直播间购物。

由此可见，主播 1 致力于帮粉丝省钱，主播 2 则帮助粉丝买到了适合的商品。对商家而言，应该根据商品适合的人群、价格和自身的营销策略，从多方面、多角度考察，选择真正能够给自己带来销量的主播。

（3）风险控制。在正式与主播签约之前，商家需要确认主播是否曾与其他机构或公司签约、是否可以保证每月直播时长达到 × × 小时、是否能遵守直播间的规范秩序等，签约后再递交有关平台审核，从而更好地控制和预防风险。

4.4.3　打造一个被千人千面算法识别的标签

千人千面标签的作用是让精准的人看到性价比最高的商品，以达到快速交易的目的。标签是否精准，在很大程度上会影响推荐结果。如果标签不明确，就不能被系统识别，那么，不论主播多么努力地直播，也不会被平台推荐。标签堪称主播的一张名片，随着直播规则的不断调整，主播获得平台的流量方式也变得丰富起来，通过合理分析平台的算法规则、人口和市场变化，选择最适合自己的标签，以便能够得到更多的流量。

1. 标签的作用与解析

标签的设定是为了保护商家的权益。这些权益主要包括异常订单综合指数的调整、调整后的判决结果干预的权利保护、商家和其他形式的前端警告及商家可以优先保护资金和受影响的数据。随着标签数据的增加，将形成一个数据库，分析商家标签的具体情况，并整理出更多的场景规则，对商家进行预警，使商家能够识别异常订单，帮助抵御异常攻击，降低运营成本。主播如果打造了标签，就可以很清楚地找到精准的客户，进而增加重要的引流渠道。

直播标签的核心是带来精准的客户，只有把握好直播标签的运行规律，才可以有效地提高转化率，让直播效果更好。下面从 3 个方面对直播标签进行解析。

1）流量分配规则

直播标签应垂直地按照商品属性、商品类别和主题情景进行划分，突出以“人群+货品+主题”为导向和商业直播的“人、货、场”相贴合的特点。主播能够理解的商品越多，关注的商品越多，他们就越适合现场，直播就越贴合场景化，获得的流量精准度就会越高。由此可见，直播标签带来的流量更精准、更优质。标签可以按照类别和人群进行分类，让主播和商家根据自己定位的主要类别和人群，更准确地选择适合自己的直播标签。每个主播都应该对自己直播内容的标签负责，只有正确地设置了直播标签，才能获得更精准的直播流量。

2）标签匹配规则

需要从用户标签与商品标签两个方面解读标签匹配规则。

（1）用户标签分为初始标签和真实标签。初始标签是在一个新注册用户还没有任何购物记录时，用户填写的注册资料。用户一旦发生购物行为，他的购物行为就会构成这个用户真实的标签。用户购买商品的种类、特点、价格等特征，或用户在购物过程中的行为，如收藏、加购、比价、看点评、猜你喜爱等购物特征，都会成为用户的标签。

算法体系也是依据用户购买的商品，以及用户在购物进程中的种种行为，为这个用户打标签的。用户在平台上的购物行为越多，购买的商品越多，算法体系对这个人的了解就越深入全面，就能够越精确地为这个用户推荐他喜爱或需要的商品。正如网上所调侃的，你家里有几口人，是否单身，有没有小孩……在网络面前一览无余，这些都是用户的标签。尽管人们并不知道算法对用户设置了多少个标签，但可以肯定的是，标签是十分细化的。

（2）与用户注册后的初始标签类似，商品在刚刚发布后也有初始标签。这个初始标签取决于商品发布的类目、特点和价格等因素。而算法会依据该商品的类目、特点、价格，对商品进行人群匹配，让与该商品的类目、特点、价格相符的买家有机会看到该商品。如一双刚上架的球鞋，发布在男鞋类目，此时算法就会倾向于匹配男性群体并展示该商品。如果该商品的特点是高帮、回弹、黑色等，那么算法就会匹配喜爱穿高帮鞋、喜爱回弹和黑色的男性进行商品展示；假设该产品价格为 700 元，那么算法会匹配有一定消费能力的男性进行展示。如果该商品的类目特点填写正确，定价合理，那么初始展示的人群就是精确的。第一批成交人群又会给商品带来更多的类似人群，这样该商品就会进入良性循环，逐渐销售出去。这就是电商平台千人千面的标签匹配规则。

3）综合类标签减少

千人千面的小标签，给很多垂直细分领域的商家提供了很好的机会。过去的大品牌时代是打造综合超级主播的大好时机，当流量充足时，主播可以通过个人能力和魅力获得大量忠实粉丝。然而，虽然粉丝很多，粉丝的评价和回购次数却并不多。但是在这种垂直标签的影响下，垂直细分行业获得了很多机会，中小主播也可以从很多大主播那里挖掘到更多忠实自己的粉丝。

2. 打造被千人千面算法识别的直播标签的方法

不同的标签有不同的流量，在理解了选择标签的基本逻辑后，就不难选出正确的标签。选择标签的基本逻辑是先分析自己，然后分析自身竞争力，最后根据市场和商品属性以及目标人群，选择最好的标签。下面主要从分析自我和自身竞争力的角度，论述如何打造专属于自己的标签。

（1）分析自己，找到最擅长的事情。在打造直播标签的时候，主播可以从自己最擅长的事情入手。

（2）统计头部主播的直播标签和时段，了解自身的竞争力。首先，要做到“知己知彼”。建议主播制作一份不同类别的顶级主播每日播出时间和所选标签的统计表，这张表是主播最大限度地避开竞争对手的绝佳方法。如果主播和其他大主播同时以同样的标签进行直播，就绝对不会有流量，因为一旦开始直播，用户就是最重要的。因此，许多运营商建议新的主播在凌晨进行直播。其次，要能够清楚地知道哪些标签是不太受欢迎的，哪些标签是有竞争性的，在最后剩下的标签里，主播要根据自己的商品选择最好的标签。

（3）迅速抢占新标签。主播通过优化商品匹配最精准的流量，快速占据新标签的制高点。新标签的权重可能为零，但只要迅速地抢占了新标签的制高点，就能够从众多竞争者中脱颖而出。

（4）轮番测试相关标签，选出最优。在选择自己的标签时，主播可以用一周的时间，把每个相关标签都提前测试一遍，通过对测试结果的分析，选出一个最优的标签。

4.5　直播销售话术的修炼

4.5.1　直播销售话术的定义及种类

主播的门槛看似很低，貌似只要会说话就可以轻松胜任主播这一职业。但在主播开通了直播后，就会出现很多问题，如没有人互动，不知道说些什么缓解尴尬；不知道如何介绍一款商品；说哪些话才能让用户相信自己，愿意下单……主播在直播间销售最重要的一点就是良好的语言组织能力。在没有形成自己的语言逻辑时，直播话术就像强心针，能够快速帮助主播实现蜕变。按照直播带货的流程，可以将直播销售话术分为留粉话术、互动话术、商品介绍话术、引导下单话术、直播结束话术 5 类，下面分别进行阐述。

1. 留粉话术

留粉话术包括欢迎话术和引导关注话术，指在直播刚开始或者直播间内粉丝较少时，为留住粉丝而常用的话术。

1）欢迎话术

欢迎话术至关重要，虽然粉丝不会因为主播没有说欢迎话术而离开直播间，但这并不代表欢迎话术不重要。新手主播的直播间粉丝不多，使用欢迎话术可以缓解尴尬，让主播“有话可说”。如果能强调一下粉丝的昵称，表示一下欢迎，会给粉丝留下非常好的印象，如“欢迎进来直播间的××，不要着急马上走，主播马上就要进行精彩表演了”。

2）引导关注话术

引导关注话术能够帮助直播间留住用户，设置奖品策略和利益诱导的话术能更好地帮助主播留住直播间的用户，进而发展成为粉丝，如“我们12点整就要抽奖啦，没有点关注的朋友记得点左上角关注”“大家可以转发下，满××人后我们就抽波儿免单”。平均5～10分钟重复一次，以留住直播间的新粉丝，如某著名女主播就是用这种方式，每场直播开头都是那句：“话不多说，我们先来抽波儿奖。”

2. 互动话术

由于直播时间通常是一小时，有的长达三四个小时，这段时间如果没有规划要说的话和要表演的内容，就会显得时间很长，整个场面撑不起来，就会出现冷场。不仅小主播会出现冷场的情况，大主播也会，不过大主播比小主播的厉害之处在于，大主播能迅速转移注意力，积极引导互动，使直播间处于活跃的氛围中。主播要巧妙地与用户互动，也离不开话术。互动话术一般分为回答型互动话术、提问式互动话术和刷屏式互动话术3种。

1）回答型互动话术

回答型互动话术是直接有效地缓解直播间冷场的话术。当新手主播找不到合适的话题、无话可说时，可以从随机评论中挑选一些问题，在帮助粉丝答疑解惑时，迅速地调整自己的思路，制定好后面直播的规划。

2）提问式互动话术

提问式互动话术也是互动话术的技巧之一。在新人主播无话可说又无人评论、提问时，主播可以根据自己直播的主题和内容设置场景，提出问题，引导用户的互动欲望，如“有用过某品牌的面膜吗？”“大家平时都喜欢用哪种面膜？”这类贴近用户生活的问题，不仅能让用户有参与互动的愿望，也能让自己有发挥的空间。

3）刷屏式互动话术

刷屏式互动话术也是直播间常见的互动话术之一。如果新主播认为自己可能没有能力解答评论的问题或者没有合适的场景去设置，可以考虑刷屏式互动话术，如“喜欢的按1，不喜欢的按2”。

3. 商品介绍话术

商品介绍是直播带货的重要环节，是衡量整场直播能否顺利完成任务的重要标准之一。但新主播往往对“在3个小时内介绍3款商品”为难。在进行商品介绍时，如何把商品生动又丰富地贯穿整场直播，离不开商品介绍话术。主播可以尝试从介绍卖点、介绍使用场景、出具可信证明等角度介绍商品。

1）卖点介绍

卖点介绍是商品介绍话术中极为重要的一项，卖点包括性价比、颜值、功效、材质、折扣等。主播可以从这几个要点出发展开话术，如“大家可以看一下，官网售价为 199 元，今天大家在直播间下单只需要 99 元。买到就是赚到，每人限购一瓶，想多囤一点儿的，可以用亲人、朋友的手机下单”。

2）介绍使用场景

大多数人看直播买东西都没有很明确的需求，逛着逛着就冲动消费了，买回来了却发现实际作用不大。冲动的次数多了，很多用户慢慢变得理性，在下单之前就会思考：“我有没有必要买这个商品？”因此，使用场景的描述，等于给用户一个买单的理由。例如，用户在直播间中看到主播正在介绍自热饭盒，大家都会觉得：“家里都有电饭煲了，为什么还要买自热饭盒呢？”这个时候如果主播介绍说：“你可以买一个放在办公室，这样工作餐也可以吃上一口热饭，不对付。”场景马上就会在用户脑海中浮现出来：在工作时确实因为繁忙而吃不上一口热饭，外卖又不卫生，自热饭盒的确方便实惠。使用场景的描述可以是多个，因为主播讲解的商品面向的消费人群也不只是单一人群。除了给用户口头描述使用场景，主播还可以阐述自己的使用场景及使用感受等，这样不仅可以扩展商品介绍话术，还可以获得用户的共鸣，更好地提高商品的转化率。

3）出具可信证明

主播可以出具可信证明，用户看到可信证明，会增加对主播和商品的信任。

4. 引导下单话术

在介绍商品时，主播也可以针对商品好评、代言人、销量、回购率等展开话术。

在引导下单时，主播可以采用饥饿营销的话术，如主播首先定个叫好叫座的惊喜价，把潜在用户吸引过来，然后限制供货量，造成供不应求的热销现象，从而提高售价，赚取更高的利润。但最终作用不仅仅是调高价格，更是为了使品牌产生高额的附加价值，从而为品牌树立起高价值的形象。如“今天只有 300 个名额，这是今晚的福利商品，大家打开链接，抢完不会再补货了。”“10 点前下单都是半价！半价哦！还剩 12 分钟，大家尽快下单付款，过了时间，就要改回原价了。”“库存还剩 2 000 件了，大家快快快，拼手速!”

5. 直播结束话术

直播结束话术处于整场直播的最终环节，有着重要的作用，俗话说：“编筐编篓，全在收口。”好的直播结束话术不仅能够活跃直播间的氛围，还有可能实现下单的新一波高潮。主播可以将回顾整场商品、下期直播预告、感谢话术 3 个内容作为结束话术。

在直播快要结束时，主播应快速回顾整场商品，一定让没有下单的新用户看到商品，提醒已经下单的用户付款；然后可以通过下期直播预告，告诉用户下期直播的商品与福利；最后通过真诚感谢话术，和粉丝互动或者感慨一下一路直播的历程，增加粉丝的黏性。

4.5.2 直播间的 5 步销售法

直播带货本质上是市场营销的一种，其主要任务和目的都是把商品卖出去。相对于传统营销，由直播构建的虚拟购物场景，已经成功地将曾经在狭小市场的叫卖声带到了实时互动的直播间里。在直播带货的过程中，主播所扮演的角色，等同于线下服装店的销售员，所以，主播在直播带货时，可以借鉴线下的营销万能公式——5 步销售法。5 步销售法的步骤如图 4-2 所示。

图 4-2　5 步销售法的步骤

1. 提出问题

主播要结合消费场景找出用户的痛点以及需求点，给用户提供一个购买的理由。举个例子，秋季天气干燥，导致很多人重视补水护肤。如果主播打算推广一款补水面膜，那么，主播最好先进行前期铺垫，讲一讲皮肤干燥带来的不良感受，提出使人困扰的问题，并让这些困扰成为直播间里互动的话题。注意不要形容得太夸张，而要从现实中取材，如可以从一句简单的抱怨开始讲起，说："秋天太干燥了，皮肤总是缺水，脸上发痒又不敢挠。"这样引出问题的方式，不需要深入讲，也不需要立即引出商品，重点是引起用户的共鸣。

2. 放大问题

主播在放大问题时，要做到全面且最大化，把用户忽略掉的问题或困扰尽可能地列举出来。结合前文的例子，把不注重皮肤补水的危害一一说明，如"皮肤在秋天不及时补水的话，很容易出现皱纹和色斑，失去弹性，衰老得很快"。

3. 引入商品

主播引入商品应以解决问题为出发点，引入的商品要能够解决之前提出的问题。

继续以补水面膜为例，主播接着可以说："所以补水很重要，大家日常可以选择合适的补水面膜。"然后逐一地引入商品。在这一步中，切记不要详细地对商品进行讲解，只需把问题解决，把使用商品产生的好结果展现给用户即可。

4. 提升高度

提升高度阶段就是展示丰富的专业知识阶段了，主播要详细地讲解商品，并从行业、品牌、原料、售后等各个角度介绍，以便增加商品的附加值，让用户对这款商品产生期待。

例如，主播可以从角质层水分指数的角度作具体的解释："当肌肤角质层的水分达到

15%～20%时，皮肤光滑，没有细纹。当角质层的水分含量低于 10%时，皮肤就会出现干燥、细纹、粗糙、脱屑等。这款补水面膜富含天然保湿因子，不仅可以帮助肌肤主动补水，还可以快速锁住水分，让你的肌肤焕发光彩。”

5. 降低门槛

当主播给用户介绍完该商品所有的相关详情之后，主播可以兴奋地讲解商品的优惠信息、渠道的优势等，从而突破用户最后的心理防线，让用户开启疯抢模式。

直播带货与线下营销不同，主播是看不见用户的，所以主播在使用以上 5 步销售法时，一定要注意语言的连贯性，说话不能思路混乱，缺乏逻辑性的讲解会使用户摸不着头脑，感觉是浪费时间而迁移到别的直播间。

4.5.3 直播间常遇到的问题及常用应答话术

在直播间里，主播经常会遇到用户提出的各种各样的问题。编者经过归纳后，把最常遇到的 10 个问题进行了总结梳理。下面以直播带货服装类商品为例，具体讲解应答的话术。

第一，如果有用户问：“这是几号商品，你可以试穿一下吗？”用户主动让主播试穿商品，说明用户对该商品已经产生了兴趣。主播需要耐心讲解，答：“请先单击左上方红色按钮关注主播，主播就可以马上试穿！”

第二，如果有用户问：“主播多高？多重？”这说明用户没有看主播背后信息牌的习惯。主播可以这样回复：“主播身高××，体重××，穿×码，请您看下我身后的信息牌，有什么想看的衣服可以留言，记得关注主播！”

第三，如果有用户问：“我身材不高能穿吗？”“我身材太胖能穿吗？”，主播需要耐心引导解答：“请您报一下具体的体重和身高数值，这样我才可以给您提供合理的建议！”

第四，如果有用户问：“主播怎么不理人？为什么不回答我的问题？”出现这样的情况，可能是因为提问题的太多，主播漏掉了，这时安抚用户情绪很重要，否则用户将立刻离开直播间。这时主播要赶紧说：“亲，没有不理。如果我没有看到，你就要多刷几遍问题，不要生气哦！”

第五，如果有用户问：“3 号商品多少钱？”说明用户已经表现出购买的意向了。主播需要耐心解答：“3 号商品可以找客服咨询，报主播名字能领取 5 元优惠券，优惠下来一共是 39 元，大大滑动屏幕也可以看到各个商品的优惠信息，喜欢这件衣服的赶快下单哟！”

第六，如果有用户问：“主播多大了？”提出这种问题的用户完全是出于好奇心。主播要保持一定的神秘感，可以采用风趣幽默的回答方式，答：“请你猜猜看，猜对了给你糖吃哦！”

第七，如果有用户问：“5 号和 6 号商品比，哪个更好？”很多人都会出现纠结的状态。在这种情况下，主播可以明确地告诉用户：“5 号商品适合××类型的人，6 号商品适合××类型的人，你是属于哪种类型的人呢？”

第八，如果有用户问："主播身上的衣服是几号商品？"很多主播听到这种问题通常会有点生气。但是在直播间里还是要耐心地问答："我身上穿的是9号商品哦，每件衣服都有对应的号码牌，上下滑动屏幕可以看到相应的优惠信息，下次一定要记住哦！"

第九，如果有用户问："有夹克吗？"提出这种问题的用户通常比较懒。此时主播应该耐心引导："亲可以单击左下角的购物袋，7号和8号商品都是夹克，亲看中哪件可以告诉我，我给你试穿展示一下！"

第十，如果有用户问："有秒杀活动吗？有抽奖活动吗？"提这种问题的用户通常是直播间的常客。主播可以这样回答："亲，今天我们的4号商品在晚上9点有秒杀活动哦，优惠××元，这个优惠力度很大，记得到时候过来秒杀哦！"

总之，作为电商直播主播，职责是带货，因此，在直播时要多多保持亲和力和笑容。并且在直播间里，主播要做到语速快且表达清晰，一定要反复练习话术、熟悉话术，这样才能在直播的时候侃侃而谈。

4.6 直播礼仪的规范

4.6.1 直播主播自身形象的塑造

作为公众人物，主播不仅代表自身的形象，还代表其直播节目的形象。因此，主播要不断完善自身形象的设计，以提升直播的视觉效果。

1. 化妆礼仪

1）主播妆容要求

化妆不仅能体现主播对个人形象的重视，还能体现主播对用户的尊重。主播化妆时需要坚持的一个原则就是大方、得体。对于销售美妆类商品的直播而言，主播的妆容可以适当夸张一些，这样做是为了更好地体现美妆类商品的使用效果。但其他类型商品的直播主播化妆时，一定要考虑用户能否接受，不要为了追求视觉上的冲击和刺激而采用一些特立独行的妆容，避免弄巧成拙、引起用户的强烈反感。

2）化妆基本步骤

（1）面部清洁。洗脸是基础的护肤步骤，正确的洗脸方法和步骤可以使护肤效果更好。绝大多数人都认为洗脸是件很简单的事情，所以，这个环节经常被忽视，然而，这个被忽视的环节恰恰是护肤中最重要的第一个步骤。

面部清洁具体有11个步骤，①洗手。②卸妆。③取洁面乳，充分打起泡沫。无论使用哪种洁面产品，量都不宜过大。在往脸上涂抹之前，一定要先把洁面乳在手心充分打起泡沫。④按摩。把泡沫涂在脸上后，要轻轻打圈按摩。⑤清洗洁面乳。用洁面乳按摩完后，就可以清洗掉了。⑥检查是否还有没清洗干净的地方。清洗完还要照照镜子，检查一下发际周围和脸部边缘是否有残留的洁面乳。⑦用冷水撩洗20次左右，同时用浸了凉水的毛巾轻敷脸部。这样做可以使毛孔收紧，同时促进面部血液循环。⑧用干净的毛巾轻轻地吸干脸部的水分。⑨上爽肤水。双手轻拍脸部，直至爽肤水被皮肤吸收。⑩涂抹润肤液。取黄豆大小的乳液，点在额、鼻、左右脸颊、下巴部位，轻轻向上打圈按摩至吸收。需要注意眼周皮肤最细腻，面部使用的乳液不能用于眼部，眼周皮肤需要使用眼部产品进行专业护理。⑪涂抹精华液和隔离防晒霜。

（2）基础底妆。在完成面部清洁与护肤后，需要进行基底化妆。①涂粉底。粉底是妆容的基础。根据肤色的不同，所选择粉底的颜色也不同，一般可选择比自身肤色暗一个色号的粉底。②涂高光色和阴影色。首先，涂高光色。高光色用在需要提亮的部位，如鼻梁、额头、下颌等处，用点拍的手法进行提亮。其次，涂阴影色。用平涂的手法在脸的外轮廓进行阴影色的晕染。③涂定妆粉。定妆就是用蜜粉将涂好的粉底进行固定，以防因皮肤分泌油脂和汗液引起脱妆。定妆粉可起到柔和妆面和固定底色的作用，涂抹定妆粉是保持妆面干净及底色效果持久的关键步骤。定妆的时候需要使用定妆粉。定妆粉即散粉，是化妆品的一种，专业名称是“定妆粉”，又名“蜜粉”。一般都含有精细的滑石粉，有吸收面部多余油脂、减少面部油光的作用，可以全面调整肤色，令妆容更持久、柔滑细致，并可防止脱妆。定妆粉的种类主要有亚光散粉、珠光散粉、粉饼、压缩散粉。压缩散粉也叫蜜粉饼，是把散粉压成饼状，功效和散粉一样。压缩散粉出门携带比较方便，更适合补妆用。定妆的顺序为：眼周—鼻翼—嘴角—T 形区—U 形区—下颌。

（3）立体底妆。立体底妆主要有 3 个作用：凸显轮廓分明的面部线条感；令五官变得更加精致、立体；遮瑕效果好，展示均匀细腻的肌肤。

立体底妆的打法。①基本底色。先选用与皮肤相同或相近的粉底，均匀地在脸上打一层粉底，也叫基本底色。打底的目的是使皮肤显得完美无瑕而且均匀一致，耳朵、脖子及露在衣服外的皮肤都要打上粉底。②高光色。高光色是一种明亮色，它比基本色可以浅 2～3 号。高光色涂抹的位置是脸部最需要突出或突起的部位，如 T 形区、下巴、下眼睑等。涂抹高光色可用化妆刷或手指、海绵。高光色一定要涂抹得薄一点，否则会造成厚重的感觉。③阴影色。阴影色就是比基本色深的阴影粉底。阴影色涂抹在脸部需要缩小或凹陷的地方，亚洲人主要指腮部及两颊处，可用大号的化妆刷上阴影粉底，直接涂抹在皮肤上。完美的阴影应该有一种自然、柔和、透明的感觉，并与基本底色融合在一起，看不出界线。不同的脸型，涂抹阴影色的位置也有所不同。

2. 直播主播的着装

在人际交往中，着装能够给人最直接的视觉感受。如果主播着装得体，就能够在无形中增添个人魅力，吸引更多的用户。

在网络直播中，主播的着装要以自然、大方、整洁、得体为原则，不能过于随意。主播在选择直播服装时，重点需要考虑以下 3 个方面。

（1）自身条件。主播选择的服装应当符合自身的个性特征，适合自身形体、年龄等特点，并能够展现自己特有的风格。

（2）直播内容。主播要结合直播的内容类型、场景等搭配服装，以体现直播画面的和谐和整体之美。例如，如果直播内容与艺术表演相关，主播就可以选择穿着演出服。

（3）用户观感。从用户观感的角度而言，主播的着装要文明大方，切忌过于暴露，要做到文明、得体，力争营造出健康的网络环境。

4.6.2 注重社交礼仪

在直播的时候，主播的礼仪能够帮助直播间塑造不一样的氛围，态度诚恳亲切、用词谦虚文雅的言谈总是能够让人眼前一亮，给用户留下深刻的印象；而举止不雅、言语粗俗的主播却很容易引起用户的反感；一些不讲道德、不遵守法律的言行还会导致直播间被封。因此，作为一名专业的网络直播人员，一定要塑造好个人的外在形象，言行文明，符合基本的社交礼仪规范。

4.7 直播中的禁播与封杀

4.7.1 禁播与封杀规则须知

为了严厉打击直播过程中出现的各种涉黄、涉暴等违法内容，一些直播平台除发布相关的新规则，从源头对内容进行把关以外，同时也发布了一系列的惩罚制度，对严重违法违纪的主播进行禁播或者封杀的处理。

如某直播平台的积分原则。该直播平台曾经被推到舆论的风口，而后该直播平台发布公告对违反规定的主播进行严查，上线了一套扣分系统。当主播直播间的分数低于 4 分时，系统将关闭该直播间的酬勤系统。

1. 某直播平台规范主播的相关规则

某直播平台的扣分制度主要是为了严格规范主播，具体的规则如下。

女主播服装不能过透过露，不能只穿比基尼及类似内衣的服装或不穿内衣，不能露出内衣或内裤（安全裤），违规扣 1 分。

女主播背部的裸露部位不能超过上半部的三分之二以上，即腰节线以上，违规扣 1 分。

女主播下装腰部必须穿到骨盆以上，低腰下装不得低于肚脐 2 厘米，即不得露出骨盆位置，短裙或短裤下摆不得高于臀下线，违规扣 1 分；男主播不得仅穿着三角或四角及类似内衣的服装或者紧身裤直播，违规扣 1 分。

女主播胸部的裸露面积不能超过胸部三分之一，上装最低不得超过胸部三分之一的位置，违规扣 1 分。

拍摄角度不得由上至下拍摄胸部等敏感部位，或由下至上拍摄腿部、臀部等敏感部位，违规扣 1 分。

不得长时间聚焦腿部、胸部等敏感部位，违规扣 1 分。

游戏分类（标签为游戏类别）主播摄像头不得超过游戏界面的三分之一，且不得超过整体屏幕的四分之一，违规扣 1 分。

主播不得进行具有挑逗性的表演，包括但不限于脱衣舞等，违规扣 1 分。

主播不得进行带有性暗示的抚摸、拉扯、舔咬、拍打等动作，或使用道具引起用户对性敏感部位的注意，也不能利用身体上的敏感部位进行游戏，包括但不限于：猜内裤的颜色、猜内衣的颜色、剪丝袜、直播脱/穿丝袜、撕扯或剪衣服等，违规扣 1 分。

主播不得做出有走光风险的动作，包括但不限于弯腰、高抬腿、双腿分开、劈叉、下腰、倒立、频繁切换坐姿等，违规扣 1 分。

主播不得以诱惑、挑逗性质的声音和语言吸引观众，包括但不限于模仿动物发情时的叫声、使用直接或者隐晦性暗示词语，违规扣 1 分。

禁止主播以暴力工具如枪支（含仿真枪）、刀具等，以及赌博工具、性用品、内衣等涉及不雅内容的物品为表演道具，违规扣 1 分。

国家公务人员直播时须身穿制服，需先联系客服进行报备；非国家公务人员不得身着相关制服进行直播，违规扣 1 分。

该直播平台发布的直播公告可谓详细严密，对主播在直播过程中易出格的部位、行为、语言、着装等都进行了更为严格的控制和限定。严格规范主播直播，加快了清理直播低俗化内容的进程，这是大势所趋，任何的直播平台和直播主播都无法置身事外。

为维护该直播平台的基本秩序，促进直播的良性健康发展，该直播平台还正式上线了直播间扣分管理办法。每个直播间总分值为 12 分，扣分超过限额将永久封停该直播间，同时扣分结果将记入该平台主播档案，并作为签约重要依据。

2. 某直播平台严禁播放的严重违规内容

（1）违反宪法规定的基本原则的。

（2）危害国家安全，泄露国家秘密，颠覆国家政权，破坏国家统一的。

（3）损害国家荣誉和利益的。

（4）煽动民族仇恨、民族歧视、破坏民族团结的。

（5）破坏国家宗教政策，宣扬邪教和封建迷信的。

（6）散布谣言，扰乱社会秩序，破坏社会稳定的。

（7）散布暴力、恐怖或者教唆犯罪的。

（8）煽动非法集会、结社、游行、示威、聚众扰乱社会秩序的。

（9）其他可能引起或已经引起不良影响的政治话题。

（10）展示毒品样品、表演及传播毒品吸食或注射方式、讲解毒品制作过程等一切与毒品相关的内容。

（11）组织、宣传、诱导用户加入传销（或有传销嫌疑）的机构。

（12）与赌博或涉嫌赌博有关的任何活动，如赌球、赌马、网络百家乐等。

（13）其他低俗涉黄行为，如浏览或传播涉黄图片以及出售涉黄网盘资源等。

（14）非法使用刀具、仿真刀具、枪支、仿真枪支，表演具有高度危险性的节目。在境外有合法持枪资格的，使用展示的管制枪械，需要提前报备，在取得允许之后方可直播。

（15）表演危害他人人身安全的内容，如殴打他人、威胁他人等。

（16）表演危害自身安全的内容，如自残等。

3. 某直播平台严禁播放的其他违规内容

（1）平台禁止播放一切无版权的内容，包括但不仅限于影视、游戏、体育、演唱会等，违规扣 1 分。

（2）禁止播放一切暴力、血腥、大尺度内容，包括但不仅限于影视、游戏、体育赛事、演唱会等，违规扣 1 分。

（3）禁止出现其他直播平台的直播内容，违规扣 1 分；严禁出现宣传其他直播平台、鼓动观众观看非本平台内容的行为，违规扣 1 分，情节严重者将扣除所有分值，并永久封停直播间。

（4）未经允许，严禁盗播本平台其他主播的直播内容，违规扣 1 分。

（5）严禁播放法律法规、相关监管部门规定的禁止播放内容，违规扣 1 分。情节严重者将扣除所有分值，并永久封停直播间。

（6）严禁播放无意义的直播内容，包括睡觉、谩骂等会引起不良导向的出格内容等，违规扣 1 分。

4. 某直播平台严禁播放的游戏相关违规内容

（1）未经允许，严禁盗播本平台其他主播的直播内容，违规扣 1 分。

（2）未经允许，严禁以任何形式播放游戏或赛事内容，违规扣 1 分。

（3）严禁播放过于血腥、暴力、大尺度的游戏内容。如游戏人物着装过于暴露或者裸体等，违规扣 1 分。

（4）严禁在直播中出售、使用、分享游戏外挂、漏洞、辅助等，违规扣 1 分。

（5）严禁传奇类游戏尚未取得官方授权就进行直播。直播传奇类游戏需联系客服进行报备，无报备的，违规扣 1 分，屡次违规或情节严重者永久封停直播间。

（6）严禁进行游戏私服直播、宣传，违规扣 1 分。

（7）扣分系统总分值为 12 分，管理期间将针对主播的违规行为进行相应扣分，当主播直播间分数低于 4 分时（包括 4 分），系统将关闭该直播间的礼物，管理员将重点关注该直播间；当直播间分数为 0 分时，将永久封停该直播间。

（8）如果主播直播间分值低于 12 分，在整改后成功规范了自己的直播内容、言行举止，并在连续 3 天的直播过程中，无扣分，无违规行为，表现良好，可加 1 分。

4.7.2 针对平台进行的惩戒与整改

2016 年 8 月 27 日，中央电视台以“网络直播的‘黄’与‘黑’”为主题进行了长达 15 分钟的新闻专题报道，直击网络直播乱象。为规范直播平台，塑造风清气正的网络环境和直播行业的规范，国家下发了相应的重要通知，职业化、持证上岗、照章办事成了如今网络直播的标配。

2016 年 9 月 14 日，国家新闻出版广电总局下发了《关于加强网络视听节目直播服务管理有关问题的通知》（以下简称《通知》）。根据《通知》，个人或者机构开展网络视听节目直播服务必须具有相应的资质，即直播平台必须持有《信息网络传播视听节目许可证》。未取得该许可证的个人或者机构均不能通过互联网开展相关活动、事件的视音频直播服务，不得利用网络直播平台开办新闻、综艺、体育、访谈、评论等各类视听节目，不得开办视听节目直播频道。

各大直播平台若要开展网络直播业务，需要从监管部门获取《信息网络传播视听节目许可证》后才可持证营业。一些网络平台，如优酷、土豆等，已经取得了该许可证。

《通知》中还提出，未经批准，任何个人或者机构不得在互联网上使用诸如“电视台”“广播电台”“电台”“TV”等广播电视专有名称开展业务。

对于直播节目的内容，《通知》也提出了明确的要求，不得含有国家法律规定所禁止的内容，并自觉抵制内容低俗、过度娱乐化、宣扬拜金主义等行为。关于相关弹幕的发布、直播中涉及的主持人、嘉宾、直播对象等，《通知》也做出了具体要求。

持证上岗，虽然对于当前未获得许可证的平台而言，未来获得许可证的难度将增大，也进一步提高了小平台及创业型公司进入行业的门槛，管制直播内容，加速淘汰一批不合格以及没有优势的直播平台，减少网络直播行业同质化是非常必要的，也有利于及时有效地掐灭网络直播行业中出现的不健康发展苗头，将网络直播行业从舆论的风口浪尖中剥离出来。

4.7.3　直播要符合政策规定

2020 年 11 月 12 日，国家广播电视总局下发的《国家广播电视总局关于加强网络秀场直播和电商直播管理的通知》（以下简称《通知》）中，强调要对网络主播实行实名制管理，封禁未成年用户的打赏功能。

1. 落实主体责任

《通知》强调开办网络秀场直播或电商直播的平台，要切实落实主体责任，着力健全网络直播业务各项管理制度、责任制度、内容安全制度和人力、物力资源配备，积极参与行风建设和行业自律，共同推进网络秀场直播和电商直播活动规范、有序、健康发展。

2. 对直播内容、分类更加严格管理

《通知》要求网络秀场直播平台要对直播间节目内容和对应主播实行标签分类管理，按“音乐”“舞蹈”“唱歌”“健身”“游戏”“旅游”“美食”“生活服务”等进行分类标注。根据不同内容的秀场直播节目特点，研究采取有针对性的扶优罚劣管理措施。各秀场直播间均须在直播页面标注节目类别和直播间号码。主播改变直播间节目类别，须经网站审核，未通过审核不得擅自变更。

3. 建立评分档案，做好相关法律法规的培训

网络秀场直播平台要建立直播间和主播的业务评分档案，细化节目质量评分和违规评分等级，并将评分与推荐推广挂钩。要做好主播尤其是头部主播政策法律法规和相关知识培训。对于多次出现问题的直播间和主播，应采取停止推荐、限制时长、排序沉底、限期整改等处理措施。对于问题性质严重、屡教不改的，应关闭直播间，将相关主播纳入黑名单并向主管部门报告，不允许其更换“马甲”或更换平台后再度开播。

4. 直播内容需符合标准

网络电商直播平台须严格按照网络视听节目服务管理的相关规定，开展视听内容服

务，不得超出电子商务范围违规制作、播出与商品售卖无关的评述类等视听节目。以直播间、直播演出、直播综艺及其他直播节目形式举办电商节、电商日、促销日等主题电商活动，应按照网络视听节目直播服务管理的有关规定，提前 14 个工作日将活动嘉宾、主播、内容、设置等信息报主管部门备案。鼓励网络电商直播平台通过组织主题电商活动，助力经济发展、民生改善、脱贫攻坚、产业升级和供需对接。

5. 电商平台和网络主播要实名认证

网络电商直播平台要对开设直播带货的商家和个人进行相关资质审查和实名认证，完整保存审查和认证记录，不得为无资质、无实名、冒名登记的商家或个人开通直播带货服务。平台须对相关信息的真实性定期进行复核，发现问题及时纠正。要对头部直播间、头部主播及账号、高流量或高成交的直播带货活动进行重点管理，加强合规性检查。要探索建立科学分类分级的实时动态管理机制，设置奖惩退禁办法，提高甄别和打击数据造假的能力，为维护诚信市场环境发挥积极作用。

4.8 直播数据分析

直播数据分析的具体流程分为 4 个步骤：明确数据分析的目的、获取数据、整理和处理数据、数据分析，如图 4-3 所示。

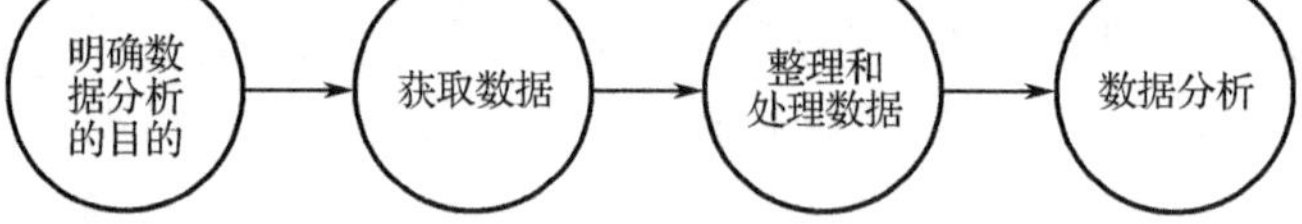

图 4-3　直播数据分析的流程

4.8.1 明确数据分析的目的

进行数据分析是为了发现并解决直播运营中出现的问题，进而推动直播业务增长。根据想要解决的问题类型，可以将数据分析的目的划分为 3 类。

1. 分析现状

分析现状是进行数据分析的基本目的，如直播商品的市场占有率是多少、直播的竞品有哪些、和竞争对手相比有哪些优势等。

2. 找出原因

商家在直播的过程中，也许会遇到用户流量不稳定的情况。出现这种波动后，可以通过数据分析找出其中的原因。

3. 预测未来

可以用数据分析预测未来行业的变化趋势和平台的运算法则。

4.8.2　获取数据

明确进行数据分析的目的后，还要了解应该如何获取数据。下面以淘宝直播为例，讲解平时查看数据的方法。

通常情况下，直播运营人员可通过 PC 端及手机 App 直播中控台，查看大部分相关数据。还有一部分数据在“生意参谋”模块中，包括手机淘宝直播的访客数和下单转化率。其具体操作方法为：单击【商家中心】→【生意参谋】→【流量分析】→【看板】→【转化】菜单命令。对于相关隐藏数据，直播运营人员还需要通过一些特殊的付费渠道进行查看。

4.8.3　整理和处理数据

在日常生活中，整理和处理数据的过程其实也是数据统计的过程。有很多主播没有养成甚至毫无数据统计的习惯，每次直播的数据只是大致浏览一下。只有在需要进行数据分析时，才把大量的数据搜索出来进行整理统计，这样做事效率很低。

因此，建议所有直播运营人员在搜索出数据后，就将所有的数据进行统计。直播数据统计需要包含以下内容：日期、直播时间段、时长、累计观看人数、累计互动数、累计商品点击数、用户点击占比、用户最长在线时长、用户平均停留时长、用户回访率、新增用户数、转粉率、本场开播前累计用户数、场间掉粉数、订单笔数、预估转化率等。将这些具体的数据整理后，保存在 Excel 表格中。

4.8.4　数据分析

数据统计结束后，直播运营人员就需要进行数据分析，大致包括：描述统计、假设检验、信度分析、列联表分析、相关分析、方差分析、回归分析、聚类分析、判别分析、主成分分析、因子分析、时间序列分析、生存分析、典型相关分析、巨鸟分析、多重响应分析、距离分析、项目分析、对应分析、决策树分析、神经网络、系统方程、蒙特卡洛模拟等。如果只是进行日常数据分析，不是研究算法，可以使用如下 3 个分析方法。

1. 对比分析法

对比分析法即通过比对找出异常数据。“异常”不是指有偏差的数据，而是指离平均线偏差较大的数值。如某主播每天增粉长期维持在 50～100 人这个区间，某天增粉量突增到 200 人，虽然这是令人惊喜的事，但也属于异常数据，需要密切关注，查找出粉丝增加的原因，以便改进运营方案，这就是进行数据统计的原因。只有把一段时间以来的数据放在一个表格里，才能发现数据的异常。在数据多的情况下，建议使用 Excel 的数据透视功能。

2. 特殊事件法

大部分数据出现“异常”都会关联某个特殊事件，如平台首页或者频道改版、标签变化、开播时段更改等，这就要求直播运营人员在日常记录数据时，一定记住同步记录这些特殊事件，然后进行对比分析。

3. 曲线分析法

曲线通常能够代表数据的走势，可以挑选 3 类相关性高的数据放在一起对比分析走势，使用曲线分析法可以判断趋势。

数据分析就是运用量化方法，帮助直播运营人员从中找到问题并解决问题。因此，根据数据分析得出的结论，对直播具有非常大的指导意义，直播运营团队要养成观察数据、分析数据的好习惯。

4.9 直播电商客服

4.9.1 直播电商客户服务的流程

在直播电商团队中，客服需要与准备购买或已经购买商品的用户进行交流沟通，其业务能力和综合素质对促进下单购买与提高用户体验都非常重要。客服强大的业务能力和综合素质可以在日常工作中逐渐培养，下面对客服一天的基本工作流程进行简单分析，为客服从业者提供借鉴。

1. 熟悉商品

客服要对直播电商涉及的商品有足够的了解，能够系统、专业地为客户讲解商品的特性、材质、型号、功能、使用方法、注意事项等，打消客户的疑虑，给客户留下良好印象。

2. 接待客户

接待客户是客服工作能力的重要体现，接待客户时要注意使用礼貌用语，如在客户咨询时，客服要先问好：“您好，我是客服×××，很高兴为您服务，请问有什么可以效劳呢？”客户提问时，客服要及时给予答复，遇到需要查询的问题，可以告知客户预计等待时间，或索要客户联系方式，找到答案后及时告知客户。

3. 了解库存

店铺中显示的库存可能与实际库存有所差异，客服必须及时了解这种差异，防止出现客户下单后却无法正常发货的情况。

4. 向客户核对订单信息

大部分情况下，客户下单时提供的订单信息是正确的，但有时客户会因为一时大意提供了错误的地址、联系电话等，导致物流配送环节出现问题。虽然这种错误是客户的原因造成的，但也会影响其购物体验。如果客服能在客户下单后，及时向客户确认订单信息，就可以大幅度降低这种问题发生的概率。与客户核对订单时，可以告知客户使用的快递公司。如果客户对快递公司有意见，或者对物流时效性要求较高，可以与客户协商更换。

5. 修改订单备注

有时因为客户临时改变想法，可能会导致订单信息发生变化，如更改商品型号、送货地址等。为了确保客户诉求能够得到满足，客服人员有必要对这类订单做好备注，用醒目的符号（如小红旗）提醒工作人员，并写明变动事项。

6. 发货通知

订单发货后，可以向客户发送信息告知客户订单已经发货，提醒客户可以随时查看物流进度，并注意收货，这些细节可以提高客户对店铺的好感度。有的客户下单后未付款，客服可以在适当的时间（如截单时间快到时）提醒客户及时支付。

7. 引导客户评价

交易完成后，客服人员可以通过赠送代金券等方式引导客户分享商品体验，在推动店铺口碑建设的同时，还能促进二次购买。

8. 处理中差评

发现客户给出中差评时，客服人员要在第一时间联系客户，询问客户给出中差评的具体原因，大部分情况下，客户是不会给商家中差评的。与客户沟通时客服要注意语气和态度。如果是店铺方面的问题，客服要向客户真诚道歉，并给出补救方案；如果是恶意中差评，客服要注意取证，并将证据提交给平台管理人员。

9. 学习各种工具软件

互联网上会不定期出现一些提高客服工作效率的工具软件，客服人员在日常工作中可以根据实际需求学习使用这类工具软件，以便提高工作效率与质量。

4.9.2　商家客服销售话术的技巧

用户在网上购物时，因为只能看到商品的图片或视频，没办法看到实物，所以会向客服询问商品的有关信息。面对这种情况，网店客服必须借助一些销售技巧促使客户做出购买决定。

1. 假设法

在客户纠结不定，但购买意向又比较强烈的时候，客服可以使用“两者选其一”的销售技巧。例如，客服可以向客户说：“请问您是想要这款黑色的羽绒服，还是想要红色的？”也可以说：“请问您是想发韵达，还是想发中通？”从表面上看，这种提问方式只是在让客户做出选择，但事实上是在帮助客户做决定，促使客户尽快下单购买。

2. 站位法

在某些情况下，客户虽然已经决定购买商品，但还是会不断地向客服询问商品款式、尺码、发货时间等方面的问题，迟迟不肯下单。面对这种情况，客服需要改变一下销售方式，热情、真诚地为客户解答问题，但不催促客户下单。当客户所有的问题被解决后，自然会主动下单。

3. 巧用“买不到”的心理

很多客户都会有一种“买不到”的心理，即越难买到的东西就越要买到。客服要利用好这种心理，例如，在与客户交流时，可以说：“您好，亲，这款包包已经剩最后一个了，再不购买的话可能就没有了，而且近期店里也不会再补货这款包包了。”也可以说：“您好，亲，这件衣服的优惠活动仅限今晚哦，明天就会恢复原价，再不下单就要失去这次机会了。”

4. 尝试购买法

客户有时对商品质量存在顾虑，虽然看中了某商品，却迟迟无法做出购买决定。面对这种情况，客服可以对客户说：“您可以先买一个试用一下，如果感觉还不错就再来下单。”如果商品质量确实过关，这种销售技巧就可以为店铺积累大量客户，增加许多订单。客服可以用这种方法促使很多客户做出购买决定，但前期的订单数量可能会少一些。

5. 晾晒法

还有一些客户明明非常喜欢一款商品，但就是犹豫不决，不断地衡量利弊得失。对于这种客户，客服可以使用晾晒法，即暂时先不回复，假装正忙着接待其他客户，给客户更多考虑时间，促使客户最终做出购买决定。

6. 反问式回答

客服有时可能会遇到这种情况，即客户询问的商品正好没有了。这时，客服就可以运用一种反问式的销售技巧来促使客户下单。例如，客户打算购买某款毛衣，问道：“你们家这款灰色的毛衣还有吗？”客服不要直接说没有，可以巧妙反问：“非常抱歉，亲，这一款我们现在有黑色、红色和白色的，这几种颜色中，您最喜欢哪一种？”

7. 快刀斩乱麻式

如果上面几种销售方法都已经用过，客户还是没有做出购买决定的话，客服必须快刀斩乱麻，在确认客户确实有购买意向的前提下，用更直接的语言催促客户下单。可以说：“您好！亲，如果您对这件宝贝还比较满意的话，请迅速购买吧！”

8. 虚心学习法

如果客户已经决定不购买商品，客服发现使用很多方法都无法促使客户下单，这时虚心学习法就派上了用场。客服可以对客户说：“您既然来到了我们家店铺，说明您对我们的商品很感兴趣，也许是我个人的问题，让您对商品质量产生了怀疑。所以，您可以说一下我哪里出现了问题。可以给我一个提升的机会吗？”这种低姿态的话语能够极大地满足客户的虚荣心，让客户瞬间对客服产生亲近感。这样，客户可能会真诚地指出客服的缺点，并对客服的努力表示认可，甚至会被客服的态度所感动，下单购买商品。

4.9.3　商家客服售前沟通的技巧

客服与客户进行售前沟通非常重要，下面介绍几种与客户有效沟通的技巧。

1. 招呼的技巧

当客户询问“在吗”的时候，客服要在第一时间用积极热情的态度回答：“您好，亲，等您很久了，有什么可以为您服务的吗？”因为客户购买商品时经常货比三家，同时询问好几家店铺的客服，所以为了抢占先机，客服必须以最快的速度回复客户。为了能够及时处理，商家可以设置自动回复。

2. 回答的技巧

对于客户询问的商品，如果还有库存，客服要将商品的优点、功效、性能等详细地告知客户；如果没有库存，要讲究回答技巧，不能直白地告诉客户已经没有了，而要将客户的注意力吸引到其他商品上。例如，客服可以回复说：“非常抱歉，亲，现在有其他几个相似的款式，并且都是新款，我发个链接给您，您可以看一下。”

3. 推荐的技巧

客服在为客户推荐商品时，要根据客户需求进行精准推荐，同时要表现出自己的专业性，让客户感到客服很用心。例如，客服可以在推荐时说：“不好意思，久等了，亲，这两款商品简约大气、个性时尚，非常适合年轻人使用，这是商品链接，请您看一下。”

4. 议价的技巧

有些电商直播在开始时就将店铺优惠都告知客户，并告诉客户优惠力度已经非常大了，概不议价。一般情况下，客户听到这些就不会再找客服议价了。建议主播一开始就给客户可以议价的感觉，且面对客户议价，客服可以稍稍让步，但给的价格不能太低，争取让客户做出购买决定。

如果在做出价格让步后，客户仍然不依不饶，就不要再次让价了，可以改变一下销售方式，如送客户一个赠品，让客户感觉虽然没能再次让商家降价，但还是占到了便宜。

客服在议价时需要注意，回复速度一定要快，一次回复的字数不用太多，以免客户失去耐心。如果客户认为商品价格过高，客服可以承认商品价格确实高，但必须委婉地表达出一个意思："我们家的商品在功效、质量、价格、包装等各个方面都比同类商品好，是其他店铺比不上的，一定会让您感觉物有所值。"通过这种方式打消客户的疑虑，让客户放心购买。

5. 核实技巧

客户下单付款后，为了避免出现纰漏，客服要在第一时间将订单上的客户信息发送给客户，让客户确认信息是否正确，让客户感受到客服认真负责的态度。

6. 道别的技巧

无论最后买卖成交与否，客服与客户道别时都要客气、礼貌。买卖成交时，客服可以这样说："非常感谢您对小店的支持，我们会尽快发货，祝您生活愉快！就不多占用您的时间了。"这样的话语既简洁明了，又礼貌得体。

7. 跟进的技巧

当客户已经下单但迟迟没有付款时，客服要实时跟进客户的付款情况，最好根据订单中的客户信息主动联系客户。客服可以这样说："您好！亲，宝贝已经为您准备好了，付款后可以立即发货。"稍微给客户施加一点压力，可以更快地完成交易。

联系客户时最好不要打电话，以免引起客户反感，最好通过短信联系客户。注意不要直接问客户还买不买，以免客户直接回复："哦，我不买了。"从而失去订单。如果最后没有成交，客服在保持礼貌的同时，还要适度表现出惊讶与谅解的情绪，并说道："欢迎您下次再来。"

4.9.4 商家客服售后沟通的技巧

客服在直播电商运营中占据着相当重要的位置，好的客服团队有助于增加商品成交量。而且，客服的售后表现也在很大程度上决定着客户对主播的认可程度，只有让客服为客户提供优质的售后服务，主播才能赢得用户的喜爱，获得长远发展。客服为了给客户提供更好的售后服务，除必备的客服经验外，还要掌握如下一些售后沟通技巧。

1. 订单信息确认，发货通知

客服一定要做好客户订单信息确认工作，让客户在下单后确认相关信息，降低未来发生纠纷的可能性。对于没有发货提示的物流，客服要将相关的物流信息通过短信或站内信发给客户，让客户放心，让客户对客服、主播及店铺产生很好的印象。

2. 在客户签收货物后，及时进行跟踪回访

店铺为了提高自己的好评率，必须在客户签收货物后及时进行跟踪回访。店铺在确认客户已经收货后，可以就客户对商品的满意度进行电话或短信回访。如果客户对此次

购物很满意，客服一定要对客户表示衷心的感谢，并且欢迎客户再次前来选购商品，同时备注好客户的偏好等相关信息，为下次接待客户做好准备；如果客户对商品感到不满意，客服首先要认真道歉，解释清楚原因，如果商品需要退换就安排退换。这样不仅能发现与改进店铺的不足之处，还能改善服务模式，提高客服服务水平。

3. 收到好评后要回复

店铺要重视客户的晒图好评，不能感觉客户已经给出了好评，就没必要再关注了。其实，回复客户好评不仅能够提升客户好感，客户还有可能成为店铺的回头客。因此，在收到好评后，客服要向客户表示感谢，感谢客户购买商品及对店铺的支持。

但在客户的好评中有这样一种情况，那就是客户明明给了好评，在好评中却说商品质量一般，购物体验并不是很好，只是习惯性好评而已。面对这种情况，客服应该在不泄露客户信息的前提下诚恳道歉、认真解释原因，然后私信客户，再次致歉，力争感动客户，赢得谅解。

4. 收到差评时要摆正心态，诚恳道歉

首先，收到差评后，客服一定不要通过电话或者短信去骚扰客户，更不能对客户进行人身攻击，必须主动承担责任，否则，会令客户对店铺的印象更差，导致客源流失。

其次，客服要表示出真诚的歉意，耐心询问客户为什么给出差评，因为商品质量太差？物流太慢？还是因为实物与图片描述不符等问题。

最后，客服应再次诚恳道歉，并就差评原因向客户解释清楚，或安排商品退换，并感谢客户对店铺的支持。

只要客服能够做到真诚道歉、耐心询问、详细解释、衷心感谢，客户就能被其周到的服务与诚恳态度打动，就会表示宽容与谅解。

直播电商想要长远发展，就必须注重客服这个关键岗位，高度重视客服的售后服务工作。

4.10 直播电商物流

4.10.1 商家选择快递公司的技巧

快递公司的服务水准直接影响着包裹配送效率，进而影响客户的购物体验。为了提升客户的购物体验，商家必须在综合考虑多个因素后，选择性价比高的快递公司。商家选择快递公司主要考虑以下 7 个因素。

1. 快递价格

商家在选择快递服务时，首先应该考虑的就是价格因素，那些提供包邮服务的店铺，如果快递的价格越高，那么其所得利润就越少。所以，商家要综合分析自家店铺的运营成本与商品价格，在保证利润的前提下，选择价格合适的快递公司。但也不能选择太便

宜的快递公司，因为通常价格越低，快递速度就越慢。

2. 运输时效

运输时效与店铺的动态评分息息相关。商家在选择快递公司时，要将时效与价格综合在一起进行考虑，可以通过分析价格相近的几家快递公司的实时物流信息，判断哪家快递公司是最佳选择。

3. 配送区域

商家的很多客户都来自农村或偏远地区，因此，商家必须选择能够将商品配送到这些区域的快递公司。尤其是将农村和偏远地区的人作为目标客户的商家，如果仅仅将商品配送至乡镇，就会导致客户的不满，甚至会被打差评，所以，一定要选择能够将快递配送至农村的快递公司。

4. 包裹安全

为了尽量避免包裹出现损坏或丢失等情况，商家要选择丢件率低、禁止暴力分拣行为的快递公司，以免客户因为快递运输出现问题而对店铺产生不良印象。

5. 发展前景

有些快递公司虽然价格便宜，但是公司规模小，发展前景不稳定，存在倒闭的风险。因此，出于长远考虑，为了避免因为快递公司出现问题影响到商品的配送安全性，商家最好选择发展前景良好、业务模式成熟的大型快递公司。

6. 市场情况

商家在选择快递公司时，应该参考社会上的新闻消息，如快递行业的市场状况和各个快递公司的大众口碑，避开丢件率高、暴力分拣行为频发、配送速度很慢的快递公司。

7. 根据店铺宝贝的具体情况进行选择

商家要结合自家的商品类型选择快递公司。不同商家经营的商品类别有所不同，不同类型的商品对快递的配送要求也不同。例如，如果商家销售的是服装，可以选择价格比较便宜但物流速度很慢的快递公司，因为快递时效不会对商品质量造成不良影响。如果商家以销售生鲜、水果等商品为主，就务必选择一家物流速度很快的冷链运输公司，以保证商品送达时仍然新鲜、不会变质。

4.10.2 商家提升快递效率的技巧

每家网店都非常注重自己的信誉，而信誉的提升离不开客户的好评，因此，许多网店为了获得客户的好评都会付出很大的努力，力求为客户提供更优质的服务，提高客户对本次购物的满意度。

但因为商品的物流业务由快递公司负责，所以当客户因为物流速度慢或者快递人员态度差给出差评时，商家往往会感到非常冤枉。再加上有的客户难以沟通，认为既然发生了交易行为，那么，整个过程出现的所有问题都应该由商家承担，导致商家有苦难言。很多网店都遭遇过这种情况，并感到非常痛心。为此，商家要掌握以下几种优化物流的方法，以降低类似情况发生的概率。

1. 降低快递成本

许多网店都为客户提供包邮服务，因此，快递成本在网店运营的总成本中占有一定的比例。为了降低运营成本，网店就要降低快递成本，就只能选择适合店铺的快递公司。此外，网店的办公地点最好选在距离物流园或快递集中地比较近的地方，这样也能节省一些快递方面的支出。

2. 选择多家快递公司

不同的快递公司各有优缺点，如果店铺销量很大，业务很繁忙，就可以选择多家快递公司进行合作，取长补短，既能降低成本又能提高快递效率，防止客户因为快递问题产生不满情绪。

3. 客户自选快递公司

客户自己选择快递公司时，即使快递速度很慢，也不会怪罪店铺。需要注意的是，当客户选择的快递费用较高时，网店要设置邮费补拍功能，让客户补足快递费。同时，网店要将发货时间安排明确告知客户，例如，每天下午 4 点前下单的商品当天发货，下午 4 点后下单的商品次日发货等。

4. 做好售后服务

当客户因为物流问题给出差评后，网店要安排客服人员为客户提供优质的售后服务，诚恳地向客户表达歉意，认真解释物流事宜，处理好还未解决的物流问题，尽力争取获得客户的谅解，如有必要，还可以对客户进行一定的补偿。总之，网店要努力想办法消除差评，降低差评率。

4.10.3　商家降低快递成本的技巧

商家在运营店铺的过程中，会产生很多成本。在众多运营成本中，快递成本是占比较大的一个。如果可以降低快递成本，商家就能获得更多利润。那么，商家应该怎样降低自己的快递成本呢？

1. 降低包装成本

许多商家将纸箱作为商品的外包装，如果商品属于易碎物品，商家还需要为其准备一层内包装，避免商品在运输过程中受到损坏。此时，商家就需要考虑选择哪种内包装，才能使成本更低，例如，海绵和泡沫制品相比，泡沫制品的成本更低。

2. 回收材料再利用

商家在收到供应商寄来的大量商品的同时，也会一同收到许多包装箱，商家可以将这些包装箱收集起来进行二次利用。此外，为了降低包装成本，商家还可以回收快递公司的包装箱。

3. 压低快递费

商家降低快递成本最有效的办法就是和快递公司讲价。商家必须先对市场上的多家快递公司进行调查分析，选择那些收费低、信誉高、服务好的快递公司进行合作，这样既能降低成本，又能降低客户因快递问题对商家产生不满的可能性。为了使快递公司能够在价格上让利，商家在讲价时，可以向快递公司表明自家店铺订单很多，并有意长期合作等。

4. 发平邮节省邮费

商家要想让自家商品具有更大价格优势，就必须降低商品运费。如果商品比较重，在征得用户同意的前提下，商家可以选择价格比较实惠的平邮，也就是邮政普通包裹。但是需要注意，店铺发平邮必须先与用户商量好。

平邮按照寄送里程与货物重量综合计费，具体价格可以拨打 11185 咨询。平邮的成本中，包装箱占很大比重。纸箱分为多种规格与型号，价格也不同。商家还可以将布袋作为外包装，或去网上购买包装箱。

另外，平邮通常需要 7～15 天才能送达。商家还可以借助打折邮费来节省邮费支出。

4.10.4 商家快递问题处理方法

1. 用户没收到商品的问题

（1）可能商品还在快递公司，没有寄出去。

（2）快递需要中转，花费时间较长。

（3）快递已送达，但不是本人签收，可能放在了门卫处，门卫还未通知客户。

（4）情况最差的一种，由于快递公司的疏忽，商品可能在运输过程中丢失或损毁。

2. 快件丢失的问题处理

商家一定要保存好发货商品的快递单，以免遇到丢件情况时没有发货证据。发货后要随时跟进物流情况，以便及早发现各种问题，一旦发现商品丢失，要立刻与快递公司联系，协商解决方案。如果店铺规模很大，能为快递公司带来较大的利润，且与快递公司签订过合作协议，那么，协议中通常会注明丢件的处理方案。为了维持合作关系，快递公司会积极查找丢件原因。如果是中小店铺的商家，快递公司一般会按照 3 倍运费的标准赔偿。假如商品价值较大，商家在发快递时必须记得保价，这样才能在丢件时将损失降到最低。

3. 收发快递的注意事项

（1）发快递时，必须联系快递公司取件，不能直接给相熟的取件员打电话。因为取件员的工作流动性较大，如果以前熟悉的取件员已经更换工作，就会增加不必要的麻烦。

（2）为了应对快递信息无法查询的状况，商家要记下取件员的姓名和电话。如果是新来的取件员，还要事先确认对方的身份。

（3）商家在发货商品时，必须认真填写寄件单上的所有信息，务必将寄件日期核对好，这样既能帮助自己查询发货时间，也有助于估算商品到货时间。同时，如果将来与快递公司发生纠纷，寄件日期也是一条重要证据。

（4）为了提高查件效率，商家一定要保留发货证据，也方便查询以前客户的快递信息。商家在发货后要妥善保管快递单，掌握好快递时间，实时跟进物流信息，避免因快递问题导致客户迟迟收不到商品。

（5）收快递时，必须检查快递的密封情况，查看是否有被事前拆开的痕迹。如果没有，要在快递人员在场的情况下，拆开包裹检查商品是否有什么问题。

4. 贵重物品快递经验

（1）选择信誉好、口碑佳、规模大、有安全保障、知名度较高的快递公司，不能选择市场上的代理公司。

（2）认真填写快递单的各项信息。同时为了不泄露具体的商品信息，不能直接在货物描述中填写商品名称。例如，寄平板电脑时，不能在快递单上直接写平板电脑，最好写成设备。

（3）商家发快递时，最好自己准备包装箱，或在对方提供的包装箱上画个记号。因为许多快递公司都会说只要外包装没有破损，它们就不承担赔偿责任，通常也不赔付保险。所以，当它们发现包装箱损坏后，经常会直接换个新包装箱。

（4）将商品放进包装箱后，如果发现箱中还有多余空间，就要用其他物品塞实，保证商品不会在包装箱内来回晃动。同时，要用封箱带把包装箱密封好，以保证既防水又不易破损。

（5）在寄出贵重商品时，为了在丢件时能够得到相应的赔偿，商家必须保价，确认好保价费与保险公司。

（6）告诉客户在收到商品时，必须当面验货，否则不要签收。因为如果签收后才发现商品有问题，快递公司就可能不会赔偿。

复习思考题

一、名词解释

1. 直播粉丝营销
2. 直播销售话术

二、简答题

1. 讲解商品的方式有哪些。
2. 直播间互动的时候，怎样才能做到语言有特色？
3. 直播间的 5 步销售法包括哪 5 步？
4. 如何进行直播数据整理和处理？

第5章 主流直播电商平台运营实战

学习目标

- 了解淘宝直播的优势；
- 掌握快手直播的规范；
- 了解抖音直播的优势。

学习重点、难点

学习重点：

- 淘宝直播的操作；
- 快手直播的操作。
- 抖音直播的操作；

学习难点：

- 淘宝直播营销；
- 快手直播营销；
- 抖音直播营销。

5.1 淘宝直播

5.1.1 淘宝直播认知

1. 淘宝直播概况

2003 年 5 月 10 日，由阿里巴巴集团投资创办的淘宝网成立。淘宝网是深受网民欢迎的网购零售平台，2021 年 5 月，淘宝月活跃用户数量约 7.5 亿，商家数量超 1000 万。

2016 年 5 月 12 日正式上线的淘宝直播，是阿里巴巴集团推出的依附于手淘 App 的直播购物板块，目的是完善淘宝平台内容生态布局。淘宝主播作为线上导购员，通过直播为用户进行商品推荐，直播内容包括服饰、美妆、乐活、美食等。定位为消费类媒体的淘宝直播丰富了线上商品的展现形式，拓展了买卖双方的沟通渠道，提高了商家为用户即时服务的效率。用户通过淘宝直播，可以在不退出直播间的情况下，查看商品详情页，并且一键下单就可以购买直播间商品。

2. 淘宝直播的优势

1）淘宝直播自带“交易属性”

用户在进入直播间前，实际上就已经具有一定的消费目的了，可能是对某个商品感兴趣，也可能是想先“逛逛”，再决定是否购买商品，这样的心理使得用户更加容易接受直播的商品推荐。此外，由于网红和明星具有非凡的引流能力，并被用户认可和喜爱，所以，很多淘宝商家在直播时都喜欢邀请明星代言，或者借助网红直播间推广自己的商品，受益于明星和网红惊人的引流效果，通常会创出超高的购买转化率。例如，2018 年“双十一”期间，李佳琦直播间 5 分钟销售了 15 000 支口红。利用明星和网红刺激销售已经成了非常高效的营销推广手段。

2）创造高效、高质量的互动体验

相较于电视直播，电商+直播很好地解决了信息单向传播的问题。主播在直播的同时，可以与用户进行互动，即时解答用户的问题，通过观察用户的状态及时调整直播内容。相较于传统的电商在线客服互动方式，直播间的互动会更加及时，并且比文字回复和纯音频回复更加直观、清晰和高效。此外，直播的信息传播不仅仅局限于主播的语言传播，还有直播间公告、商品链接等多种传播手段，提高了互动的质量和效率。

3）提供更加真实的信息和体验

传统电商商家在购物界面提供商品照片时，所选用的模特形象好，并且拍摄的场景和灯光经过精心布置，后期照片还会进行修饰。但在用户拿到实物商品后，却很难再现商家描述的那种美感和效果，所以，用户对商品的宣传信息就会产生质疑。而直播在一定程度上解决了这个问题，直播间都是实时播放，虽然灯光和场景等都经过布置，但因为无法进行现场修片，所以提高了商品信息的真实性。此外，通过主播的现场展示、示范等方式多方位地呈现商品详情，也会提供给用户更真实的购物体验。

4）烘托购买气氛

在淘宝直播间，如果有用户通过直播间进入商品链接页面，那么在其他用户观看的直播界面上，就会显示“×××正在去买”的消息，即使这名用户仅仅是单击链接浏览商品，并没有做出实际的购买行为。在一定程度上，这种方式无疑会烘托出非常浓厚的购买气氛。此外，主播在直播间会通过发放优惠券联合限制购买数量等方式，营造出商品似乎供不应求的假象。这些都会引发用户的从众购买和冲动购买行为。

3. 淘宝直播的传播要素

1）直播主播

（1）直播主播的身份定位。

① 店铺的商品导购员。淘宝直播平台其实提供的是线上和线下交叉的购物体验。在这个平台上，主播通过自身的体验，如商品外观、材质手感、使用效果等，从多个方面立体地展示商品的每个细节和功能，以引起用户的共鸣，继而引导用户在看直播的同时，完成商品的购买。主播还会通过电脑、手机在平台上与用户进行互动，针对用户提出的问题，如商品的使用效果如何，是否有不舒服的感觉，商品的原料、做工、是否有色差等，主播都会根据自己对商品的了解和把握，给出自己的答案。从这个层面上看，作为主要信息传播者的淘宝主播其实类似于线下实体店中的导购员。显然，淘宝主播比实体店的导购员更有吸引力，他们的上岗条件也更高一些。

在淘宝直播平台上，开通直播权限需要获取大 V 认证，只有获取大 V 认证后，才能进行直播，而大 V 认证需要主播必须是创作达人，这就要求主播需要积累 1 000 名以上的粉丝，这样主播在开通直播权限后，才可以保证自己的直播间内，有一定数量的粉丝前来观看。由此可见，这些直播主播在淘宝平台或其他社交平台上拥有粉丝群体，发表的言论和观点具有一定的影响力，所以这类主播属于意见领袖型的商品导购员。

② 用户的咨询专家。淘宝主播获取收益的方式有两种，一种是通过完成直播平台发布的任务获取收益；另一种是通过直播销售商品，获取提成。提成 = 消费者购买单价 × 销售数量 × 抽成比例。显然后一种方式主播获取的收益更高。因此，大部分主播会尽可能通过对自己能力的挖掘，寻找更多的机会活跃在各大社交媒体平台上，通过吸引更多的粉丝提高自己的商业价值，从而获得商家的青睐。

很多淘宝主播在直播过程中，大多以商品初次试用者或某行业专家的身份对商品进行客观点评，即把自己打造成用户和商家之外独立的第三方，而不只是“王婆卖瓜”式的一味吹捧夸赞。这样，用户在观看直播的过程中，会发现主播的观点是从专业角度出发的，较为客观，因此会更加容易接受主播的意见。

为了提升自己的形象，大部分主播在直播时除了介绍和点评商品，还会向用户普及一些基础知识，增添自己的知性魅力，从而得到用户的认同。例如，在彩妆频道，主播会介绍自己日常使用的一些其他彩妆品牌，这些品牌分别有什么优点和缺点，并且会教用户如何针对自己的脸型进行化妆、每个化妆步骤中的注意事项、化妆时可能会出错的手法、卸妆部分的操作小技巧等。在化妆示范的过程中，巧妙地将自己推荐商品的介绍融入其中。

用户在观看彩妆频道的直播时，一方面可以更多地了解不同的彩妆品牌；另一方面，可以学到一些化妆技巧和手法，还可以在观看过程中直接向主播提问，就自己平时化妆过程中可能存在的一些问题向主播咨询。如果有自己没看明白的操作步骤，还能要求主播再次示范或答疑解惑。

因此，在淘宝直播平台上，很多主播不仅是商品导购员，更是众多用户在购物过程中的咨询专家。他们在直播中不仅介绍商品，还会介绍最新的流行元素，为用户提供指导意见。

（2）淘宝主播的特点。与最开始的秀场主播、游戏主播相比，淘宝直播平台上的主播不仅要充分发挥自己的个人魅力，以吸引更多用户的注意，并通过对其情绪的调动，将这种注意力转化为购买力，还要在直播前做好充分的准备工作，尤其要熟知商品的详情，以便在直播时能够快速解答用户提出的问题，淘宝主播由此形成了以下显著的特点。

① 语言口语化。淘宝直播节目主要是介绍各类商品，因此，淘宝主播在直播过程中，不需要使用过于书面或过于严谨的语言，只需要使用通俗的话语，将商品详情解释清楚即可。由于每次直播可能需要介绍的商品有十几件，甚至三五十件，也为了尽可能满足每位用户对多种商品的观看需求，大部分主播的语速都会比较快，有经验的主播还会逐渐形成一种固定的介绍套路，使用一些商品的标签性描述词，常用的标签性描述词有休闲风、职场风、学院风、复古风，棉麻布料、雪纺材料、仿羊绒材料、环保人造毛材料，手工刺绣技术、手工钉珠技术，1∶1 高仿真打版，显瘦、修身、显高等。其实，人们在日常购买衣服的过程中，也经常会听到导购员这样表述，这是比较生活化、易被用户接受的言谈风格。

② 销售能力强。由于淘宝直播的宗旨是引导商品消费，因此，在淘宝直播平台上，对主播的考核更注重他们的销售思维和销售能力，颜值和才艺表演并不重要，很多其貌不扬的主播用朴实的语言也能成功吸引用户的注意。很多用户认为这样的主播值得信任，自然对主播推荐的商品也极认可和信赖，直播的转化率和商品的销量数据就会很优异。淘宝主播如果能够把握好用户的消费心理，掌握一定的销售技巧，拥有较强的销售能力，就可以轻松地把观看视频的用户注意力转化为购买力，为介绍的商品提高销量，自然就能获取较高的收益和商家的青睐。

因此，很多淘宝主播会自发学习销售知识，熟悉自己直播所需要介绍的商品的优缺点，不断揣摩用户的购买心态及商品与消费需求的符合程度。与实体店中一对一的销售方式不同，淘宝主播主要采用一对多的形式进行销售，尽管隔着屏幕，他们也会将商品的优点和一些图文难以展现的细节表述得清楚明了，并且利用积极配合主播的那些活跃用户，调动起观看直播的其他用户参与购买的热情，或者通过营造出多人抢购的虚拟场景，让那些犹豫不决的用户尽快下单完成购买。

③ 运营能力强。淘宝主播在直播过程中，不仅需要介绍商品、展示商品、回答问题，还需要做好下播后的一系列后续运营工作，包括联系合作商家提供直播反馈、商谈下一步的商务合作意向、确定下期直播节目的营销商品、熟知商品的详细信息、处理忠实粉丝在社交平台上的留言、编写下期直播节目的文案、策划下期直播节目的主题，布置直播场景、联系粉丝后援会、在社交平台上发布个人信息，以维护自身活跃度和粉丝忠诚

度等。因此，淘宝主播不仅要有正常的交际能力、销售能力，还要有运营能力，如商务谈判中的谈判能力，团队运营中的招新、维护和转化能力，文案创作能力等。

④ 有耐心和服务精神。淘宝主播在直播过程中，需要快速流利地介绍商品，还要不停地解答互动用户通过评论区提出的问题。用户并不都是从直播一开始就进入直播间的，有的是在直播过程中，随着自己的喜好选择进入或退出直播间的。所以主播对于商品的同一个问题可能需要反复回答好几遍，这就需要他们有足够的耐心，回答用户的重复提问，不厌其烦地多次展示同一件商品，还要适时地安抚在直播间已经看过该商品介绍的其他用户。主播只有具备足够的耐心和服务精神，才能让用户切实感觉到主播的感染力和号召力，才能够形成良性循环，吸引更多的用户进入直播间观看商品推介，甚至成为主播的忠诚粉丝，这样用户注意力到购买力的转化率就会自然得到提升。

淘宝直播平台让商家与淘宝用户间的信息传送从原始的单向传输改为双向交流，对主播的号召能力要求自然也就更高，这就需要淘宝主播不仅要有爱岗敬业的精神，努力钻研和学习销售技巧，还要设身处地地为用户回答和解决问题，并且在其他社交媒体平台上，多多输出粉丝喜闻乐见的、能展现主播个人魅力的信息，以增强自身对粉丝的黏性。

2）传播形式

（1）立体直观。与传统的页面文字、图片和短视频的静态展示相比，淘宝直播视频内容更丰富，形式更立体动态，商品形象更直观具体。在淘宝直播中，加入了实时互动环节、商品实际使用汇报环节等，让直播内容更丰富。用户在购买前对商品的印象会更加深刻具体，观看淘宝直播的用户可以在优美的音乐环境中，自主查看一些主播事先录好的商品使用操作步骤及注意事项；也可以在有疑问时，随时在直播间与主播进行沟通提问。

在直播过程中，其他观看的用户也可以看见和听见这些互动内容，即使不想自发地提出问题，也可以获取主播对他人提出问题的回答，以解答自己的疑惑。另外，用户在直播界面的左上角，还可以直接看见其他淘宝用户的商品购买信息的弹幕闪屏提示，让他们了解其他用户对商品的认可程度。主播的商品推介词、其他用户的购买信息、评论区用户的积极互动，这一系列信息的交汇传播，让观看直播的用户的感受更加真实、形象，直播间为用户营造了一个更加立体直观的购物场景。

（2）手段多样。为了吸引更多的用户前来观看直播，淘宝直播平台在直播间里增加了更多的功能，如小礼物红包打赏、商品喜爱程度投票、优惠券发放等。在观看直播的过程中，用户可以听到主播的声音、看见主播的容貌和动作，可以为心仪的主播投票和打赏，还可以在直播间通过完成几个小任务，享受到一些直接购买享受不到的购物优惠。例如，观看时长达到 10 分钟、20 分钟、半小时，发布 10 条、20 条互动评论，送出 5 个小礼物，完成关注主播的直播间等任务，即可领取不同额度的商品购买优惠券。这些多样化信息传递手段，极大地丰富了用户的视觉和听觉，让用户能够更加全面地了解商品，并且在极其逼真的购物氛围中，降低了对在电商平台上购物的不信任感，直播间里小额优惠券的发放，更是加快了用户边看边买的节奏。传播手段的不断创新和改善，也让淘宝直播平台变得更有趣味性、更有活跃度。

3）传播内容

（1）UGC 和 PGC 并存。用户生产内容（User Generated Content，UGC）指用户原创内容。专业生产内容（Professional Generated Content，PGC）指内容个性化、视角多元化、传播民主化、社会关系虚拟化。

大部分直播平台作为运营媒介，其自身是没有内容生产的，主要是通过网络主播上传作品或进行直播，从而产生内容。但在淘宝直播平台上，传播的内容分为 UGC 和 PGC 两类，其中，UGC 的占比相对较大，主要是依靠主播和商家上传与直播商品相关的信息，并且会通过发放红包、小额优惠券等形式，吸引用户进入直播间观看直播节目。

目前，虽然 PGC 的输出相对较少，但被认为是今后淘宝直播发展的一个大的趋势。PGC 主要是通过淘宝直播平台和商家联合制作，其内容更为精致，用户观看直播时，感受到的趣味性和互动性也会更强。

（2）分类和场景的多元化。淘宝作为目前国内最大的电子商务平台，其上架商品的多元化让淘宝直播平台也分为不同的单元，每个单元的内容各不相同，目前主要有美妆、买全球、穿搭、真惠选、美食、旅行、珠宝、亲子、生活等，能够满足不同年龄、不同性别、不同消费水平的用户在网购消费上的需求。

随着淘宝直播平台的不断发展和用户观看直播需求的不断变化，直播也不再拘泥于事先布置好的直播间内，而是让主播在更具有场景化的现实环境中进行直播。例如，在美食单元，主播会向观看直播的用户展示在街头巷尾发掘出的特色美食，或到山上挖冬笋、野菜等；在买全球单元，主播会挎着购物篮在国外的商场或超市里，直播选购商品、排队结账的过程等，实现了直播与多元化场景的融合，极大地提升了观看直播的用户对海外代购的感知度和信任度，为他们带来了更加有满足感的观看体验和购物体验。

（3）虚拟社区化的用户评论。淘宝直播的内容除了淘宝主播传播的商品推介信息，还有观看直播的用户与主播的互动信息。观看直播的用户在评论区发布的互动信息，形成了一个 UGC 虚拟社区。在淘宝直播平台的用户评论区中，评论成员的流动性较大，大部分用户是出于对某一商品的好奇心或对主播的喜爱而临时聚在一起，并通过评论区进行讨论，提出问题、意见和想法。

每个观看直播并参与评论互动的淘宝用户不再只是被动的信息接收者，而是转变为主动的信息传播者，用户的信息接收者和传播者的身份不由自主地融合在了一起。尽管观看直播的用户在不违背互联网言论发布准则的情况下，可以自由发表评论，但作为电商直播平台，商品的成交量和销售额才是淘宝直播平台、淘宝商家和淘宝主播的最终目标，所以主播和管理员在直播的过程中，也会对评论区的话题进行一定的引导，避免评论区的话题偏离电商主题。因此，评论区通常作为观看直播的用户对商品进行咨询和提问的对话框存在。

4. 淘宝直播营销

1）淘宝直播营销的特点

淘宝直播与电商直播和秀场直播有所不同，淘宝直播建立在秀场直播的基础之上，通过点赞、互动的模式，将商家所有的商品、店铺品牌和营销模式进行有效的整合，进而形成一种全新的商业营销模式。这样的商业营销模式能够在最短的时间内，将电商与淘宝直播内容进行有效的衔接，增加与用户的交流和互动。这在一定程度上能有效降低商家的成本，同时能积极扩展销售渠道，还能使淘宝上大大小小的店铺拥有属于自己的粉丝，进一步提升淘宝店铺成交转换率。

“边看边买”是淘宝直播定位的关键点，它能有效弥补传统网购的不足。例如，在传统网购中，用户只能通过主页详情观看商品，导致用户最终收到的商品与商家主页上售卖的商品有所不同，存在色差、大小不一致等问题。而淘宝直播刚好能够有效解决这类问题，用户不仅能够更加直观地观看商品，还能看到商品的细节。通过主播的介绍或试用，用户可以更加直观地感受到商品，从而产生购买欲望，使购买转化率得到提升。

2）淘宝直播营销的应用

目前，淘宝直播分为明星直播、红人直播、草根直播。若是大型企业想开直播间，可以选择明星直播；若是中小型店铺想开直播间，那么，使用草根直播和红人直播比较合适，红人直播是中小型企业推广产品的最佳选择，促使淘宝红人在最短的时间内推销产品；若是使用草根直播，企业将节省大量成本，而且草根通常有比较强的可塑性和可控性。

3）淘宝直播营销策略

（1）准确定位店铺市场范围。若想精准定位店铺市场范围，首先就要寻找适合的用户群体，选择好商品，再进行直播。淘宝每家店铺都有属于自己的市场目标和市场范围，可以通过商品的销量及用户群体的反馈及时找到淘宝店铺在市场上的定位。如销售水果的淘宝店铺，在淘宝直播的时候，就应该重点关注当季水果、特色水果及营养价值比较高的水果，以此吸引更多的用户，提高店铺商品的销售量。

（2）加强主播和用户的互动效果。互动性是主播综合素质的体现，能够制造用户的参与感。互动性分为 3 点：一是专业性，即主播对商品掌握的程度，当主播对商品掌握得更为全面时，在一定程度上能够促使用户对主播产生好感；二是趣味性，在淘宝直播过程中，主播不能让用户感觉太过无聊、枯燥乏味，要充分发挥语言的幽默性，和用户多进行一些互动，这样才能逐渐拉近与用户间的心理距离，促使用户对主播产生信任；三是真实性，在直播中能够让用户产生共鸣，可以是语言共鸣、经历共鸣或情感共鸣等。很多用户非常愿意配合主播做一些小互动，主播不需要讨好用户，而是要和用户交朋友，说话语气要平和，不要太过于激动或言辞激烈，应采用最佳的交流方式。主播还可以借助丰富的动作和表情吸引用户。由于直播注重视觉效果，所以，在直播中不仅要借助语言，还要借助动作与表情，而且表情和动作比现实生活中要夸张很多，这样用户才能够及时接收主播传达的信息，加深对主播和商品的印象。

（3）秒杀与优惠。“秒杀”“评论抽奖”是淘宝直播中最常见的营销方式，也是开播的不成文规定，还是促销和成交转换的重要方式。通过在淘宝直播中发放优惠券或秒杀，不仅可以吸引用户，同时还能够和用户保持互动，促使直播间的气氛更加活跃、火热，为淘宝店铺带来更多的经济效益。

5.1.2 淘宝直播入口与操作

1. 淘宝直播入口

用户可以在淘宝 App 商品的详情页看到该商品的直播信息，页面上会显示“直播中”字样，如图 5-1 所示，也可以下载点淘 App 观看淘宝直播。点淘 App 首页如图 5-2 所示。

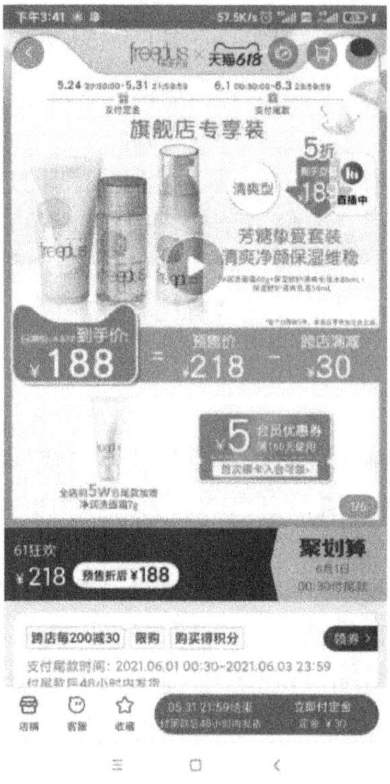

图 5-1 使用淘宝 App 观看淘宝直播

图 5-2 点淘 App 首页

淘宝直播基于淘宝平台自身的品牌、流量、商家和商品库，通过帮助主播、商家向用户提供实时互动的视频内容，创造了有吸引力的消费场景，已经成为直播营销的重要渠道。

2. 点淘直播操作步骤

（1）下载点淘 App 并打开，单击【我的】模块，可以选择【淘宝快速登录】、【支付宝快速登录】或者【手机快捷登录】登录方式。这里以【淘宝快速登录】为例进行介绍。

（2）单击【淘宝快速登录】选项，在出现的授权界面上单击【确认授权】按钮，如图 5-3 所示，登录成功后系统会跳转到点淘首页。

（3）在【我的】模块单击右上角的【更多】图标，在出现的界面上单击【创作者中心】模块，如图 5-4 所示。填写创作者个人信息。

（4）填写好创作者个人信息后，单击【去开播】按钮，就可以开启直播了，如图 5-5 所示。

图 5-3 确认授权

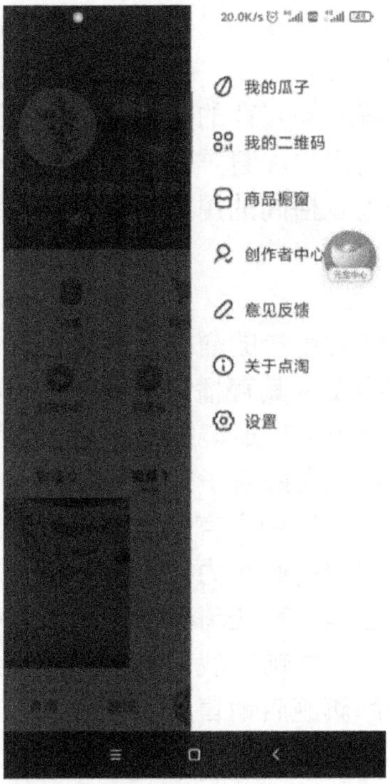

图 5-4 单击【创作者中心】模块

图 5-5 开启直播

5.1.3 淘宝直播案例

淘宝的头部主播中，知名的有李佳琦和薇娅等，下面以李佳琦为例，对他的直播技巧进行分析。

李佳琦是淘宝直播平台上一个极具代表性的主播，他的直播有很多过人之处，虽然复制他的成功很难，但是学习他的直播方法，让自己变得更优秀是完全可行的。李佳琦直播主要具有以下亮点。

1. 塑造专家形象

提起李佳琦，人们首先就会想到卖口红、在直播间里为女士推荐各种化妆品的那个人。在用户面前，李佳琦就是一个“男闺蜜”的形象，他会以亲和的态度为用户推荐各种高性价比的商品。

当然，用户对李佳琦的信任不只是因为他“男闺蜜”的形象，更是因为他在美妆领域的专业性，“美妆领域的专家”正是他精心为自己打造的人设。化妆品专柜美妆顾问出身的李佳琦对美妆类商品十分熟悉，在直播时，他并不只是单纯地向用户推荐商品，还会讲解一些化妆、护肤方面的专业知识，让用户在观看直播的时候增长美妆知识。例如，在推荐某款商品时，他讲解了什么是点状遮瑕、片状遮瑕，以及点状遮瑕和片状遮瑕分别如何操作等。这类知识性的内容恰好是用户需要的，他们也更愿意去耐心地聆听。李佳琦在讲解这些内容的过程中，把自己塑造成了美妆领域的专家形象。

2. 直播时保持亢奋的状态

李佳琦直播时，始终保持着一种亢奋的状态，全程语速快、音量高，并且在说话的时候情绪非常饱满。直播间里的用户隔着屏幕都能感受到他满满的激情与热情，很容易被他的热情感染。即使中途进入直播间的用户，也能快速地被他吸引。

3. 直播话术极具感染力

李佳琦总是用几句话就能唤醒用户的需求，消除用户的顾虑，促使他们快速下单。通过观看并分析他的直播，就会发现其直播话术具有以下特点。

（1）标签化的直播用语。李佳琦有很多独属于他的直播语言，如“我的天啊”“买它，买它，买它”“所有女生”“颜色也太好看了吧”“Amazing”等。这些语言极具特色，很容易激发用户的消费欲望。同时，这些语言也成为李佳琦的专属标签，人们一听到这些话就会想到李佳琦，有效提升了他的影响力。

（2）巧妙运用人们的从众心理。李佳琦善于运用话术引发人们的从众心理。在直播中，李佳琦经常使用“这款商品，之前在我们的直播间已经卖了 10 万套了”“这款商品在直播间开卖之前，已经在品牌旗舰店销售 2 万份了”“这款商品开卖之前，已经有 10 万人加购（提前将商品加入购物车）了”……

（3）构建场景。李佳琦擅长利用场景引导用户的需求，在讲解商品时，他会将商品的卖点应用到一个个具体的场景，带动用户的思维进入这些场景中，使他们觉得在这个场景下，很有必要使用这款商品。

例如，在讲解某款驱蚊贴时，李佳琦这样说：“小朋友晚上出去玩，家长把这个贴在小朋友的袜子上，可以避免蚊子叮咬小朋友的小腿。”在形容某款香水的味道时，他这样说：“……下过小雨的森林里的味道。”虽然这些讲解中没有华丽的辞藻，但是每句话都极具场景感，能够充分调动用户的想象力，激发其认同感，进而促进商品的成交。

（4）用通俗易懂的话讲解商品。在讲解商品的成分或功效时，李佳琦通常不会使用那些高级专业的词汇，而是用通俗易懂的话对商品进行降维解读。例如，“一遇热水就泛红，一用精华面霜皮肤就红肿的女生在不在？爱长痘痘的女生在不在？长了痘痘有粉色痘印的女生在不在？我给你们推荐一款李佳琦自用的修复精华液，如果你的肌肤闹情绪，它可以让肌肤的小情绪都舒缓下来。”

（5）用“自用款”做担保。为了证明某款商品真的好用，李佳琦在讲解商品时，会说“我已经用了好几盒了，出差也天天带着”“李佳琦自用款”“这个是佳琦一直在用的商品”之类的话。有时候他还会在直播间现场下单购买直播间里的商品，这样会让用户觉得李佳琦与自己在同一个立场，都是消费者，也就更相信他推荐的商品。

（6）放大价格优势。在介绍商品价格时，李佳琦也有自己独特的方式。他会先报出商品在线下专柜或线上旗舰店的原价，再说出这款商品在直播间里的价格，然后又通过承诺赠送超值赠品的方式，刺激用户的购买欲望。

（7）营造紧迫感。李佳琦擅长在直播间里引导和控制销售节奏。他通常会将商品分 3～4 次上架，每次上架的商品销售完以后再补货。例如，某款商品备货 1 万件，第一次上架 2 000 件，销售完以后再上架 3 000 件，第二次上架的商品销售完后再接着上架……

在直播过程中，他会随时播报商品的销售情况，用“卖完了”“最后 20 件”“卖完就没了”等表述营造商品销售火爆的场面，他还会播报商品余下的库存“500 件、300 件、100 件……没了”，为用户制造紧张感。

4. 借助各类道具作为辅助

在直播过程中，李佳琦会使用各类道具作为辅助，让自己的解说更加直观、易于理解。例如，在说到直播间里某款商品的折扣力度大时，助理经常会拿出准备好的照片展示线下专柜的价格，或者用手写卡片说明直播间里某款商品的销售价格相当于几折优惠，让用户直观地看到直播间的优惠力度。当说到领券购买更优惠的时候，助理通常会使用手机或平板电脑，向用户演示领优惠券的方法。当讲解到商品的功能时，只用语言来描述可能难以解释清楚，这时李佳琦会借助手绘板或品牌方提供的视频进行辅助说明。例如，在讲解某款电热器时，他就使用了电热器品牌方提供的视频，解释该款电热器的制热原理。

5. 讲解商品的方式多样化

李佳琦每场直播推荐的商品多达几十种，在对商品进行讲解时，他会根据商品的不同卖点，采取不同的讲解方式，以减少商品讲解形式的重复感，让直播变得更有趣、更好看。

（1）现场试用。李佳琦在讲解商品时，经常会亲自试用，并向用户展示商品的使用效果。例如，将口红涂在手背、手臂或直接涂到自己的嘴唇上进行试色。除了自己试用商品，他还会让助理和其他同事试用商品，李佳琦的妹妹、妈妈偶尔也会出现在直播间，作商品试用模特。通过现场试用商品，可以让用户直观地看到商品使用后的效果，加强了商品讲解中的视觉传达。

（2）展示商品细节。在讲解食品类商品时，李佳琦非常注重展示商品的细节。例如，打开食品包装后，他会将食品放到镜头前展示细节，然后介绍该食品的多种吃法，并现场试吃，边吃边描述该食品的味道、口感等。在视觉与听觉的双重刺激下，观看直播的人仿佛隔着屏幕都能感觉到食品的美味，让人忍不住想要下单。

（3）趣味试验演示。除了真人现场试用商品，李佳琦还经常在直播间里做各种趣味试验，以此展示商品的某种特性。例如，直播间的某粉霜使用了带有 900 多个细密小孔的仿生膜，在让用户轻松取粉的同时可以隔离空气，能够保持粉霜的活性。为了体现该仿生膜隔离空气的功能，李佳琦在介绍时将仿生膜取出，并在上面倒了一些水，结果水没有从小孔中漏出，他就是这样通过现场试验的方式，证明仿生膜的有效性。通过趣味试验，李佳琦不仅直观地展示了商品的特性，还增强了直播的趣味性，从而延长了用户在直播间里停留的时间，而用户在直播间停留的时间越长，就越可能产生消费行为。

（4）善于讲故事。在直播过程中，李佳琦并不只是向用户推荐商品，他还会和用户分享一些直播背后的故事，采用聊家常的方式拉近与用户的心理距离。例如，他会讲自己与品牌方砍价的故事，和用户分享自己或身边的人使用某商品的故事等。

6. 正直的态度

李佳琦会站在用户的角度推荐商品，不会鼓励用户盲目地购买商品，而是建议用户只购买自己需要的商品，对于自己不需要的商品不要冲动购买。在推荐商品时，他会告诉用户该商品适合什么样的人购买，哪些人不建议购买。

李佳琦还会向用户强调有些商品不需要买太多。当某个链接中包含多个商品选项时，例如，同一个链接中包含不同色号的口红、粉底液等，他会挑选出“李佳琦推荐的色号”，告诉用户可以从他推荐的色号中挑选适合自己的，其他的色号就不需要购买了。李佳琦经常呼吁用户购买化妆品时，不要单纯地追求国际知名品牌，平价品牌的商品也会有精品，帮助用户花最少的钱买到最适合自己的商品。正是因为李佳琦这种正直的态度，他推荐的商品才会让用户觉得客观且可信。

7. 轻松、愉快的直播氛围

在李佳琦的直播间里，还有两个非常重要的角色——他的宠物狗和助理。很多时候，在直播一开始，李佳琦会先让宠物狗和用户打招呼，例如，让宠物狗做一个“拜一拜”的动作，以感谢用户的支持。在直播过程中，李佳琦会不断地让宠物狗与用户互动，让直播间里的氛围非常轻松愉快。此外，在直播过程中，李佳琦的助理在配合他进行商品展示时，还经常会和他聊聊天、斗一斗嘴，与用户进行互动，这也增加了直播的趣味性。

8. 及时回复用户的提问

在直播过程中，李佳琦会及时回复用户的留言，不论是关于商品，还是关于优惠券、购买方式的问题，他都会快速回复。

9. 定式化的直播内容

李佳琦每天晚上 8：15 开始直播，在每场直播开始前的十几分钟，他都会先介绍本场直播中将展示的商品，让用户提前了解本场直播中是否有自己需要的商品，并决定自己是否继续观看直播。

此外，李佳琦直播中还有一个必不可少的环节——试用口红。每场直播中，李佳琦会为用户试用 1～3 个品牌的口红。开播预告和试用口红已经成为李佳琦直播中定式化的内容，也是他独有直播风格的体现。

10. 二次传播，放大直播效果

李佳琦会采取多种方式对直播进行二次传播，以放大直播的效果。例如，他会将直播画面录制下来，制作成直播回放视频，并将其发布在淘宝直播和微博上，错过直播的用户可以通过观看直播回放，了解某场直播的内容。他还会截取直播中比较有意思的片段，将其制作成短视频，发布到抖音、快手、哔哩哔哩等平台上。

在微信上，李佳琦会通过微信公众号发布每天的直播预告，向用户预告当天直播的商品。此外，他还会将直播间里的商品按照一定的分类标准，做成好物合集，再次向用户“种草”，让直播形成二次传播，放大直播效果。

11. 深耕社交，多平台“圈粉”

李佳琦在微博、微信、抖音、快手、小红书、哔哩哔哩等平台都注册了账号，通过多平台“圈粉”，持续提升自身的影响力。

微博平台是李佳琦与用户进行互动的主要平台。在微博上，李佳琦会发布直播预热信息，为直播间“引流”。他还会通过发起抽奖活动、投票活动等多种方式与用户进行互动。

在抖音、快手、小红书等平台上，李佳琦侧重发布一些由直播视频剪辑制作的视频片段，或是直播预热视频。而在哔哩哔哩平台上，李佳琦则侧重发布一些记录日常工作和宠物狗日常生活的短视频。

5.2 快手直播

5.2.1 快手直播认知

1. 快手概况

快手 App 是北京快手科技有限公司旗下的产品。快手 App 的前身，叫“GIF 快手”，诞生于 2011 年 3 月，最初是一款用来制作、分享 GIF 图片的手机应用。2012 年 11 月，快手 App 从纯粹的工具应用转型为短视频社区，成为用户记录和分享生产、生活的平台。后来随着智能手机的普及和移动流量成本的下降，快手公司于 2015 年迎来市场行情。2019 年 12 月 25 日，中央广播电视总台与北京快手科技有限公司在北京举办联合发布会，正式宣布快手公司成为 2020 年春节联欢晚会独家互动合作伙伴。2020 年 6 月 6 日上午，快手公司宣布智能云大数据中心项目落地内蒙古乌兰察布市，投资达百亿元，预计 2021 年年底投入使用。

2. 快手运营

1）快手市场定位策略

快手一直走接地气、平民化的风格，定位于“记录、分享和发现生活的平台”，拉近了人与人之间的距离。时任快手 CEO 宿华说，快手定位的用户是“社会平均人”，即三四线城市的普通人。多年来，快手一直专注于普通人的生活，为普通人提供展示自己的舞台。快手的用户多是身处社会底层却怀有梦想的人，短视频内容涉及城市、县城、村镇人民的生活百态，从手掌劈砖、鸡蛋雕刻的一技之长到搬运水泥、维修汽车的工作展示，是真正意义上的生活短视频社交平台。其宣传语从曾经的“快手，有点意思”“让世界一起见证你的美妙瞬间”“记录世界记录你”“快手，记录每一种生活”，到如今的“拥抱每一种生活”，宣传语的变更体现了快手的发展，它让用户的行为从记录自己转变为向世界分享、证明自己，平凡的人都能在快手中体会到小生活都是值得被记录的事件。快手旨在打造一个真实有趣的世界缩影，平台内每天创造数百万条原创视频，内容在合法原则下不设限制，涉及生活各个方面。在快手，人们可以找到喜爱的内容、结识兴趣相投的朋友、看到更有趣的世界，还有更多的用户发现了真实有趣的自我。

2）快手产品设计特点

（1）交互界面。快手界面以白色和橙色为主色调，白色底、橙色字，整体的暖色调与贴近大众的感性诉求十分契合。每个短视频以图片加字幕的封面形式整齐排列在快手的主界面，用户可根据封面选择喜爱的短视频进行观看，选择后单击就能播放短视频。

在短视频的播放界面，快手采用全屏沉浸式，点赞、分享、关注等操作按钮透明状浮在最上端。值得一提的是，快手将举报功能单独放在功能栏上，用户可直接选择举报、减少类似作品或加入黑名单。在交互功能上，有双击点赞、右滑进入短视频制作者的个人主页等快捷操作方式，快手的评论功能直接放置在短视频播放界面的最下端，用户可以在观看视频的同时输入评论。

（2）核心功能。快手的拍摄功能拥有 5 种录制速度、多段混剪功能、贴纸道具、美颜效果、滤镜效果、画面特效与时间特效等。受到音乐短视频的启发，快手添加了背景音乐功能，背景音乐可从曲库选择添加或直接选用原音录制，也可以后期录音和配音。但快手的音乐曲库并不丰富，只有 8 种类型，分别是流行、伤感、DJ、动感、浪漫、怀旧、神曲和纯音乐，且音乐曲库只能从拍摄完成后的制作功能栏进入，可见快手仅将音乐作为短视频后期加工的一种辅助功能，可有可无。

在制作功能方面，快手支持在短视频的每一帧中添加动态涂鸦特效、文本和字幕。涂鸦特效包括星星、香吻、火、桃花、心、气球等，选择涂鸦特效后画一画，所画之处便有这些特效自由坠落的效果，十分浪漫和梦幻。快手中的许多短视频创作是采用原音录制的，因此，字幕功能不仅可以为用户进行实时提示，避免内容被曲解，也适用于主播完成对口型类短视频，提醒用户每句话的内容，避免被遗忘。短视频录制完成后，用户可选择视频中某一帧作为封面，并添加可选样式的文本标题。

（3）特色功能。除了传统的拍摄功能，快手还拥有 K 歌和快手课堂等特色功能。

K 歌功能能让用户在专业伴奏下一展歌喉，可以选择唱完整支歌、最热片段或自由截取。用户既可以保持神秘单独录制音乐，也可选择 MV 模式，边唱边拍摄视频。在音质方面，用户可对自己的声音进行混响、变声和调节音量等修饰。此功能不仅让 K 歌更有趣味，满足了有人“唱歌给你听”的听众需求，而且能激发用户进行内容创作的热情，让用户通过记录歌声、传递动听音乐获得幸福感，可满足用户通过音乐表达情感的需求。

快手课堂内含付费课程，内容覆盖面广，包涵音乐、教育、职教、电商、农业、摄影、书法、美食、生活等共 15 大类。授课者多为细分领域的专家用户，课程内容多为用户从实践磨炼中总结出的知识、经验和技能等，课程的目标对象是缺乏系统化学习机会和高额学费的普通用户。此功能将许多拥有梦想的用户聚集在一起，带来了知识和技能的跨地域、跨年龄流动。相比精英人群熟悉的知乎，快手课堂定位为“每位快手老铁都能参与和发展的社会大学”,各行业有经验的快手用户能利用此功能将知识传授给有需要的用户，以此解决不同地域信息不对称、教育资源不平衡的现状。

3）快手内容生产与分发

快手采用的是 UGC 型内容生产机制，用户都是非专业人士，既是内容的浏览者，也是内容的创作者。这种内容生产机制让快手的社区属性更强，短视频作为社区的内容载体，承载了用户进行自我展示和了解他人的功能，以此建立起用户自愿融入的社区关系，强调人与人的关系纽带。

快手的内容分发是基于深度学习的人工智能算法推荐机制。用户发布短视频后，平台会在同城页面进行展示，并按照发布时间的先后顺序排列。当短视频播放、评论、点赞达到算法规定的阈值后，该短视频就会登上平台的推荐主页中。人工智能对用户的观看数据进行分析后，利用其强大的算法匹配能力，将其感兴趣的内容精准地推荐给用户，降低用户挑选内容的时间成本。

平台还会权衡短视频的发布时间。短视频发布初期热度逐渐提高、曝光机会增多，但当热度和发布时期达到规定阈值后，为了“择新去旧”，其曝光机会将不断降低。设置时间权重能让最新发布的内容有平等机会被分发推荐，从而增大每位用户被关注的概率。总之，快手推荐机制主要依据用户喜好，用户看到的短视频内容都是潜意识里自己想看或感兴趣的内容。

基于快手定位的初衷，其推荐机制更为均等化。快手让更多人记录了自己的生活，展现了自己的才华，获得了他人的关注，用户创作的内容不论优质与否，都能得到平等展示的机会，有些点赞数多的短视频，则由平台分发至推荐主页中。

4）快手监管机制

快手采用人工智能与人工共同协作的审核方式，有 24 小时的人工巡查监控。但平台中仍然出现了不少低俗、危害未成年人身心健康的短视频，因此，快手加大了人工审核的力度，将审核人员规模扩充至 5 000 人，以使人工审核能力与短视频审核量相匹配。

快手还成立了社区自律委员会，邀请了一批实名认证的快手用户、专家学者、专业行业机构成员加入委员会，并特邀媒体入驻平台进行监督，根据违规级别对发布不良内容的违规用户进行处理。

用户可在观看短视频的界面内直接举报，社区自律委员会成员进行仲裁，经快手社区公示，对违规内容做出第一时间删除、禁止发布和被关注、封禁账号、情节严重者直接移交警方等处理。快手成立的自律委员会，开创了平台主动引入社会监督参与自律的先河，以便借助社会力量打击、遏制不良内容的传播。

家长控制模式是国内首个提供未成年权益保护的监管机制，开启该模式后，快手平台仅推送适合未成年人观看的内容，并对未成年人观看的视频进行严格分级。家长控制模式下的用户无法进行打赏、充值、提现和直播等，超过 60 分钟的持续观看会出现防沉迷提示，为未成年用户定制了专属空间，也让家长能更好地控制孩子的观看行为。

5）快手直播规范

（1）恶劣违规行为。存在恶劣违规行为的用户，将永久封禁直播乃至封禁账号，且快手平台有权冻结违规用户中未提现礼物收益。

（2）严重违规行为。存在严重违规行为的用户，会被立即停止当前直播，并按违规次数递增停播时间。长期无违规行为，可降低违规累计次数，予以减轻处罚；若持续多次严重违规，将永久停播乃至封禁账号。

（3）其他内容违规。其他违规指除恶劣违规行为和严重违规行为外，其他扰乱直播平台秩序的违规行为。存在其他内容违规的用户将被予以警告；若不改正，再次警告将停止当前直播。若仍然不改正，将延长停播时间。

3. 成为快手直播“带货王”的方法

1）快手直播带货前

在直播带货时，出现的绝大多数不曾料想到的“意外”，都与前期的准备紧密相关。不论是直播间无人问津，还是现场演示商品时的状况百出，抑或是用户不买单，都与前期的准备和铺垫有直接的因果关系，其中最重要的莫过于培养“信任感”，并做到精准选品。

（1）带货开始前，首先要培养信任感。直播带货的巨大蛋糕令很多主播都渴望分到一块，这也使得一些主播注册了账号，拿货后就开始直播带货。但往往用户不会为此买单，商品也很难销售出去。原因在于前期没有在用户中构建起信任感，所以，主播表现的“功利心”让用户望而却步。很少有主播在直播一开始就能立即带动商品销售。因此，相比于迅速推动直播带货，主播更应该注重的是前期的运营策划，通过专业性、实用性或纯粹的个人魅力等营造人设，并在与用户的互动中率先赢得其信任，经过一定的资源累积后，才能逐步完成自己的带货目标。有一点值得引起注意，直播带货绝不是一蹴而就的事情，前期的运营策划、与用户关系的维护是基本的前提。

（2）选品要精准。作为直播带货的核心环节，选品承载了至关重要的作用。很多直播翻车事故的问题都出在了前期的选品环节上。选品环节的把控要格外注意如下几个要点。

① 商品的价格要与用户的承受能力相对应。不同用户的消费能力有所差异，如果商品的价格高于预算或远低于预期，用户就很难对此买账。对于这一点，主播可以先在一段时间内选取不同价格区间的商品，以便测试用户的消费能力，然后再依此决定所选商品的价格区间。

② 商品的调性要与主播人设、粉丝特质相近。通过众多案例分析可以发现，即使头部主播，也存在某些特定领域的强项，并不适合所有的商品品类。另外，商品也要与粉丝的特质相匹配。粉丝群体的性别、年龄段、地域、职业、爱好等因素会直接影响他们对商品品类的偏好，因此掌握粉丝群体的特质，进而确立选品的标准和范围也是无法忽视的重要环节。

③ 商品质量一定要得到最有效的保证。评估主播带货能力的一条重要标准是用户的复购力，而决定用户复购力的往往是商品的质量。事实上，与商品质量相关的带货风波早在市场中掀起了多次波澜。对于头部主播，问题商品会折损主播的形象，带来一定的负面影响；对于中小主播，问题商品带来的打击则可能是无法挽回的，这也决定了直播带货的选品标准必然要以商品的质量为基本核心。除了商品本身存在的质量问题，还要根据商品的性质考虑与之相关的运输、储存等问题，这些问题会间接影响商品的品质。如果没有全面考虑，同样会带来难以预料的后果。

④ 提前进行商品的试用、演示，以免现场失控。选品的过程必然绕不开商品的试用，尤其对于主播原本不熟悉的商品领域，更要事先对商品的性能、使用方式有所了解，提前对有可能发生的突发情况做出预判，并提前确定解决方案，以防在正式直播中出现商品演示失误的情况。

2）快手直播进行时

直播带货的过程并不仅仅是“动动嘴皮子”那么简单，而是对直播团队体力与意志力的双重考验，尤其考验主播的商品介绍、临场发挥、情绪感染等综合能力。除去场景布置、灯光设置等外界因素及本身具备的价格优势外，在整个直播带货的过程中，同样有几个基本要素需要掌握。

（1）突出商品亮点。商品介绍是最考验主播业务能力的一个环节。在有效的时间内，将商品的信息高效输出给用户并让他们接受是一项重要的技能。而要想达到这样的效果，主播势必要懂得运用多种具有体验感的表现手法，突出商品的核心亮点，也可以采用让同事或嘉宾配合做试验等多种形式佐证自己的观点，以此说服用户购买商品。

（2）掌握好直播节奏。直播的节奏会直接影响用户的购物体验。一场直播带货要展示多少个商品、商品出场顺序的优先级、每个商品介绍预留的时间是多少等，都应该事先了然于心，并在直播的过程中时刻把控直播节奏。

（3）在营造氛围的同时，构建出个性化的人物标签。直播间的氛围如同商场，在良好氛围或环境的带动下，用户的购买欲望就能被有效激发。主播的个人特质包含外在形象、表达风格和内在特质 3 个层面，要想在用户心中形成记忆点，最好的方式就是形成独属自己的风格，或赋予自己一定的差异化特征，这样主播的竞争力也会得到增强。

3）快手直播带货后

每次直播结束都是下次直播的开始，而通过对每次直播的复盘、总结，可以在大概率上避免带货问题事件的发生，也能提升粉丝的黏性，进一步优化带货方案。

（1）收集用户反馈，提升售后服务。直播完成后的售后服务能够直接影响用户的消费体验，及时跟进处理订单、保证发货流程的正常是维系用户的重要工作。主播团队也可以在引流的用户群中，询问用户对于商品价格和商品使用感受的反馈，以及他们对其他商品的需求等，对存在的问题进行针对性解答，以此加强用户对主播的信任感，并拉近两者之间的距离。

（2）复盘直播数据，优化带货方案。在每次直播带货结束后，都应当对本次的直播数据和带货数据进行复盘，以此优化直播带货方案。数据包括总观看人数、每个时间段用户的在线人数、单次直播的涨粉人数、评论数、单款商品成交量、商品总成交额、评论热点等。通过对这些数据的复盘，主播能够更清晰地了解用户的喜好，找寻到更合适的直播时间、更适合的带货品类和价格、需要着重加强的直播内容等，从而不断调整和优化带货方案。

5.2.2　快手直播的操作

1. 开通快手直播权限

想要开通快手直播，需要申请直播权限，具体步骤如下。

（1）打开并登陆快手 App，单击左上角的【菜单】按钮，在打开的侧边栏中单击【设置】按钮，如图 5-6 所示。

（2）进入【设置】界面后，在打开的界面中单击【开通直播】模块，如图 5-7 所示。

（3）进入【开通直播】界面后，需要进行实名认证，填入姓名与身份证号，并勾选【已阅读并同意《人脸验证协议》】选项，再单击【同意协议并认证】按钮，如图 5-8 所示。

图 5-6　单击【设置】按钮

图 5-7　单击【开通直播】模块

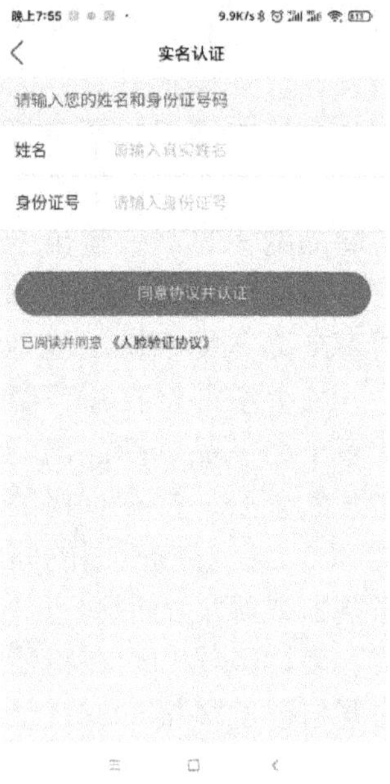

图 5-8　实名认证

（4）单击【同意协议并认证】按钮后，进入【人脸识别】界面，保持正脸对准识别框内，完成人脸识别，如图 5-9 所示。

（5）人脸识别完成后，系统返回到【实名认证】界面，系统显示身份信息上传成功，单击【我知道了】选项，进入【实名认证完成】界面，单击【完成】按钮，如图 5-10 所示，系统自动跳转到【开始视频直播】界面，单击【开始视频直播】按钮，即可开始直播，如图 5-11 所示。

图 5-9　人脸识别

图 5-10　完成实名认证

图 5-11　开始视频直播

2. 开通快手小店

（1）打开快手 App，单击左上方的【菜单】按钮，在打开的侧边栏里单击【快手小店】模块，如图 5-12 所示。

（2）在【快手小店】界面中，单击右上角的【开店】按钮，如图 5-13 所示。

（3）在【开店】界面中，选择店铺类型，这里以个人店铺为例进行说明，单击【去开通】按钮，如图 5-14 所示。

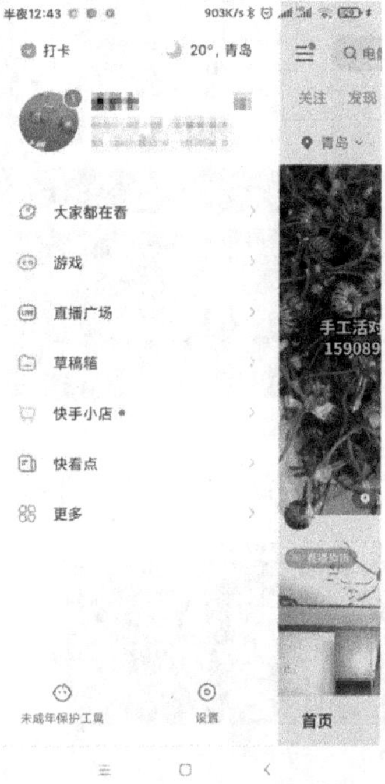

图 5-12　单击【快手小店】模块

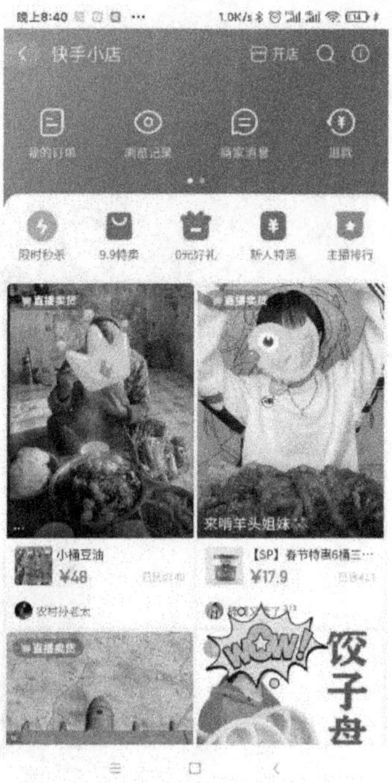

图 5-13　单击【开店】按钮

图 5-14　单击【去开通】按钮

（4）单击【去开通】按钮后，需要进行实名认证，还要上传身份证照片，如图 5-15 所示。

（5）上传身份证照片后，单击【下一步】按钮，系统跳转到【开通快手商品服务】界面，在此界面填写相关信息，如图 5-16 所示。

（6）填写完相关信息后，单击【提交】按钮，系统会跳出【签约指引】对话框，勾选【我已阅读并同意《快手小店商户服务协议》《快手小店隐私政策》《廉洁承诺书》】选项，然后单击【同意】按钮，如图 5-17 所示。

（7）单击【同意】按钮后，系统会跳转到【开通成功】界面，说明快手小店开通成功，如图 5-18 所示，然后单击【快手小店】按钮，就可以看到用户端的【快手小店】界面，如图 5-19 所示。

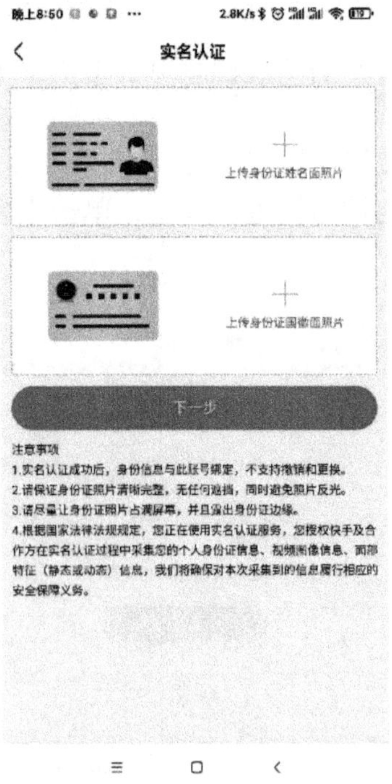

图 5-15　实名认证

图 5-16　开通快手商品服务

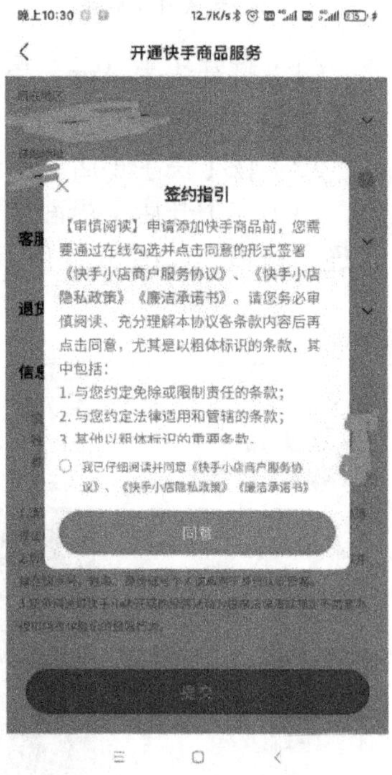

图 5-17　单击【同意】按钮

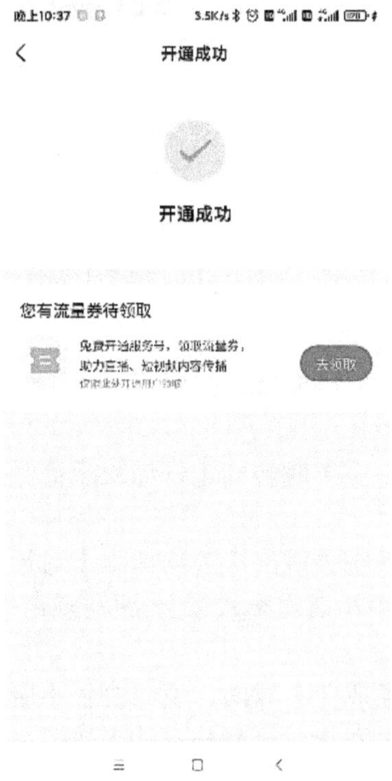

图 5-18　开通成功

图 5-19　【快手小店】界面

3. 绑定收款账户

（1）进入【快手小店】界面，下拉至【账户资金】模块，单击【收款账户】按钮，进入【收款账户】界面。

（2）在【绑定收款账户】界面，有微信收款和支付宝收款两个选项，这里以支付宝为例，单击【立即绑定】按钮，如图 5-20 所示。

（3）单击【立即绑定】按钮后，进入到【实名认证】界面，进行实名认证，如图 5-21 所示。

（4）填写信息进行实名认证后，单击【确定】按钮，系统跳转到【选择商户类型】界面，进行商户类型的选择，如图 5-22 所示。

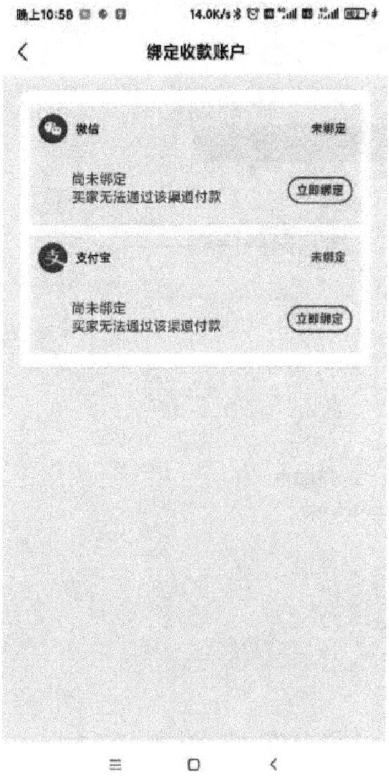

图 5-20　单击【立即绑定】按钮

图 5-21　实名认证

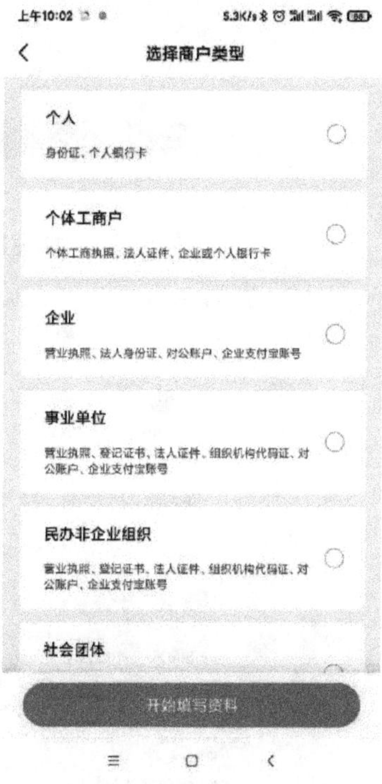

图 5-22　选择商户类型

（5）勾选商户类型后，单击【开始填写资料】按钮，进行主体信息的填写，然后单击【下一步】按钮，如图 5-23 所示。

（6）填写完主体信息后，进行财务信息的填写，完成后单击【下一步】按钮，如图 5-24 所示。

（7）填写完财务信息后，填写经营信息，勾选【我已同意开通支付宝收款功能】选项，完成后单击【提交】按钮，如图 5-25 所示。

（8）填写完经营信息后，单击【提交】按钮，系统跳转到【账号审核】界面，显示账号审核中，耐心等待即可，如图 5-26 所示。

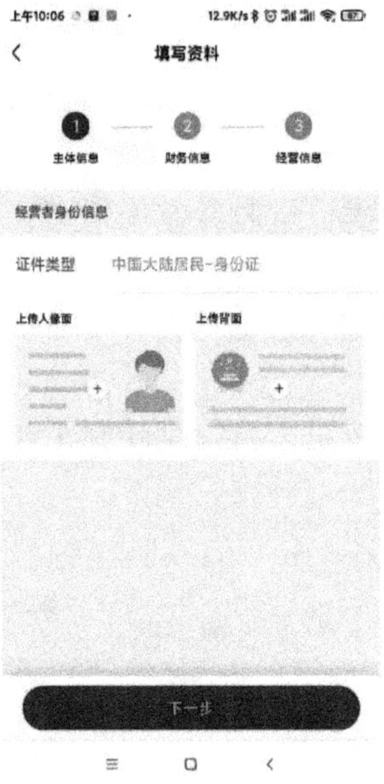

图 5-23　填写主体信息

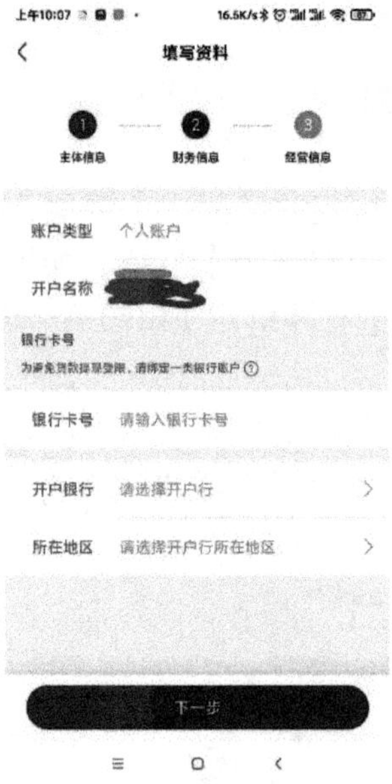

图 5-24　填写财务信息

图 5-25　填写经营信息

图 5-26　账号审核中

绑定微信收款账户与绑定支付宝收款账户流程一样。

4. 添加快手小店商品

（1）打开快手小店，单击【添加商品】按钮，如图 5-27 所示。
（2）在添加商品页面单击【商品类别】按钮，选择商品类别，如图 5-28 所示。快手新商家选择商品类别后，需要缴纳快手官方要求的保证金或提交相关资质证明，如图 5-29 和图 5-30 所示。

（3）选择好商品类别后，填写商品标题、商品图片以及商品详情、库存、单价等信息，然后单击【提交审核】按钮，如图 5-31 所示。

商品提交审核后，若审核通过，便可以在快手小店中看到提交的商品。

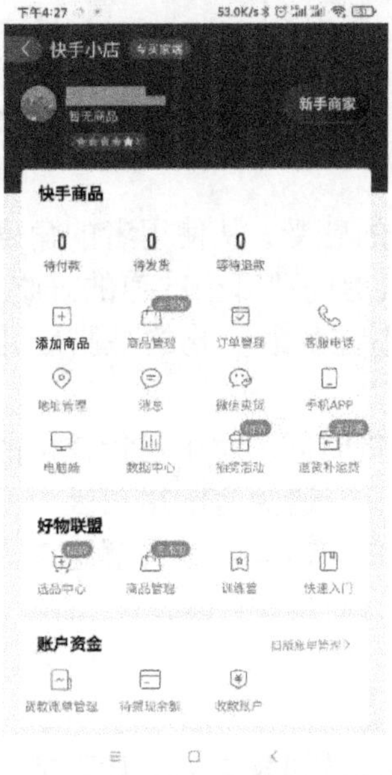

图 5-27　单击【添加商品】按钮

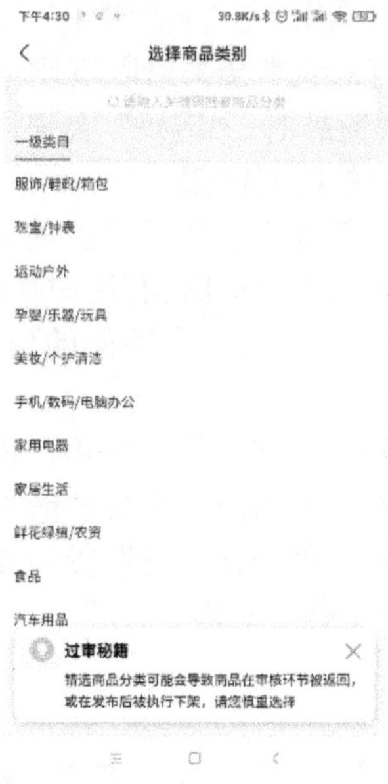

图 5-28　选择商品类别

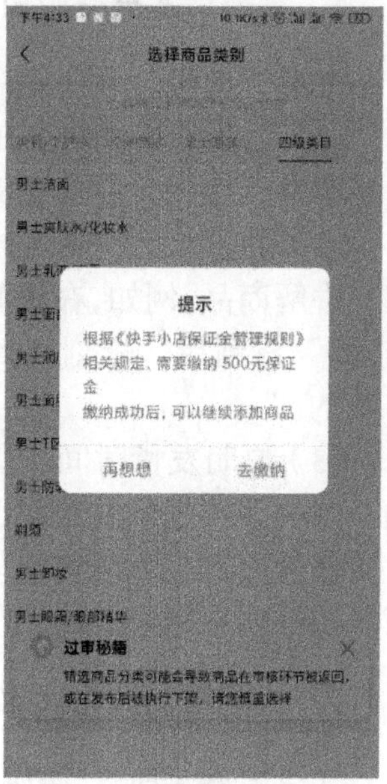

图 5-29　缴纳保证金

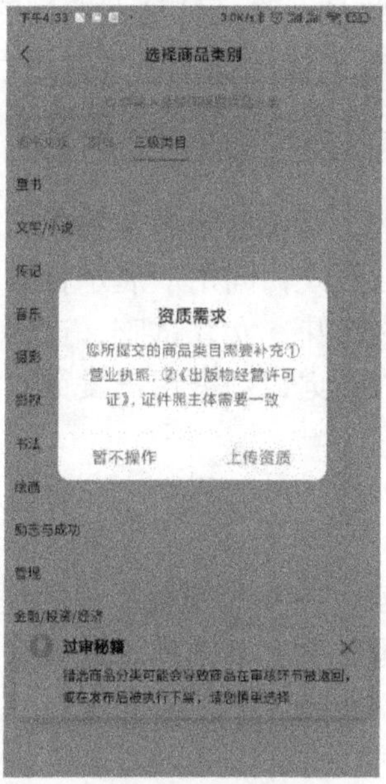

图 5-30　不同商品类别资质要求

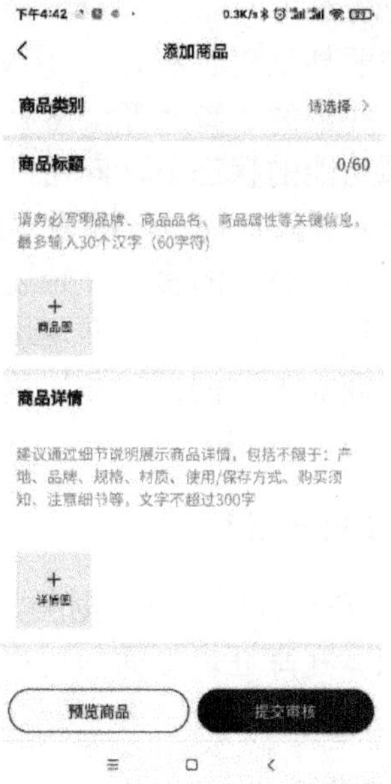

图 5-31　单击【提交审核】按钮

5.2.3 快手直播案例

“(诺爸)一点一点学厨艺”是一个美食领域的短视频账号，由“诺妈”担任主播，直播销售的主要是食品和家居生活类商品，其直播主要具有以下特点。

1. 直播话术具有吸引力

主播“诺妈”在讲解商品时，通常会采用以下技巧。

(1)强调价格优势。在讲解商品时，“诺妈”会强调自己直接和厂家对接，商品的价格是非常优惠的，以此刺激用户的购买欲望。

(2)讲述自己的使用体验。“诺妈”会讲述自己使用商品的感受，从使用者的角度为用户讲解商品。例如，在讲解某款自热火锅时，有用户在评论区提问：“哪个味道的好吃？”“诺妈”看到后，立刻回复道：“不同的人有不同的口味，不过我最爱吃的是腊肠苕粉口味的。”

(3)说明发货时间。在直播中，“诺妈”会向用户说明发货时间。对于发货较慢的商品，她会多次强调发货时间，并告诉用户如果着急请不要购买，避免有的用户因为商品发货较慢而产生不满情绪。例如，有一款油壶发货较慢，于是“诺妈”在讲解这款油壶时多次强调：“这款油壶3天内发货，着急勿买。”

2. 讲解商品的方式多样化

在讲解商品时，“诺妈”会根据不同商品的特点，采取不同的讲解方式，让直播变得有趣、好看。

(1)现场试用商品。“诺妈”会在直播现场试用商品，直观地展示商品的使用效果。例如，在讲解某款洗衣液时，“诺妈”在一件白色纯棉T恤上涂上了火龙果汁、芒果汁、西红柿汁、辣椒油、酱油等，然后用这款洗衣液现场清洗这件沾满污渍的T恤，并在关闭手机美颜功能的状态下，向用户展示清洗效果。

(2)现场烹饪食物。在讲解食品类商品时，“诺妈”不仅会讲解食物的口味、价格等信息，对于可以烹饪的食物，她还会在直播间里现场烹饪，向用户展示食物经过加工后的状态。烹饪完成后，她还会现场试吃，或请自己的妹妹、女儿试吃，这样做不仅能够提升用户对商品的信任，还能让用户有种观看吃播的感觉，刺激用户食欲，从而刺激用户的购买欲望。

3. 关注用户留言

“诺妈”在直播时，也时刻关注评论区的用户留言，并及时回复用户的提问，与用户互动。例如，在烹饪烤冷面的过程中，有人问“诺妈”手上拿的那款油壶有没有货，她看到后马上回复说有货，并立刻在直播间上架了这款油壶。

4. 设置优惠券

“(诺爸)一点一点学厨艺”直播间会设置优惠券，以吸引用户关注直播间，提高商品转化率。

5. 分批次上架商品

在上架一款商品时，“诺妈”会将其分为 1～3 次上架，前一次上架的商品售完后，再进行下一次上架。这样做有两个好处，一是能够营造商品一上架就在短时间内售完的火爆氛围。试想，如果主播上架了 100 件商品，1 分钟内只卖掉 10 件，相当于 1 分钟只卖掉了 10%的商品；而如果主播先上 10 件商品，1 分钟就销售一空，这样就变成了商品上架 1 分钟就全被卖光。给用户的直观感觉是后一种做法所营造的营销氛围更火爆，而这种火爆的氛围可以带动很多带有观望心态的用户下单。二是运用“饥饿营销”调动用户“抢”的心态。“抢购”“稀缺”“数量有限”这些词汇能够唤醒人们“怕失去”“怕错过”的心理，让人们暂时忽视“这个东西到底对我有多大用”“这个东西到底划算不划算”之类的理性思考。在直播营销中，饥饿营销之所以屡试不爽，就是这个原因。

5.3 抖音直播

5.3.1 抖音直播认知

1. 抖音概况

1）抖音简介

以“记录美好生活”为宗旨的抖音，于 2016 年 9 月上线，初心是做年轻人音乐短视频社区，接近北美的 Musically。2017 年 11 月，今日头条收购 Musically，与抖音合并。抖音迅速火爆，在上线 7 个月后，日活跃用户数量（Daily Active User，DAU）就突破了 1 亿人，成为我国移动互联网继微信之后成长最快的应用软件。截至 2019 年 7 月，字节跳动旗下产品日活跃用户数量达到 7 亿人，月活跃用户数量达到 15 亿人，其中，抖音日活跃用户数量超过 3.2 亿人。2019 年第二季度，抖音杀入移动应用 TOP5，挤掉百度，打破了多年来稳固的市场格局。只用短短 3 年，抖音就实现了跨越式成长，未来充满了无限的可能。

2）抖音的优势

抖音的平台特色主要是“音乐短视频+直播+社区化运营”。平台上年轻用户居多，年龄主要集中在 20～30 岁，而且大多来自北上广深等一线城市。这些汇聚了一二线城市抖音用户的群体都是优质精准流量，消费观念较强，消费频率也偏高。抖音的社区化运营，扩散性强，具有很强的“带货”功能，捧红的延伸品牌不计其数，达到了品牌传播的效果往往超出预计。

2. 抖音运营

1）抖音市场定位策略

当短视频行业中的应用软件都偏向宣传记录生活、美化拍摄时，抖音另辟蹊径，以差异化方式巧妙打造音乐短视频社区，以一二线城市年轻潮人为目标用户，市场定位突出音乐、创意和社交。抖音以音乐为中心布局，用户在拍摄前首先要选择一首巧妙的背景音乐，根据音乐内容进行动作编排和加工特效，短视频内容也是根据音乐的类型进行划分的，如国风、二次元等。抖音的成功得益于其以“音乐”为切入口，抓住了年轻人的心，撬动了年轻人的表现欲，强调音乐与短视频结合，让音乐成为短视频的“滤镜”，突出、放大短视频成为流行文化的潜质。

抖音时刻保持对流行文化的敏感度，挖掘适合年轻人表现的热点音乐。如 2017 年 8 月平台热推“神曲”*Panama*，用户“贝贝叔叔”用此作为背景音乐拍摄了一支简单易学又具魔性的舞蹈短视频，并发起了“C 哩 C 哩舞”的挑战，引发其他用户跟随拍摄。截至 2017 年 12 月 15 日，以 *Panama* 为背景音乐的短视频播放量已经超过 2 000 万次。不少音乐虽已发行几年，一直不温不火，后来却纷纷通过抖音在网络中爆红，只因它们制作成了抖音用户喜爱的背景音乐。音乐短视频碎片化、高参与度、传唱性强的特点，使其成为音乐推广中重要的渠道。

2）抖音产品设计特点

（1）交互界面。抖音的整体设计以黑、白、灰三色为主，配色低调，风格兼具简洁与潮流。为了衬托出内容，抖音采用全屏沉浸式体验，用户打开 App 首页后直接进入观看状态。导航栏以半透明状态放置在最下层，点赞、评论、分享等功能按键竖直排列在界面边缘，背景音乐设计成旋转播放的动态唱片，单击背景音乐后会直接跳转到同款音乐其他的短视频集合，围绕音乐主题满足用户需求。这些方式能够减少冗余信息对用户观看短视频的影响，让用户不会过多分心，专注于短视频内容。

抖音的交互功能也简单直接，可在屏幕任意处双击点赞、上下滑浏览其他视频、右滑进入视频制作者的个人界面、长按选择不感兴趣。从细节入手，注重用户的体验感，让抖音的风格更鲜明突出。抖音的交互界面如图 5-32 所示。

（a）　　　　　　（b）

图 5-32　抖音的交互界面

（2）核心功能。抖音的核心功能是浏览和拍摄短视频，在拍摄功能上以添加音乐和后期制作两方面为主。

在音乐方面，抖音提供流行、国风、原创音乐、搞怪、二次元等 18 种类型音乐，并实时更新飙升榜和热歌榜两个榜单，用丰富多样的音乐吸引用户。除了使用平台提供的音乐片段，用户还能自行原创上传分享音乐，也能让其他用户使用自己原创的音乐拍摄制作短视频。

在视频制作方面，抖音内设超快、快、正常、慢、超慢 5 种录制速度，支持多段混剪功能，让用户实现多场景拍摄、多镜头切换；提供多种贴纸道具、美化滤镜和特效滤镜，不断调整特效功能的展现，为用户提供更多有趣好玩的效果。通过不断强化视频制作性能，抖音使短视频形式更炫酷独特，增强了画面的美化效果，提升了用户自我展示的信心和勇气，满足了用户的创作欲。

（3）特色功能。抖音现有的特色功能主要有热搜榜、尬舞机和时间锁。

热搜榜展示的内容包括热门挑战和社会相关热点。热门挑战是平台或用户以热门话题和热门音乐为拍摄主题发起挑战，根据用户的参与热度对短视频进行排名。用户乐此不疲参与热门挑战，模仿拍摄或二次加工创作，引爆创作热情。而社会热点则与新浪微博上实时更新的热点相似，主要以短视频的方式呈现社会热点事件。

尬舞机是国内首创将“人体关键点检测”技术运用于全身的短视频特色功能，用户在尬舞机选择背景音乐后，跟随着屏幕里出现的动作图形做出相应动作，游戏的全过程将被录制下来，可作为短视频内容发布分享。这种创新玩法一方面让用户能随时随地体验线下跳舞机，开启手机“蹦迪”时代，另一方面也能激励用户融入社区、自我创作，营造良性循环的活跃氛围。

时间锁的功能是控制用户的使用时长。许多用户在刷抖音过程中无法克制，单日使用抖音时间过长，而时间锁则能够帮助用户自我管理，防止个人沉迷。用户开启时间锁后，若单日使用时长达到设定数值后，即会自动锁定程序，无法再使用抖音观看短视频。

3）抖音内容生产与分发

抖音的内容生产机制是专业用户生产内容（Professional User Generated Content，PUGC）型，将 UGC 和 PGC 生产方式相结合，以普通用户和专业用户发布的内容为主，专业用户多为明星、有粉丝基础的网络红人或其他专业垂直领域的关键意见领袖。平台内的“抖音小助手”团队，以官方用户形式发布一些高质量精品短视频，引导用户主动参与拍摄同款短视频；同时也会以官方助手形式扶持头部优秀短视频，推荐他人登上热门挑战榜。抖音平台内部运营逻辑为：用户生产大量短视频内容后，抖音小助手经过挖掘整理，挑选优质的 PGC 内容，大规模推送至其他用户。

抖音分发机制采用了算法推荐与人工精选推荐相结合的方式。其中，算法机制是根据机器学习用户的观看数据、计算用户内容标签，按照一定频率推送相似的视频内容。同时，工作人员会精选挑出部分优质内容，推送给对相关主题、相关音乐可能感兴趣的用户。对于创造出高流量、高质量短视频的用户，抖音平台在短期内将提升这部分人作品的权重，给予更多的曝光机会，鼓励他们继续创作。抖音推荐分发的短视频都是爆款内容，点赞、评论、转发量少则几万次、多则几百万次，内容越优质，曝光机会越多。相较之下，质量一般、无亮点的内容想要获得平台分发推荐会非常困难。对于短视频的发布日期，平台推荐机制并不在意内容是否最新，只要足够精彩即可，许多已经发布几个月的短视频仍会不断被推送分发给其他用户。由此可见，在抖音上，用户看到的短视频是抖音想让用户看到的，也是大众群体感觉优秀的作品，抖音推荐机制更在乎短视频的热度和流量效益，不在乎发布的时间长短。

4）抖音监管机制

为了营造安全健康的短视频生态环境，打造长期发展、注重主旋律、弘扬良好价值观的短视频社区，平台内部严格的监管机制尤其重要，任何可能误导其他用户、产生不良影响、在法律与道德边缘试探的短视频内容，都必须及时被拦截，以防止大范围传播。

抖音的审核机制采用了人工为主、人工智能为辅的方式。人工智能审核的方式通过建立信息完善的数据库，将用户上传的内容与数据库进行匹配，被识别为不良内容就予以直接删除。而不属于数据库危险范围内的短视频，便可进入图像智能和语音识别阶段，将视频转化成图片、将声音转化成文字进行甄别审核。

此外，用户举报也是抖音重要的监管机制之一。针对多次被其他用户举报的内容和账号，审核人员会依据平台标准进行二次判断，对违规内容进行识别和查处。抖音还颁布了《抖音社区公约》，详细列举涉及违规行为的内容，明令禁止涉黄、涉暴，杜绝低俗、封建迷信、不利于未成年人成长的短视频。依托平台的实名制监管，对于违反公约的用户，将视情节严重程度进行处罚，情节严重者将永久封禁。目前，抖音正严厉打击违规的账号及内容，每月皆在平台和微信公众号中公布用户违规、永久封禁等处罚情况。

3. 如何打造火爆抖音直播间

（1）商品超值。用户进到直播间中当然是想买到想要的商品，若是直播间的商品物美价廉，比其他店铺有绝对的优势，那么才可能在万千个直播中脱颖而出。商家在开启直播前，首先要决定这场直播的主推商品是什么，并清楚了解商品的信息和卖点，让用户感到在直播间买到这款商品就是赚到了。

（2）选品符合创作者定位。创作者需要清楚自己的定位，例如，经常发布美妆搭配的创作者，在选品时尽量选美妆服饰类商品，这样用户也能进行转化。商家在经营时，一定要通过优质的内容在用户心中积累信任度，这样才能提高销量。

（3）主播口才佳，形象好。抖音主播要在直播间中露脸，形象好的主播能让用户产生好感。主播服装可以不用太夸张，只需要整齐干净，让人感到舒服。另外，主播的口才也非常重要，要带动直播间节奏，挽留用户，还要持续介绍商品，所以主播语速要快，头脑要清晰，还要积极与用户互动。

（4）标题、封面具有吸引力。很大一部分用户会没有目的性地购物，所以直播间的标题和封面非常重要。直播间标题要体现卖货主题，突出价格便宜，可以巧用数字增强吸引力。封面要使用实拍图，体现直播间卖点，有视觉冲击力。

（5）直播场景与商品关联度高。主播若是能直接在直播间试用商品，就会更具真实性，若是主播试吃或试穿看起来效果非常不错，配合讲述亲身感受，就能够让用户更加信服。直播间中可以直接搭建相关场景，如在水果园售卖水果，或者搭建临时厨房加工食品。

（6）配合促销玩法。直播间人气达到一定程度后，主播可以直接进行促销活动，比如秒杀、限时限量等活动，通过不同的玩法，让用户产生积极性，进而提升购买欲望。

4. 抖音直播商品类目分享内容的原则

（1）美妆类商品。抖音主播发布含有美妆商品的内容，需遵循以下原则：①不得使用美化过度的图片或视频，包括但不限于口红试色、眼影盘试色等；②所售美妆类商品品牌、功能、质地、产地等各类信息，需与主播在直播中分享的购物车中的商品信息一致；③不得对化妆品名称、制法、成分、效果或者性能过分虚假宣传；④不得使用他人名义保证或者以暗示方法使人误解其效用，包括通过他人使用前后的效果表明该化妆品的功效；⑤不得宣传医疗作用或使用医疗术语；⑥不得包含贬低同类商品的内容；⑦不得使用最新创作、最新发明、纯天然制品、无副作用等绝对化语言；⑧非特殊用途化妆品不得宣传含有特殊用途功效，如育发、染发、烫发、脱毛、美乳、健美、除臭、祛斑、防晒、美白等。

（2）酒品类。抖音主播发布含有酒品类商品的内容，应当遵循以下规则：①不得诱导、怂恿饮酒或者宣传无节制饮酒；②不得出现饮酒行为；③不得表现饮酒后驾驶车、船、飞机等活动；④不得明示或暗示饮酒有消除紧张和焦虑、增加体力等功效；⑤不得含有未成年人的形象（包括含未成年人的卡通形象）；⑥不得含有诸如可以“消除紧张和焦虑、增加体力、强身健体、延年益寿、解除疲劳”等不科学的明示或者暗示；⑦不得把个人、商业、社会、体育或其他方面的成功归因于饮酒的明示或者暗示，如“壮阳、补肾、事业有成、企业家、成功人士、重振雄风”等；⑧不得在直播过程中表达出该商品为“自家产”及相类似信息（包括但不限于口播、标题等），除非该商品符合国家法律法规要求的可自行生产的类目，符合平台要求，同时向平台提供相关承诺及材料，可证明相关商品确实由其生产的除外。

（3）教育培训类。抖音主播发布含有教育培训类商品的内容，应当遵循以下规则：①不得对升学、通过考试、获得学位学历或者合格证书，或者对教育、培训的效果作明示或暗示的保证性承诺，如一次通关、100%包过等描述；②不得明示或者暗示有相关考试机构或者其工作人员、考试命题人员参与教育、培训；③不得利用科研单位、学术机构、教育机构、行业协会、专业人士、受益者的名义或者形象作推荐、证明；④不得利用 SKU 低价引流。

（4）普通食品类。食品类直播内容必须真实、合法、科学、准确，符合社会主义精神文明建设的要求，不得欺骗和误导用户，主播发布普通食品类的内容，应当遵循以下规则：①所售食品各类信息，包括但不限于商品的包装、规格、产地及加工地等，需与主播在直播中分享的购物车中的商品信息一致；②不得通过平台分享、展示过期及变质食品；③不得在直播过程中表达该商品为“自家产”及相类似信息（包括但不限于口播、标题等）；除非该商品是符合国家法律法规要求的可自行生产的类目，符合平台要求，同时向平台提供相关承诺及材料，可证明相关商品确实由其生产的除外；④禁止出现与药品相混淆的用语，不得直接或间接地宣传治疗作用，也不得借助平台宣传某些成分的作用，明示或暗示该食品的治疗作用；⑤对于婴幼儿乳制品，不得明示或暗示可以替代母乳；⑥不得利用医疗机构、医生、专家、消费者的名义或者形象作证明；直播中涉及介绍商品特定商品功能的，不得利用专家、消费者的名义或者形象作证明；⑦不得宣传保健功能，也不得借助宣传某些成分的作用，明示或暗示保健功能；⑧普通食品不得宣传含有新资源食品中的成分或者特殊营养成分。

（5）生鲜类。主播发布含有生鲜类商品的内容，应当遵循以下规则：①不得在直播过程中表达该商品为“自家产”及相类似信息（包括但不限于口播、标题等），除非该商品是符合国家法律法规要求的可自行生产的类目，符合平台要求，同时向平台提供相关承诺及材料，可证明相关商品确实由其生产的除外；②主播应保证所售商品的各项参数（包括但不限于产地、净含量、保质期、包装等）与在直播过程中所宣传商品的各项参数一致。

5.3.2 抖音直播的操作

1. 开通抖音直播

第一步，打开抖音 App，在首页下方单击【+】选项，如图 5-33 所示。

第二步，进入拍摄界面，在菜单下方最右侧选择【开始视频直播】模块，然后单击【开始视频直播】按钮，如图 5-34 所示。

第三步，在打开的界面中进行实名认证，如图 5-35 所示，输入真实姓名、身份证号等信息，单击查看已阅读并同意《直播主播入驻协议》，然后单击【同意协议并认证】按钮。认证通过后即可开始直播。

图 5-33　单击【+】选项

图 5-34　单击【开始视频直播】按钮

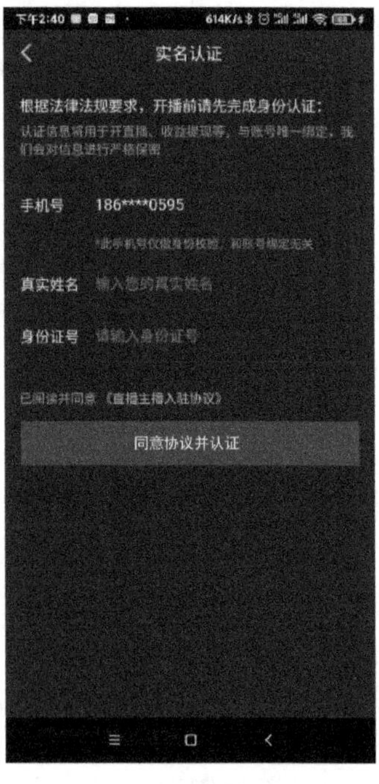

图 5-35　实名认证

2. 开通商品分享权限

（1）在手机中打开抖音 App，进入界面，单击下方【我】选项，查看个人中心，单击右上角的菜单图标，如图 5-36 所示。

（2）在弹出的新界面中，选择【创作者服务中心】模块，如图 5-37 所示。

（3）进入创作者服务中心界面，单击【变现能力】模块中的【商品橱窗】按钮，如图 5-38 所示。

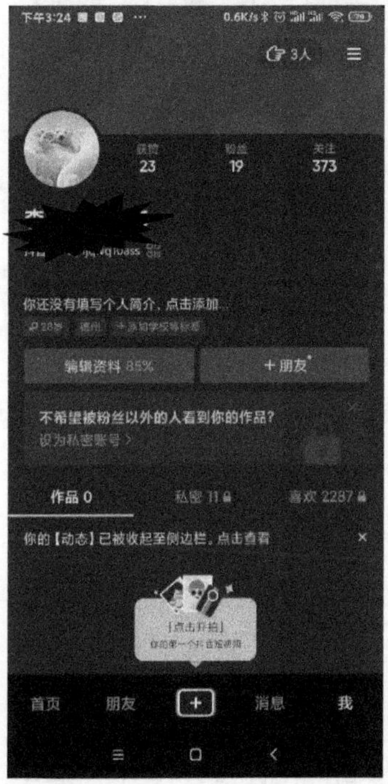

图 5-36　单击右上角的菜单图标

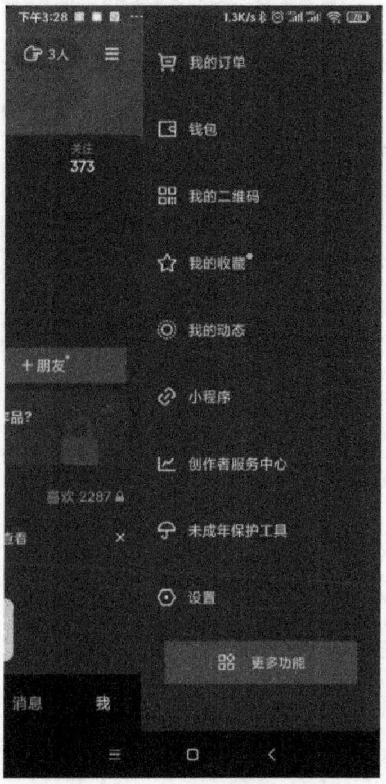

图 5-37　选择【创作者服务中心】模块

图 5-38　单击【商品橱窗】按钮

（4）打开商品橱窗界面，选择【商品分享权限】模块。如图 5-39 所示。

（5）打开【商品分享权限】界面后，首先需要进行实名认证，如图 5-40 所示，其次，要确保个人主页视频数≥10 条、粉丝量≥1 000 人。满足条件的可以交商品分享保证金 500 元。然后勾选【关注@电商小助手，了解更多功能和权益】和【我已阅读并同意《抖音达人商品分享协议》】选项，单击【立即申请】按钮，如图 5-41 所示。

申请成功后，即可开通商品分享功能，抖音主页上会显示商品橱窗入口，主播可在视频作品或直播间分享商品。

图 5-39　选择【商品分享权限】模块

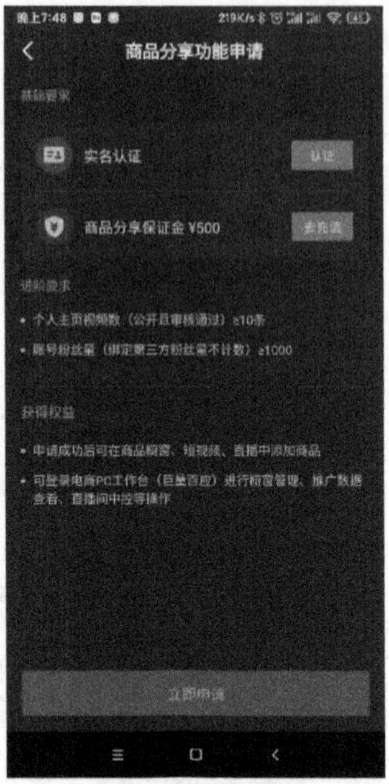

图 5-40　实名认证

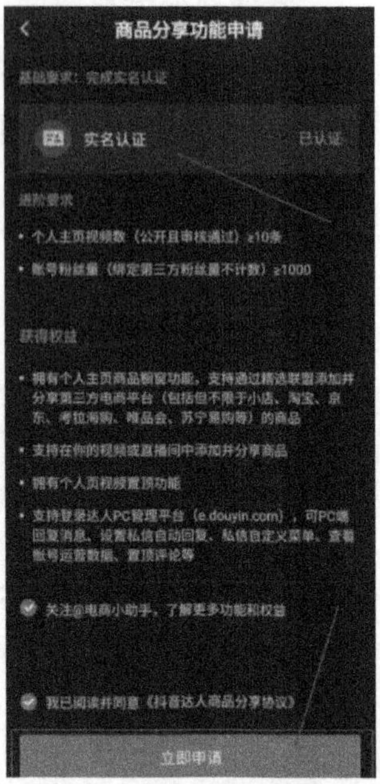

图 5-41　单击【立即申请】按钮

5.3.3　抖音直播案例

“丽江石榴哥”在直播领域有一定的知名度，但他并不是专职主播。通过分析“丽江石榴哥”的直播，可以发现其成功经验主要表现在以下 4 个方面。

1. 打造人设，突出个性

鲜明的人设是做好直播营销的重要条件之一，“丽江石榴哥”在打造人设方面具有以下 3 个特征。

1）人物形象具有辨识度

“丽江石榴哥”的人设定位是“一个朴实无华又精通多种语言的摆摊人”，他外表憨厚老实，给人一种非常朴实、真诚的感觉。出于对他形象的信任，很多人愿意购买他推荐的商品。此外，他讲话幽默风趣，精通英语、日语、纳西语等多种语言。憨厚老实的外在形象，又精通多种语言，都突出了他这个人物的特点，强化了他鲜明、独特的个人风格，很容易给用户留下深刻的印象。

2）账号属性特征鲜明

“丽江石榴哥”抖音账号主页的属性特征比较鲜明。首先，在“丽江石榴哥”这个账号名称中，“丽江”这个词具有鲜明的地域属性。丽江本地人看到这个名字很容易产生认同感。当主播销售商品的时候，他们往往会出于家乡人的心理，非常乐意支持主播；非丽江本地的人看到“丽江”这个词也会对丽江产生好奇，想知道丽江有什么好玩的地方和好吃的东西等，当看到主播销售商品时，他们可能会出于好奇心去购买。其次，“丽江石榴哥”认证了“抖音扶贫达人”，一方面，告诉用户“丽江石榴哥”的直播内容聚焦扶贫、“三农”等，直播商品以农产品为主；另一方面，这也是“丽江石榴哥”的一个品牌背书，有利于提升用户对他的信任感。最后，“丽江石榴哥”的账号简介为“宠辱不惊去留无意，摆摊人石榴哥”，体现了“石榴哥”朴实无华的人格魅力。

3）通过短视频内容强化人设

“丽江石榴哥”是一个典型的聚焦“三农”的账号，“丽江石榴哥”会在抖音账号中发布与扶贫、助农相关的短视频，不断强化“抖音扶贫达人”这个人设标签。

2. 积累粉丝

主播在带货前积累粉丝，形成一定数量的粉丝基础，有利于快速完成直播冷启动。“丽江石榴哥”在开直播之前，已经通过打造人设和运营短视频账号，积累了一定数量的粉丝。为了提升粉丝的归属感，他还为自己的粉丝设置了专属的昵称“石榴籽”。

3. 直播前积极预热

在直播前，“丽江石榴哥”会提前发布预告直播的短视频，为直播预热。例如，2020 年 4 月 24 日，“丽江石榴哥”对“2020 年第二十一届（寿光）国际蔬菜科技博览会”（简称“菜博会”）进行了现场直播，带领用户云逛菜博会。在直播开始前，“丽江石榴哥”发布了多条短视频为直播预热。除了“硬广告”植入，“丽江石榴哥”还会采取“软广告”植入的方式为直播预热。通过讨论当地的气候、环境等引起人们对当地的兴趣。

4. 原产地直播

在直播场地的选择上，“丽江石榴哥”通常在农产品的原产地进行直播，直观地向用户展示农产品的生产环境，或在农贸市场进行直播，这样有利于提升用户对农产品品质的信任。

5.4　其他电商平台直播

5.4.1　拼多多直播

1. 拼多多概况

拼多多成立于 2015 年 9 月，是国内移动互联网的主流电子商务应用产品、专注于 C2M 拼团购物的第三方社交电商平台，旨在凝聚更多人的力量，用更低的价格买到更好的东西，体会更多的实惠和乐趣。用户通过发起和朋友、家人、邻居等的拼团，能够以更低的价格拼团购买优质商品。

拼多多通过创新的商业模式和技术应用，重构了现有商品流通环节，不断减少社会资源的流失。它既为用户创造了价值，又促进了农业和制造业的发展。

2. 拼多多直播流程

1）开播暖场

在拼多多进行直播时，一开场先跟用户问好，进行自我介绍，并欢迎大家来到直播间。主播的名字要简单好记，让用户有亲切感。主播可以在开场的时候就强调抽奖环节和时间点，在开场和直播期间可以点名欢迎进入直播间的用户。最后不要忘记让用户关注店铺，这样后期只要店铺有直播活动，都可以在第一时间提醒用户。

2）抽奖环节

在刚开播的时候，可以进行首轮抽奖，抽奖时一定要明确奖品价值、数量、发放方式、领取时间和规则。主播应多利用抽奖活动，引导用户关注和分享直播。

3）商品讲解

拼多多直播内容主要还是介绍商品，主播在拿出一款商品的时候，首先要简单介绍一下商品的基本信息，后续再增加商品的核心卖点和其他卖点，重要部分可以重复说 3 次。用户可以通过商品详情页、用户评价或用户咨询客服的问题获得商品信息。主播在直播期间，一定要记得跟评论区的用户进行互动，回答他们的疑问，这就需要主播对商品非常了解。如果遇到主播的知识盲区时，辅助运营的那部手机就发挥作用了，其他工作人员可以通过这部手机提醒主播。

4）引导用户拼单

用户观看直播主要是想以最优惠的价格购买商品，所以主播一定要强调在直播间购买非常优惠，可以通过限时限量方式提醒用户商品稀缺，实时向用户播报商品库存数量。有些用户可能还不会操作下单，主播一定要多次用辅助运营手机演示下单给用户看。

5）结束直播并预告

在直播最后时段，主播可以先安抚没有抽到奖品的用户，并强调下场直播开播的时间，如“明晚 8 点准时相见”。主播还要提前预告下期的直播商品和直播福利，吸引用户次日晚上继续观看店铺直播。

5.4.2 斗鱼直播

1. 斗鱼简介

作为最有影响力的十大直播平台之一的斗鱼，早前隶属于弹幕视频网站 AcFun。AcFun 作为我国第一家弹幕视频网站，自成立以来，每日上传的视频数量不断攀升，用户黏性也日渐增强。然而，随着互联网的普及以及人们观念的改变，用户要求增强网络视频的互动性。在此情况下，AcFun 成立了生放送现场直播平台。这一平台的成立，不仅克服了网络视频上传的弊端，同时也满足了用户的互动需求，一时之间成为网络用户的焦点。后来，由于受到资金限制，以及发展观念出现冲突，生放送现场直播平台从 AcFun 独立出去，并正式更名为斗鱼。斗鱼这家在 2014 年成立的公司，仅仅用了两年多的时间就成为行业的佼佼者。

作为直播行业第一个“吃螃蟹”的平台，斗鱼最早推出了“直播 +”的发展战略，主要目的是打造“泛娱乐”模式，将娱乐精神发挥到极致，以此使更多用户涌入直播平台，增加收益，更深层次提升斗鱼的品牌价值。

2. 斗鱼的品牌运营

1）游戏赛事的广告植入

在初期发展阶段，通过在赛事中冠名，斗鱼品牌的影响力开始迅速扩大。这一策略具有以下 3 方面的优势。

（1）相比于国际赛事，在电竞俱乐部举办的赛事中进行冠名，只需要付出较少的费用。

（2）在游戏赛事中冠名，可以拥有多次机会在受众面前曝光，因此具有相当高的投入产出比。

（3）可以和电竞俱乐部成员就内容播放问题达成协议，从而针对平台需求生产新的内容。现今的斗鱼已经在多家俱乐部冠名，并且在国际赛事中取得了相当突出的成绩，而这种营销策略显然也与斗鱼的品牌定位一致。长期以来，斗鱼一直努力成为游戏直播领域中的领头羊，不仅对内容做出严格的要求，也致力于带给用户最佳的体验。此外，斗鱼还同时赞助了多个赛事队伍，从而进一步扩大了自己品牌的规模，使曝光率与知名度都得到了大幅度的提升。

2）通过与网红合作引流

网红和直播平台之间有着密切的联系。很多平台都选择运用网络引流，同时提升知名度。首先，与知名主播签订合作协议。斗鱼与知名游戏解说员签订合作协议，不仅为直播行业带来了大量的人气，同时对斗鱼品牌进行了宣传；其次，邀请众多网红在平台上进行直播。网红作为具有争议性的人物，能吸引大量的受众。

3）与其他行业巨头资源互换

斗鱼是最早开始和多个知名手机厂商进行合作的直播平台。对多款手机的发布会进行直播，借助手机厂商的知名度迅速提升平台的形象，从而稳固自己的地位。斗鱼平台运用自身已有的流量，与其他公司互相交换优势资源，是斗鱼经常采用的策略。斗鱼平台吸引了众多年轻用户，尤其是在游戏动漫行业，其流量十分可观，从而引起了众多知名品牌的关注。运用自身优势，斗鱼进行了大量宣传，通过与更多著名品牌进行合作，又使得平台的内容更加丰富，从而使平台的知名度进一步提升。

4）线上、线下活动的延伸

在线下，斗鱼平台也举办了一系列的活动，不仅成功地延伸了自己的品牌，还打造了“泛娱乐”这一文化品牌。通过线下活动，斗鱼将嘉年华活动和城市品牌联系起来，进而更好地展示城市文化形象。同时，斗鱼更加高调地走进更多年轻人的视野，也向外界展示了自己的内涵。

5）平台粉丝互动分享

对任何一个平台而言，粉丝都是最为重要的资源。在直播过程中，斗鱼平台通常会采用授予特权的方式引导大量粉丝，从而进一步增强平台自身的影响力。此外，斗鱼在宣传品牌时，还采取措施激励众多粉丝分享，对于分享直播间的粉丝，斗鱼平台会给予相应的经验值，或者让主播给予提示，从而提高粉丝的积极性。斗鱼的经验值可以帮助粉丝提升自己的等级，等级升高的粉丝将拥有一定的特权，包括获得徽章等。

3. 斗鱼的内容运营

1）坚持弹幕文化

斗鱼由 AcFun 生放送现场直播演变而来，而 AcFun 生放送现场直播原本是一个视频弹幕网站，因此，其弹幕文化独具特色。在发展过程中，斗鱼还注意结合直播的特征，使自己的弹幕文化更加独特。年轻用户通常急于表现自己，很多观点也较为新奇。通过弹幕文化，不仅可以为主播吸引大量的粉丝，还能让粉丝感觉到用户对自己的关注。此外，不同用户之间也可以进行互动。斗鱼平台在发展初期，正是因为重视弹幕文化并大力加以发展，才形成平台所独有的弹幕文化，其他平台虽然也可以复制这一方式，但是内容难以复制。

2）直播顶级赛事

斗鱼平台投入大量资金购买大型游戏的赛事直播权，如图 5-42 所示，从而吸引众多玩家关注。顶级赛事能够为斗鱼平台吸引大量的游戏玩家，同时能帮助斗鱼迅速聚集大量的人气。斗鱼不断投入资本购买新的内容满足广大粉丝的需求，从而获得大量粉丝的认可，在众多直播平台中始终保持着自己的优势。

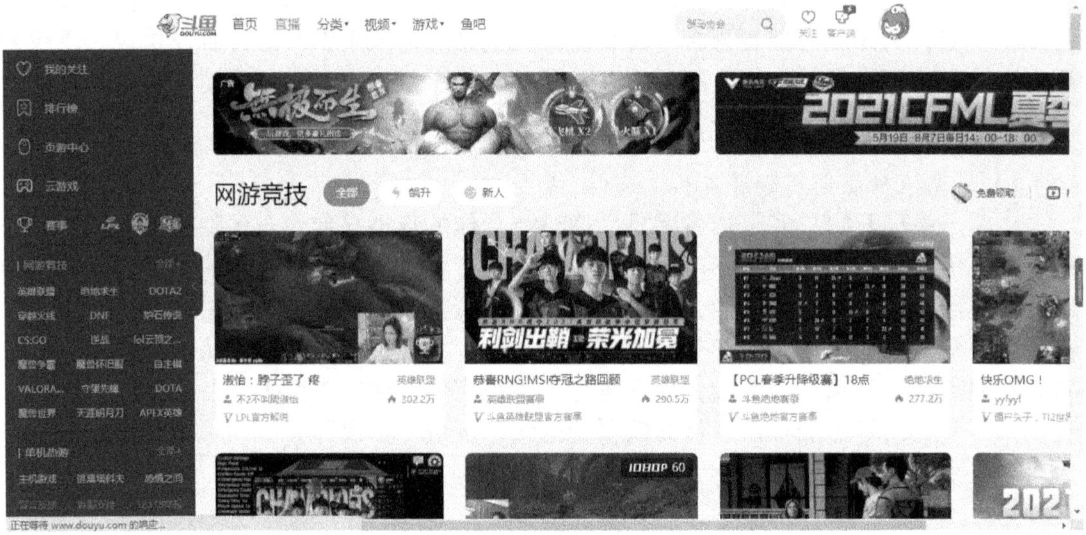

图 5-42　斗鱼赛事

3）自制直播节目

在直播行业，斗鱼一直稳居前列，而且很多节目都是平台自制，这充分彰显了斗鱼的野心。尤其在综艺节目方面，斗鱼集中了所有的优势资源，通过多种策略，如独家签约、突出节目特色等，在竞争中一直稳占优势，将其他直播平台远远甩在后面。

4）“斗鱼＋”内容模式创新

如今的直播业更注重直播内容的质量，高质量的内容在任何平台都会受到欢迎。斗鱼通过率先提出直播的一系列策略，同时在多个领域发力，具体包括综艺、科技以及游戏等，然后再进一步细分市场，从而吸引大量的用户，打造出一种全新的直播生态。斗鱼还通过直播明星自编自导的作品，拓展粉丝与明星接触的渠道，从而尝试新的直播方式。斗鱼新奇的模式也为平台吸引了大量的人气，大量优秀节目的涌现证明斗鱼所采取的策略是有效的，同时直播平台未来的内容也会更加丰富，斗鱼内容全部分类如图 5-43 所示。

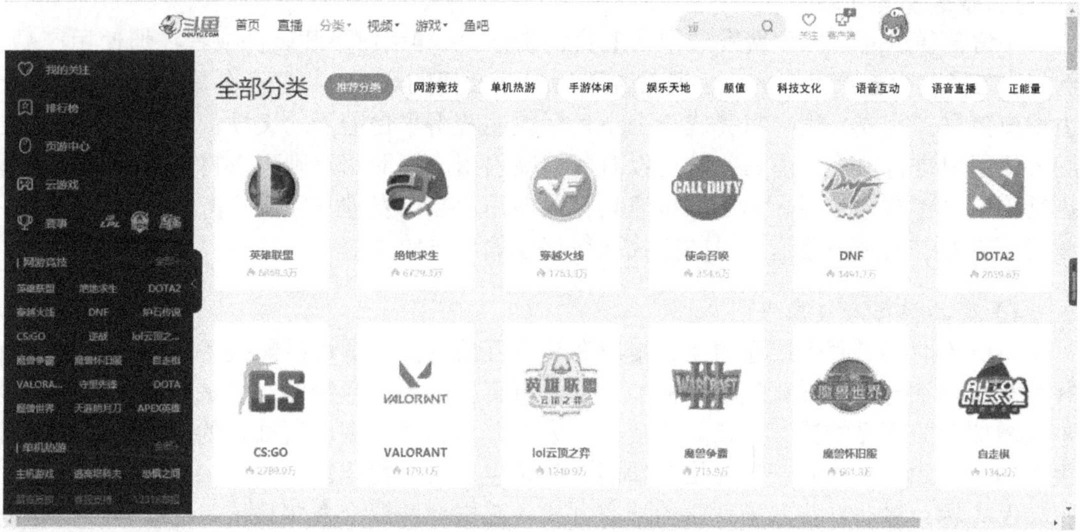

图 5-43　斗鱼内容全部分类

4. 斗鱼的广告运营

1）多种广告入口组合推广

斗鱼直播平台针对商品特征、用户具体的应用场景以及不同的客户端，开发针对性的入口，面向更多的用户推广商品。第一是电脑端。电脑端对应大量网站，入口数量众多，广告形式也十分丰富，如横幅广告、滚屏广告等；第二是移动端。相比于电脑端，移动端界面比较狭窄，入口数量少，只能投放一些比较简单的广告。平台在挖掘入口时通常会先分析用户习惯，选择在一些比较醒目的地方投放广告。斗鱼开发了大量的入口用以推广自己的产品，在推广时还采用了组合搭配的策略。例如，网页游戏产品就充分利用了页面的顶部横幅，通过放置广告向用户传递信息，让更多的用户了解斗鱼，从而吸引大量用户关注斗鱼的游戏中心，而右侧的公告栏则主要用于推广游戏产品。用户进入游戏中心之后还能看到许多插屏广告，从而将游戏产品的信息传递给用户。斗鱼通过将各种不同的广告方式结合起来，在最大程度上推广游戏产品。

2）主播口播广告

知名主播在进行直播时通常会亲身体验游戏产品，然后将自己的体验告诉所有用户，吸引用户试玩。例如，游戏主播如果想将某款键盘、鼠标商品推荐给用户，则主播会自己先试用，然后把自己使用商品的体验告诉用户。这种亲身体验、口口相传的模式能够提高商品的可信度，使商品的销量大幅度提升，同时不会对用户的观看体验造成任何影响。主播可以根据自身对商品的定位挑选广告内容进行投放，确保宣传效果符合经营的策略。

3）赠送道具礼物

斗鱼曾通过向用户免费发放平台道具，激励、引导用户下载软件或者注册使用产品。例如，在推荐手游产品时，斗鱼通常会采用设置任务的形式，将任务分成一个个小目标，由用户自己去完成，用户每完成一个小目标就能获得平台给予的奖励，通过这一模式鼓励大量用户进行消费。道具礼物可以有效地吸引用户，而用户则可以将自己获得的道具打赏给自己喜欢的主播。为了获得道具，很多用户会自发地去完成任务，如此一来，斗鱼就可以通过向用户赠送道具的方式获得丰厚的广告收益。

4）商品推荐入口广告

斗鱼还推出了商品推荐功能，用户在观看直播的同时还可以购买各种商品。但斗鱼并没有像淘宝直播那样直接展示商品，也没有直接加入商品链接，只是在直播界面的最下端增加有关商品的推荐入口。斗鱼用户大部分是男性，因此所推荐的商品大多都是男性用品。由此可见，对于商品推荐功能，斗鱼也进行了优化。

很显然，移动直播是一种新的社交方式，必定会受到众多年轻用户的喜爱，但是也要注意避免昙花一现。由于直播行业的经营者数量不断增加，直播平台必须在内容或者功能上进行创新，才能吸引更多的用户，在激烈竞争中始终占据优势。斗鱼在运营过程中所采取的诸多策略已经取得了显著成效，值得其他平台认真分析借鉴。

5.4.3 虎牙直播

1. 虎牙直播简介

虎牙直播是 YY 旗下的一个直播平台，也是我国领先的互动直播平台，由全球首个富集通信业务运营商——欢聚时代投入核心技术与优势资源打造，为用户提供全高清、流畅而丰富的互动式视频直播服务。图 5-44 为虎牙直播首页。

虎牙直播在电脑端和移动端都发展迅速。提起虎牙直播，很多人最先想到的就是游戏。虎牙直播有流畅的赛事直播与游戏直播，包含《王者荣耀》《英雄联盟》等热门游戏直播。

虎牙直播虽然以游戏直播为主，但也包括了多元化的热门直播内容，如音乐、娱乐、综艺、教育、户外、体育、真人秀、美食等。虎牙直播的游戏直播资历很深，在游戏方面有很多独家资源。

图 5-44　虎牙直播首页

2. 虎牙直播的功能

1）推荐直播

在虎牙直播的首页有一个推荐直播版块。根据用户的喜好，虎牙直播会为用户推送热门、最新的直播，让用户可以及时看到最新的直播，如图 5-45 所示。

图 5-45　虎牙直播的推荐直播

2）栏目分类

在栏目分类模块中，单击“分类”会看到上百款游戏，这些游戏均为精细化分类，用户可以快速找到想要观看的游戏直播，如图 5-46 所示。

图 5-46　虎牙直播的全部分类

3）直播竞猜

直播竞猜是一个非常迎合用户的功能。在这里，用户可以一边观看直播，一边与其他网友趣味竞猜。

4）趣味弹幕

在虎牙直播中人人都可以上头条，而这个头条就来源于你的弹幕，如图 5-47 所示。用户一起参与互动，可以发送个性弹幕，提高自己的人气，也可以为喜欢的主播加油。

图 5-47　虎牙直播的趣味弹幕

除了上述功能，虎牙直播还拥有包括网游竞技、单机游戏、手游休闲、娱乐综艺在内的四大品类近 300 个特色频道，涵盖电子竞技、音乐、体育、美女、户外、真人秀、综艺、娱乐、美食等多元化热门内容。

3. 虎牙直播的内容

1）游戏直播

（1）主播。以游戏为核心，虎牙直播通过全明星主播战略，签约了包括“电竞女神”“国服第一”“电竞 BB 机”“绝地求生战队 4AM”等在内的明星主播，并俘获了“游戏宅”的青睐。

（2）官方赛事。虎牙直播拥有多项国际顶级赛事的直播和独播版权，如《英雄联盟》的 S 系列赛、季中赛，《王者荣耀》职业联赛等。2017 年 12 月 27 日，英雄联盟官方宣布虎牙直播成为 2018 年冠军联赛独家直播平台。2018 年的《绝地求生》全球邀请赛，虎牙直播除了拿下官方视角直播版权，还拿下 4AM、OMG 的独家第一视角版权。

（3）自办赛事。YY 明星主播（YSL）联赛是虎牙直播面向全平台所有优秀主播，以开放、公平、扶持的态度，为观众献上的明星级赛事。早在 2013 年举行首届 YSL 英雄联盟游戏联赛时，曾创下观看人数超过 1 000 万人次的纪录。随着品牌的扩大化和精品化，各路优质主播也应运而生。

此外，天命杯、虎牙直播手游大赛、《公会争霸》赛、《王者荣耀》全明星联赛等，丰富了虎牙直播的内容生态，收割了超高流量。

2）户外直播

虎牙直播推出以手机开播内容为主的户外直播以后，每天数以万计的人通过手机直播变身户外直播。户外直播如今也成为发展最快的泛娱乐品类，日活跃用户数量达 1 000 万人次。

3）综艺节目

作为国内直播领域第一梯队中资深的直播平台，虎牙直播的体验和服务创新还体现在内容的构建上。除了游戏直播，虎牙直播还深耕泛娱乐领域多年，推出多档综艺节目。

4）星秀直播

星秀直播是虎牙直播以传统秀场为基础拓展的新型娱乐直播，以好声音、舞蹈和脱口秀作为主要直播内容。品类内主播不仅有才艺爆表的素人主播，更有国内外的知名艺人。用户在与主播的互动中，形成了高度社区化以及高付费率的特性。

5）明星直播

虎牙直播与明星签约，明星在直播节目中担任评审、主持、解说，化身全能游戏主播，跟用户进行前所未有的零距离接触。

5.4.4　映客直播

1. 映客直播简介

映客直播是一款覆盖了 iPhone、Android、Apple Watch、iPad 等多个移动操作系统的全面化的社交视频直播应用平台。映客可使用微博、微信账户登录，操作方法十分便捷，只需一部手机即可。映客直播优势众多，功能强大，包括精彩回放、高清画质、互动交流、私信聊天等。

提起映客，大家首先想到的极可能是年轻时尚潮流范儿，而映客直播正是一款与时下年轻人崇尚的极简主义相匹配的直播平台。映客直播具有大屏移动设备实时传递高清画质的特点，让直播不再是年轻人士的专属，更属于全民。映客还具有超级稳定的信号，用户只要在有网络的环境中，就可以打开映客进行直播分享，尽情展现属于自己的时尚和精彩。

知识扩展

“第三届 FUE 时尚文化周”启动，映客获授儿童友好战略合作联盟单位

中新网 11 月 24 日电 随着人群中传来的一阵欢呼，“光芒计划 点亮未来”长沙儿童友好专列驶入长沙地铁二号线，满载爱心与使命，向着美好的明天和梦想出发。

2020 年 11 月 20 日，正值世界儿童日，第三届 FUE 时尚文化周暨世界儿童日“光芒计划 点亮未来”长沙儿童友好专列首发仪式在地铁 2 号线五一广场地铁站厅举行。

据了解，长沙儿童友好专列共设有 6 节车厢，用丰富的视觉表达传递情感输出，以扁平化的设计风格为乘客营造温馨、梦幻、童真的出行氛围，从儿童的视角进一步倡导儿童友好理念。

“推动摇篮的手就是推到未来的手”，孩子与母亲和女性群体是密不可分的。芒果公司光芒计划发起人薛玲向记者表示，光芒计划可持续发展公益项目立足女性创业创新成长，赋能女性“力量”，将持续关注女性与儿童公益事业，让光芒计划点亮未来！

映客主播受邀出席随后举办的第三届 FUE 时尚文化周系列活动中的“咏叹调的神秘花园”活动。活动现场上演了童模大秀和儿童音乐剧，打造出一场光芒计划点亮星光的视觉盛宴，为打造马栏山“中国 V 谷”注入新的源头活水，为长沙儿童友好型城市建设凝聚更多的社会力量。

平台与主播双联动是映客投身公益的一贯举措。“小映助学”“小映读书”“小映帮我”“小映音乐教室”“小映书柜”等深入人心的公益项目已经联动上千名主播，吸引上千万人的关注，切身帮助到数万名贫困留守学子和儿童。

汇聚爱心，点亮未来。映客积极承担社会责任，倡导“直播+公益”的正能量，也势必会号召更多的映客用户加入公益这条阳光之路上。涓涓细流汇聚成海，映客与映客主播会始终在公益路上不遗余力地前进。

极简、时尚是映客直播的最大特点。映客直播的首页下方有 4 个模块：直播、交友、关注和我，如图 5-48 所示。另外，在下方最显眼的中间位置就是【开始直播】按钮，单击这个按钮就可以选择视频直播、电台直播等映客直播功能，如图 5-49 所示。

图 5-48　映客直播首页

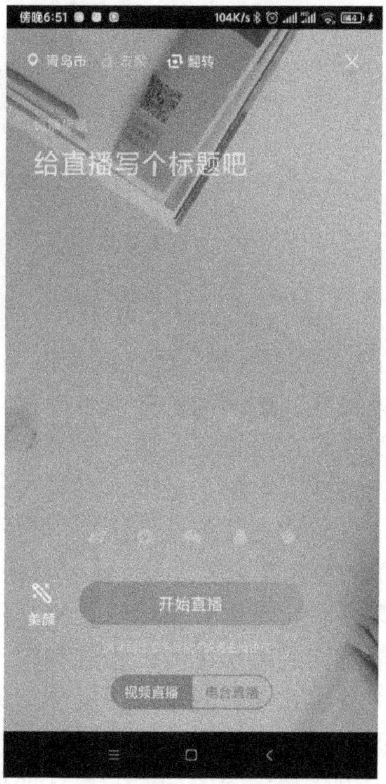

图 5-49　开始直播

2. 映客直播的运营策略

（1）打造温暖、人性化的社交平台。作为全民直播的佼佼者，映客直播拥有庞大的受众群体。为了更具特色，映客直播为所有人（不分年龄和性别）提供了一个分享自己生活和爱好的平台。无论什么年纪的用户，都可以在映客直播上展示自己。

（2）专门为用户设计推广方案。映客直播与其他直播平台差别最大的地方在于映客会最大限度地关注用户的需求。映客直播根据用户年龄等方面的差异，专门设计了直播模块，不单单是针对喜欢社交的年轻人，还有中老年人以及各领域的专业人士等。

映客直播的发展策略为其吸引了大量的用户，同时让映客直播成为全民直播时代里一颗璀璨的明星。

3. 映客直播的模式探索

虽然映客有较高的用户流量及较多的活跃用户，但聊天是平台最主要的直播形式。不难发现，这种发展模式很难沉淀忠实用户。微信自媒体运营方则掌握着许多优质的原创内容，其与映客直播平台能够产生良好的互助关系。

具体来看，映客可以尝试通过以下“直播+自媒体”模式（见图 5-50），在映客直播平台深度掘金。

（1）映客直播 + 知识号。“直播 + 教育”是目前映客平台专注的一大重点领域，而映客直播中的知识号能够以直播的形式，将优质内容很好地传播给有需求的目标用户。

图 5-50　映客“直播 + 自媒体”模式

（2）映客直播 + 本地号。映客直播+本地号的运营方可以将自身的目标群体定位为当地的广大民众，邀请他们分享当地发生的各种事情等。

（3）映客直播 + 企业号。小米公司曾通过映客平台举办了一场线上发布会，取得了良好的传播效果。由于企业本身具有一定的品牌影响力，在进行直播时往往会吸引大量的用户。现阶段常见的企业直播内容主要包括各种发布会、员工的工作日常等。

（4）映客直播 + 美食号。映客直播+美食号的运营方可以尝试让厨艺精湛的厨师在直播间分享各种美食制作流程、如何辨别食材品质等，这使得用户在与主播进行互动的同时，还能学习到制作美食的相关知识，很容易沉淀大量的忠实用户。

（5）映客直播 + 阅读号。关注阅读号的粉丝对阅读有着极高的兴趣，阅读号运营方可以邀请一些知名作家、专家学者举办线上读书会，分享创作某一作品时的趣事等，在为用户提供优质内容的同时，也让他们能够接触到行业内的“大咖”。

映客直播对优质内容具有极大需求，而自媒体需要寻求用户流量，双方的合作能够实现优势互补，在直播红利的驱动下，“映客 + 自媒体”将爆发出巨大的能量。

复习思考题

1. 淘宝直播的优势是什么？
2. 开通快手小店有哪些步骤？
3. 如何打造火爆抖音直播间？

第 6 章 直播营销误区和直播规范与监管

学习目标

- 了解直播营销误区；
- 掌握直播电商禁忌。

学习重点、难点

学习重点：

- 直播营销常见的价值观问题；
- 直播营销误区的规避策略。

学习难点：

- 直播规范与监管；
- 直播营销误区的规避策略。

6.1 直播营销误区

6.1.1 直播营销常见误区

虽然直播营销能给直播平台和主播带来很多利益，但在直播营销的过程中也存在着多种误区，直播从业者应了解和认知这些误区，避免陷入误区，以确保直播营销在正常的轨道上运行。

1. 依赖第三方直播平台，存在不匹配等隐患

很多企业因为看好第三方直播平台用户数量多、流量大的优势，所以常常借助泛娱乐直播平台进行直播营销。实际上这种做法非常不可取，因为对于企业，这些第三方直播平台的用户与企业及其目标客户不完全匹配。

因此，企业在第三方直播平台进行直播，换来的只是表面上的虚假繁荣，犹如“泡沫经济”，并不能获得营销的最优效果。此外，更为重要的是，借助这些第三方的视频直播平台进行直播，往往受制于现场的网络环境，因为大型发布会现场的 Wi-Fi 网络经常会出现信号时有时无的情况，而移动网络更是经常堵塞，这就会造成视频直播过程中经常掉线，严重影响用户的观看体验。

因此，企业在利用直播进行宣传时，可以与专业的直播平台展开合作，充分利用其成熟的技术，就能解决直播中卡顿、掉线的问题，直播过程才会更加顺畅。

2. 企业自建直播平台，性价比不高

有些企业会为了营销而自建直播营销平台，这虽然保证了受众的精确度，但却增加了营销成本，所以，这不是最佳选择。有些成熟的视频直播解决方案平台已经在市场上崭露头角，例如，在视频直播平台的搭建方面，目前市场上已经有非常成熟的一站式视频直播解决方案厂商，企业可以考虑与他们合作。

3. 盲目从众、为了赶时髦玩直播

视频直播不应只是风靡一时的营销手段，还应该成为能够实实在在为企业盈利的优质平台。企业要注意的是，不能把视频直播片面地看成是一个噱头，而是要大大提高营销转化的效果。

特别是一些以销售为主要目的的企业，仅仅利用网红烘托气氛，还不如直接让用户在视频直播平台中进行互动，想方设法调动用户参与的积极性。

4. 擅自经营，直面违规查处风险

当下网络视频直播行业市场大热，各种直播经营者一拥而上，面对直播行业巨大经济利益的诱惑，许多经营单位未经许可就擅自经营网络表演等业务。在法律上，这些行为已经涉及违规经营和超范围经营。按照相关法律法规，文化监管部门和市场监督管理

部门都有权对其进行查处。而造成这种擅自经营现象随处可见的原因是什么呢？首先是巨大利益的驱使；其次是法律意识的淡薄，最后是经营者的良莠不齐。

5. 非法侵犯他人的合法权益

在直播内容方面，存在侵犯他人肖像权和隐私权的问题。例如，一些网络直播将商场、人群作为直播背景，全然不考虑被镜头拍摄的人是否愿意上镜，这种行为极有可能侵犯他人肖像权和隐私权。

自从视频直播逐渐渗入人们的日常生活，用户已经几乎没有隐私了，反倒很容易成为别人观看的风景或他人谋利的工具。隐私权有两个方面的特征：第一，隐私权具有私密性特征，权利范围由个人决定；第二，隐私权由自己控制，公开什么信息全由个人决定。

当人们身处公共领域中，并不意味着人们自动放弃了隐私权，可以随意被他人上传至直播平台。事实上，人们可以拒绝他人的采访，也有权决定是否出现在视频直播中，因为人们在公有空间中有权行使自己的隐私权。因此，直播的非法侵权行为是法律禁止的。

6. 逃税现象频频出现

视频直播行业利润可观。很多主播认为视频直播可能带来高收入，就蜂拥而上。公民的收入涉及缴税问题，例如，与直播主播类似的明星就有出现逃税问题的。逃税也可能构成刑事犯罪，如果主播逃税数额巨大，不仅自己前途未卜，还会对整个直播行业造成极其恶劣的影响。

6.1.2 直播营销常见的价值观问题

1. 直播平台门槛过低，年轻用户的价值观易受误导

当前直播平台的门槛过低，无论用户什么教育程度、多大年龄、什么背景，都能在平台开直播。所以，很多人都往直播平台挤，各类人都有，导致视频直播平台不断出现直播内容上的问题，如直播酒驾、直播涉黄事件等。我国在线直播平台用户大多是年轻人，许多平台甚至将用户群精准锁定为“90 后”和“00 后”，这一年龄段用户尚未建立起健康牢固的价值观、是非观，容易受到主播的个人诱导。

针对这类问题的出现，相关的直播平台，就应当对此类事件引起高度重视。官方应加强对直播内容的监管，即直播平台对于主播的审核应该更加严谨，对于直播的内容应当进行层层把关。

即使普通的直播，也是将信息进行传递。不正确的信息传递方式或传递不正确的内容，都很容易误导他人。目前，直播平台被各个行业、各个年龄段的人加以运用，难免出现人们对错误观点予以接纳和认可，并导致错误观点的传播。尤其是思想并不成熟，还需要父母监管的未成年人，他们对是非曲直的判断，并不是那么准确，如果不小心防范，就很容易被他人误导，从而走上不归路。

2. 直播内容粗俗驳杂，运营监管难度和成本大大增加

随着网络视频直播行业的不断发展，泛娱乐直播模式发展得越来越完善，模式的完

善带来了内容的不断丰富，同时也使一些不健康的内容趁机流出。近几年新闻对直播的负面报道偏多，这导致直播平台方不得不加大力度对直播内容进行整顿和监管。

很多主播对直播的理解就是工作轻松，赚钱快。所以导致直播平台内容繁杂，无论做什么，只要能吸引用户，只要能够赚钱就行，就很容易诱惑主播对各种违禁内容进行尝试。甚至有的主播利用“荷尔蒙经济”，采用品位低俗的内容、有违社会主流正气的方式吸引用户。不少主播游走于灰色地带，在直播中穿着暴露，甚至有越界行为。而这些直播的内容，都是在浪费资源。但由于直播内容太宽泛、直播涉猎领域又极为广阔，再加上直播行业一些“灰色边缘地带”的存在，使直播平台方对其运营监管感到有些力不从心，其运营监管的成本也成为一大难题。

3. 直播主播盲目拜金、追求物质

拜金主要指崇拜金钱。除了拜金，追求过高的物欲也是某些主播错误的价值观。物欲指一个人对物质享受的强烈欲望，在物欲的驱使下，某些主播可能会做出很多错误的事情。

6.1.3 直播营销误区的规避策略

既然了解了直播营销中存在这么多的误区，那么人们应如何避免走入误区呢？

1. 扩大监管，提高平台质量

如同大浪淘沙的网络直播平台促使用户想方设法吸引眼球，导致产生了很多网络直播乱象，也带来了巨大的副作用。于是政府加大了网络监管力度，只有政府部门监管与行业自律相结合，才能达到监管的目的。

最有威慑力的官方部门的监督管理，对打击行业乱象更有成效。文化部在对网络直播的监管中，起到了巨大的作用。2016 年 7 月 7 日，文化部发布了《关于加强网络表演管理工作的通知》；随后几天就依法查处了 23 家网络文化经营单位，处理违规网络表演主播 16 881 人，有力地整顿了直播平台。

文化部建立的长效管理机制包括两个方面，一方面，对网络表演的关键环节进行规范；另一方面，规范网络文化市场经营秩序，以创造健康向上的网络环境。

在国家互联网信息办公室举办的“网络名人社会责任论坛”上，多位网络名人经协商达成共识，提出了 7 个底线，即法律法规底线、社会主义制度底线、国家利益底线、社会公共秩序底线、公民合法权益底线、道德风尚底线和信息真实性底线。“7 条底线”至今有效，对网络直播行业起着规范的作用。

加大监管力度不仅对网络直播行业有利，还可对直播从业人员、平台经营人员和用户都有极大的促进作用。通过监管可以对行业秩序进行完善和整顿，令其爆发出更多新的生机。

2. 加强直播平台的主播审核标准

直播平台想要在行业中一直生存下去，平台中的主播必须配合官方监管，用保证平

台自身质量的方式推动整个行业的进步。平台应设定相关的直播规定，包括主播申请资格、主播违规管理办法、直播语言和内容要求、虚拟礼物充值，以及变现规则等。明文规定出台后，还应采取实际措施。在主播直播过程中，应有专门的直播间管理人员分工监管各个直播间的主播动态，及时发现那些内容超出管理规定的主播。

1）实名认证

实名认证指直播平台对主播的个人身份信息进行实名制认证，现在很多大型的直播平台如 YY、虎牙、战旗、斗鱼等都已经实现了该功能。而且一旦出现直播内容、主播的言论问题，在现实生活中就应当追究到个人。只有部分手机直播软件，为讲究其便捷性，仍旧是不需要个人实名认证，任何人、任何事都能进行直播，但这样很不利于执法部门对直播内容进行监管。

2）基本学识的考核

做主播不需要做到知识渊博、融会贯通，但中华文化博大精深，如果主播胸无点墨，怎么能更好地与用户互动沟通呢？所以直播平台不定时地对主播的基本学识、基本常识进行考核还是很有必要的。

3）才艺考核

直播平台的主播经常要进行各方面的才艺展示，才艺好才能将内容更好地呈现给用户，以提高直播的质量。

虽然主播不用考专业证书，但是其才艺的基本功底一定要有。直播平台可以针对不同才艺分门别类，拟定一套考核标准，通过考核才能成为主播，并且可以为主播颁布才艺等级标志，这样也可算是对专业技能优秀的主播的鼓励。而关于主播的颜值和口才方面的才艺，只能作为专业技能加分项。

4）道德标准

主播的道德观念不强，就很难将信息进行正面积极有效的传播。然而道德思想是很难进行审核的，那么相关的直播平台可以对新入驻的主播进行基本的道德教育培训；或不定时地对主播进行道德培训，以加强主播的直播职业道德。

3. 设定准入标准，限制直播门槛

网络直播行业包罗万象，包括各种各样的平台、各行各业的主播，以及各门各类的直播内容。不管是针对平台还是针对主播，直播的准入门槛给人感觉似乎很低：只要有一个智能手机或计算机，直播好像没有什么难的，随便和用户聊聊天就能创造万众瞩目的收入传奇。所以，很多人争先恐后地涌入直播行业，造成了行业的快速发展和恶性竞争，直播界逐渐显出浮躁的态势。而用户对直播行业给予了无限厚望，设定直播准入门槛是大势所趋。

平台的准入限制已经明确，对主播入行的限制还要靠平台进行具体操作实施。所有直播平台的主播申请过程都不算太简单，主要是在个人信息审核环节，直播平台会要求申请人填写诸多信息，包括真实姓名、身份证号码和联系方式等真实信息，还要求申请人上传个人手持身份证的高清验证照片。录入真实信息是为了核实主播身份，也是为了在主播一旦做出违法违规行为时，能够准确处理。

4. 设置法规，明确社会责任

法律法规是所有人的行为底线，在直播行业也不例外。法律法规不仅是为了行业秩序的稳定而设立的强制性明文规定，更是明确行业从业者公民责任的宝典。有不少直播从业者屡次挑战法律法规的权威，钻法律法规的空子，以为自己能够逍遥法外。而事实上，法律法规永远在不断完善。为了使法律的漏洞越来越少，政府执法部门和直播平台都要意识到针对问题设置法律法规的重要性。

直播行业曾经发生的直播恶性事件阻碍了网络直播平台的有序发展。要改善这些不良现象，不仅要靠行业自律，也需要政府和司法部门等各方面对其严加管理。相关网站作为平台，要履行监督责任，不能“揣着明白装糊涂”，放任他人利用其平台搞违法勾当，以便自己分利其间。2016 年 4 月 13 日，北京网络文化协会协同 20 多家从事网络直播的主要企业发布的《北京网络直播行业自律公约》，对于主播的认证和行为规范划定了“红线”，对直播平台的审核、监管等也提出了明确的规定和罚则。

知识扩展

《网络直播和短视频营销平台自律公约》

2020 年 9 月 28 日，北京市市场监督管理局官网刊登了一则新闻“北京市场监管部门积极探索互联网新业态治理创新，3 家企业发布《网络直播和短视频营销平台自律公约》。”

在北京市市场监督管理局和海淀区市场监督管理局的指导下，抖音（北京微播视界科技有限公司）、快手（北京快手科技有限公司）、京东（北京京东世纪信息技术有限公司）3 家企业共同发布了《网络直播和短视频营销平台自律公约》（以下简称《自律公约》）。这 3 家企业成为加入该《自律公约》的首批倡议企业，《自律公约》自 2020 年 10 月 1 日起开始执行。

5. 直播内容与技术齐上阵

1）“直播+人工智能”

“直播+人工智能”的出现，极大地提高了用户的直播体验。花椒直播首次推出的机器人直播吸引了 200 多万名用户观看，累计一小时的直播获得了价值约 120 万元的打赏礼物，效果可谓惊人。

用户对人工智能如此感兴趣的原因，在于直播内容的同质化已经使广大用户感到厌恶，而“直播+人工智能”的形式让人们眼前一亮。观看机器人进行才艺表演并与机器人进行交流互动感觉很新鲜，毕竟大部分用户没有与机器人互动的亲身体验，而“直播+人工智能”则提供了这个机会。

通过新技术改善用户体验，使直播平台突破了内容同质化的窘境，从直播行业中“突围”成了应对直播危机的明智之举。今后直播平台的竞争也会以技术创新为核心。

2）直播内容和渠道创新

事实上，直播不能作为一种独立的商业模式存在，而只是一种信息传播的工具，必须与其他内容、渠道相结合，才能展现出自身的无限魅力。而直播平台需要利用各种办法吸引用户，并从用户身上获取长期的价值。

直播平台吸引用户的注意力的方法有 3 种：首先是直播内容创新净化；其次是直播渠道多样化；最后是直播平台特色化。

作为即时性信息传播工具，直播其实可以很好地利用世界的各个方面，进行消息、内容、知识的高效率传递。主播拥有这种资源，就应当好好把握。即无论进行哪个方面的直播，都应当符合相关直播的规定，好好利用直播平台，并把这个平台变得有意义。直播的内容是直播的核心，主播应将消息进行正面积极的传播。

直播行业的竞争越来越激烈，要想在其中生存下来，并不断发展壮大，就应该从内容、渠道等方面创造优势，营造强大的竞争壁垒。

3）“直播+垂直领域”

网络直播行业的发展速度已经远远超过了人们的预期，而直播内容的边缘化现象也是层出不穷。文化部对于这种情况已经制定了相应的监管措施，这也意味着直播行业“擦边球式”的时代已经过去，而各种“直播+垂直领域”模式的出现，则表明新一轮的直播大战即将开始。

实际上，直播与垂直领域的结合本来就是大势所趋，是由用户需求决定的。一个直播平台想要长久地留住用户，增强用户的黏性，就一定要提高直播内容的专业性。当然，垂直领域与直播的结合也有难度，与单纯靠颜值、才艺吸引用户的主播不同，“直播+垂直领域”对主播的要求更高，主要是在专业知识方面要有过硬的本领，这样才能吸引用户，并让用户转变为“铁杆粉丝”。

跨界融合是直播行业不断向前发展的必经之路，也是比较具有潜力的发展方向，如今，各大直播平台已经陆续推出了“直播+教育”“直播+旅游”“直播+电商”“直播+体育”“直播+游戏”“直播+发布会”“直播+选秀”“直播+演唱会”等，以后还会有更多的“直播+”模式不断上线。对于直播行业，确实是可行之道。

4）“直播+传统文化”

传统文化本身存在巨大的传承意义和经济变现的价值，将其与火热发展的直播平台相结合，形成“直播+传统文化”的模式，就能给广大用户带来优秀传统文化的直观感受。这一突破是直播行业内容的深化和净化，传统文化则会变得更加区域化、平民化、实用化。可见，“直播+传统文化”是极其有意义的尝试。

传统文化直播的发展也存在不少问题，比如现在直播平台的受众大多为年轻群体，他们对传统文化的重要性了解较少，一时之间很难对其产生强烈的兴趣。而且，这种传统文化类的企业很难在短时间内获得巨大的收益，所以，投资人在选择投资目标时会慎重考虑。

5）技术手段的监控

在我国，涉黄、涉毒、涉赌的内容都属于违法内容，法律法规都明文禁止。直播平台的经营者应该如何有效避免直播平台出现违法违规内容，规避法律风险呢？这就需要借助技术手段的监控和预警了。

比如，国内知名云计算机 UCloud 已经针对网络直播的不良内容，推出了云直播 ULive 鉴黄功能，能够对复杂的网络内容进行高效率自动识别。不只是直播平台方可以运用这项技术对直播平台进行有效监管，直播用户也可以使用该项功能。

为了打造健康、绿色、合法的网络直播平台，仅靠自律还远远不够，只有使用先进的技术手段，才能有效监管网络直播内容，消除网络直播中的不良之风。目前，各大网络直播平台已经纷纷开始对直播内容进行监管和整改，整体情况得到了一定的好转。相信随着技术手段的不断革新和普及，网络直播的内容将得到不断地净化，直播行业一定会迎来一个美好、健康的未来。

为了将视频直播平台打造成绿色、健康、充满正能量的直播平台，平台方必须针对直播的各个方面，事无巨细，一视同仁，积极制定相关措施，为用户提供一个舒适、健康的网络环境。

6. 直播要坚持正确的价值观和导向

直播是基于文字、图片、音频、视频等信息载体的传播方式。一个商品要让广大年轻人喜爱并长期使用，就一定要坚持正确的价值观和导向。直播平台、商品、企业或品牌，都应该努力传递主流价值观，做能为世界带来正能量的人。例如，人们可以借助互联网，多参与一些慈善和公益活动，打造助人为乐、传递正能量的形象。创作互联网内容时，要坚守道德底线，并多弘扬正义与公德，引导正面舆论，帮助广大网民树立正确的世界观、人生观和价值观。

因此，主播在打造人设时，切不可盲目崇拜金钱，更不能把金钱和利益作为人生的最高追求，必须做到“拒绝拜金，坚守自我”的心态。选择直播内容时，应该使物质和精神追求相辅相成，多注重精神享受和幸福感，不能一味地追求物欲，避免被物欲带入歧途，甚至走上犯罪道路。

6.2 直播规范与监管

6.2.1 电商直播禁忌

无论是在网上还是在现实生活中，人们都要遵守相关的法律法规。违法违规的事情坚决不能触碰，网络直播也应如此。电商直播不可触碰的红线包括黄、赌、毒等内容、平台硬性规定的违规内容、违背伦理道德的内容。

1. 涉赌、涉枪、涉毒、涉暴、涉黄等内容

网络直播平台面向广大的用户群体，因此，提供的内容必须是健康、积极的。黄、赌、毒、暴力等内容贻害无穷，所以应坚决抵制。

平台的运营者应该明白，这是不可触碰的红色警告线。某些黄、赌、毒、暴力等内容的传播既是涉事直播平台缺乏自律意识的表现，也反映了直播平台管理者的素质和道

德低下的问题。直播平台传播黄、赌、毒等内容一经相关管理部门发现，直播平台就会受到处罚。所以，不论是作为直播平台的管理者还是主播，都应该自觉抵制黄、赌、毒等违法内容，力争打造健康积极、绿色的网络直播平台。

2. 平台硬性规定的违规内容

2021 年 5 月 25 日，由国家互联网信息办公室联合七部门发布的《网络直播营销管理办法（试行）》正式施行。这个规定强制要求所有的直播平台都应该配备专业的管理人员，建立主播档案，检查主播信息是否真实等。

加上《信息网络传播视听节目许可证》的颁发，这两个措施为直播平台划定了入行门槛。法律明文规定，开展网络视听节目直播服务，必须持有《信息网络传播视听节目许可证》。未持有《信息网络传播视听节目许可证》的机构和个人，均不得通过互联网直播间以个人网络演艺形式开展直播业务，也不得利用网络直播平台（直播间）开办新闻、综艺、体育、访谈、评论等各类视听节目。未经批准，任何机构和个人不得在互联网上使用“电视台”“广播电台”“电台”“TV”等广播电视专有名称开展业务。

许多直播行业人员都认为，这个措施有力地整顿了直播这个杂乱无章的领域，没有许可证的平台势必会陷入被动，而一些早就取得许可证的平台可能因此发力，使自己的平台在竞争中更加有优势。

3. 违背伦理道德的内容

很多人看到直播能迅速走红，就纷纷加入直播的行列中。在金钱和名利的诱惑面前，一些主播为了吸引更多的用户进直播间观看，绞尽脑汁制作各种各样的直播内容吸引用户。这也导致有的网络直播平台上充斥着各种色情、暴力等违背伦理道德的内容，还有些主播为了吸引人气，经常会说一些内容低俗的段子，还有的喜欢各种恶搞。

有些女主播通过衣着暴露吸引用户，为了人气利用情色内容博取用户的眼球，使整个直播氛围低俗，拉低了整个网络空间的文化氛围，还有的主播直播飙车导致发生了严重的交通事故。这些恶性事件，不仅给用户也给整个网络直播行业带来了严重的不良影响。在网络直播行业飞速发展的今天，用户观看直播已经是件平常事，而这些低俗内容和违背伦理道德的直播内容，却给用户的身心带来严重的恶性影响，希望广大用户发现后就举报，坚决抵制违法、违规内容的传播。

6.2.2　直播营销行为规范与管理规定

为了对直播电商中的各类角色、行为进行全面的定义和规范，中国广告协会发布了《网络直播营销行为规范》，于 2020 年 7 月 1 日正式实施。

《网络直播营销行为规范》规定了商家、主播、平台及其参与者等各方在直播电商活动中的权利、义务与责任。其中明确禁止刷单、炒信等流量造假及篡改交易数据、用户评价等行为，商家不得发布产品、服务信息的虚假宣传，欺骗、误导消费者。

《网络直播营销行为规范》要求，电商平台类的网络直播营销平台经营者，应当加强对入驻本平台的商家主体资质进行规范，督促商家公示营业执照及与其经营业务有关的行政许可信息。内容平台类的网络直播营销平台经营者应当加强对入驻本平台的商家、主播交易行为的规范，防止主播采取链接跳转等方式，诱导用户进行线下交易。社交平台类的网络直播营销平台经营者应当规范内部交易秩序，禁止主播诱导用户绕过合法交易程序在社交群组进行线下交易。

《网络直播营销行为规范》作为自律文件，主要是倡导引导自律自治，虽然不具有强制性，但也通过一定措施保障自律的有效实施，如可以视情况进行提示劝诫、督促整改、公开批评，对涉嫌违法的，提请执法机关依法查处等。《网络直播营销行为规范》全文见附录 A。

《互联网直播服务管理规定》由国家互联网信息办公室于 2016 年 11 月 4 日发布，2016 年 12 月 1 日起正式施行。该《互联网直播服务管理规定》旨在促进互联网直播行业健康有序发展，弘扬社会主义核心价值观，维护国家利益和公共利益，为广大网民特别是青少年成长营造风清气正的网络空间。《互联网直播服务管理规定》全文见附录 B。

2020 年 11 月 6 日，国家市场监督管理总局印发《关于加强网络直播营销活动监管的指导意见》（国市监广〔2020〕175 号），明确了网络直播营销活动中相关主体的法律责任，特别是明确了直播营销活动中，网络平台和网络直播者的法律责任和义务，对指导基层执法和促进行业规范具有十分重要的意义。

此外，自 2021 年 5 月 25 日起施行的《网络直播营销管理办法（试行）》（以下简称《办法》），由国家互联网信息办公室、商务部、公安部、国家税务总局、文化和旅游部、国家广播电视总局、国家市场监督管理总局七部门联合发布。

《办法》对从事直播营销活动的直播间运营者和直播营销人员，明确了行为红线和年龄限制，对直播相关人员的广告活动、线上线下直播场所、虚拟形象使用、商品服务信息核验、与直播营销服务机构开展合作等提出了具体要求。《网络直播营销管理办法（试行）》全文见附录 C。

复习思考题

1. 直播营销常见误区有哪些？
2. 直播营销常见的错误价值观有哪些？
3. 直播营销误区的规避策略是什么？
4. 电商直播的禁忌有哪些？

第 7 章 直播电商案例分析

学习目标

- 了解医疗和教育行业直播。
- 掌握旅游行业和农产品直播。

学习重点、难点

- 旅游行业直播案例；
- 农产品领域直播的特点。

7.1 医疗行业直播案例分析[①]

7.1.1 直播对医疗行业的影响

1. 手术现场实况拍摄

观摩和学习医疗技术的人员可以将手术过程中的关键动作拍摄记录下来。所拍摄的照片以 JPG 格式保存，也可以拷贝出来，进行更深层次的分析或供学生使用。

2. 实时远程手术示教

为了满足医学临床教学的需求，提高手术质量，同时为了保证手术室空气洁净度，降低手术感染率，需要采用手术直播教学系统，让观摩学习的人员在手术室外的观摩室显示屏上就能观看到手术的实况，手术医生可以边手术边讲解手术过程，同时也可以听到观摩室观摩学习人员提出的问题与建议，并进行及时交流和解答，真正实现实时互动教学，可以大大提高手术室示范教学系统的安全系数。

3. 专家远程会诊

系统预先设定好场景影像的观察点，可以将在观摩室实时播放的手术高清画面，及时通过互联网传送给远在外地的专家现场，专家不用进入手术室，就可以与现场手术医生一起对患者病情进行分析确诊，并远程指导手术；当遇到复杂手术时，可以借助网络，通过示教平台组成手术研讨分析会，及时将手术疑难问题解决。

4. 手术录像存储及查询

可以将手术术野影像和场景视频进行实时录制、存储，以便用于日后教学和学术交流或科研，提高手术医生的专业水平。遇到有争议的手术，还可以把所录的视频资料作为分析判断的依据。

7.1.2 手术直播系统的架构

手术直播系统从结构上分为手术室终端（手术场景的图像、声音采集）、手术观摩室终端（语音交互终端、手术示教终端）、交换控制中心终端（管理端）、网络终端（网络 PC 客户端）4 个部分。

1. 手术室终端

手术室终端是进行数字图像采集编码的系统，每个手术室有两路视频，分别用术野摄像机和全景摄像机进行采集，同时采用全向语音交互终端和头戴式无线麦克风，将手

---

① 资料来源：微吼企业直播。

术医生的语音和整个手术室的语音实时传到手术观摩室。

2. 手术观摩室终端

手术观摩室终端包括语音交互终端、手术示教终端和显示终端，其中语音交互终端用于将观摩室人员与手术室医生的互动交流和手术室现场语音环境在观摩室全部再现，手术示教终端将在手术室现场采集的音视频模拟信号进行编码处理，然后通过网络传递到观摩室手术示教终端进行解码处理，再将解码出的模拟音视频信号输出至大屏幕电视或投影仪等显示终端。

3. 交换控制中心终端

交换控制中心终端是管理端，包括监控调度、录像服务器等。监控调度主要是完成用户身份认证和用户权限设置、终端地址解析、业务功能逻辑调度等；录像服务器的主要作用是将手术室监控的图像及声音进行录制保存，需要时可随时查找、检索、回放。

4. 网络终端

网络终端指利用现有的网络系统，把所有视频、语音、数据均通过网络 PC 客户端设备，实现端到端的传送。

7.1.3　医疗行业直播案例

首都医科大学附属北京同仁医院耳鼻喉科头颈外科是全国和北京市耳鼻喉科临床、教学及科研中心之一，举办的喉科学习班借助微吼直播技术与服务，将喉管手术的全过程进行了现场直播，让场外的数百名医生依托直播技术，可以远程参与顶级专家的手术直播观摩中。直播不但为医生、学者们提供了更真实、全面的学习交流场景，也为医学教育带来了极大的创新。

（1）专业内窥镜与多机位采集直播。在同仁医院主任医师主操教学的喉管切开手术过程中，微吼直播采用了专业的内窥镜与多机位采集直播，用专业的超高清摄像机采集录像，需要深入人体的部分采用内窥镜进行直播。1080P/60 帧的高清图像画质，可达到会诊级别，高保真的声音也与真人发音无异，逼真地呈现了手术的全过程。

（2）全方位展示手术细节。多机位的采集与直播方式，在保证手术安全高效进行的同时，打破了手术室的信息孤岛，可以向远程观摩的医生还原并分享主刀医师的每一个精细动作，最大限度地保证了手术演示效果清晰度。

（3）手术室与会场实时互动。在学习班中，来自各个三甲医院的主治医师参与了此次喉科学习班的喉管切开手术直播学习，观摩的医生、学者们可以通过评论，针对手术细节随时向主刀医师发起提问。

（4）专家线上答疑解惑。手术主刀医师不仅在线上答疑解惑，还将其多年的医学经验进行了分享和传承。同时，主刀医师还通过评论了解到学员们对于这项手术的知识空白区，总结了疑难点，沉淀了大量有价值的培训内容，培训效果更加显著。

（5）直播支持录像。手术全程支持录像，并在会后及时生成存档，保存了定制化数据，以方便后续回顾和留存。

无论是手术直播、医生培训还是医学大会直播，“直播+医疗”模式的推广应用，不但在普及医疗健康知识、促进医疗事业互通有无等方面起着积极的作用，更为医疗直播行业的未来奠定了良好的基础。对于整个医疗体系，“直播+医疗”就是一场基于互动直播技术的行业进步。

7.2 旅游行业直播案例分析

7.2.1 直播对旅游行业的影响

1. 直播为旅游行业带来的机遇

旅游直播不仅存在于抖音、快手等泛娱乐平台，也大规模布局、传播于同程艺龙、马蜂窝、携程等旅游平台。

同程艺龙是较早进行旅游直播的平台之一。2020 年以来，同程艺龙已经举办了多场“云旅游”在线直播活动，涉及阆中古城、中华恐龙园、上海海昌海洋公园等多个景区。公开信息显示，其在 2020 年“318 会员日”的直播活动中，开播 10 分钟观看量就达到了 12 万人次，全天 19 个场次直播的累计观看量突破了 350 余万人次、点赞数超 280 万个，黑鲸会员销量周环比增长接近 200%。

同程艺龙对旅游直播的探索不止于此，该公司不仅看好旅游直播，而且于 2020 年 3 月，与快手达成战略合作，正式打通空中下载技术（Over-the-Air Technology，OTA）与短视频平台链接，成为首个“OTA+短视频”合作的范例。据悉，两者将在旅游直播内容营销、场景营销、直播短视频带货方面进行探索。

事实上，旅游直播活动要求直播平台具有迅速聚集旅游玩家、旅游企业、景区景点、地方旅游局的能力，考验的是旅游直播平台与 OTA 平台的资源调度与整合能力，不仅需要提供上乘的旅行资讯，还要为游客带来高性价比的旅游体验。

2020 年，马蜂窝、携程等 OTA 平台流量增长较快，而直播作为连接目的地、景区与用户的线上场景，正在成为特殊时期提振旅游消费的催化剂。

携程公司的执行董事直接真身上阵，开启了携程公司的旅游直播带货新模式。据悉，在 6 场直播中，单场累计观众数最高达 289 万人，单场平台成交金额（Gross Merchandise Volume，GMV）最高的是 4 471 万元。

由此可见，旅游直播作为非常规直播，具有较大的发展潜力。

2. 旅游行业直播的劣势

旅游直播的火热，让旅游商家看到了文化旅游行业发展的希望及其推动经济发展的巨大作用，也催生了消费者的文化旅游消费欲望。

但是，旅游直播不同于电商直播，不宜大规模传播展示。首先，在旅游的起源和发展方面，旅游者的旅游行为是人类一种高级的精神和文化享受活动；在旅游的动因与目的方面，旅游者外出旅游的最终目的是为了获得一种审美的情趣和精神上的愉悦；在旅游的本质方面，旅游是为了满足精神文化的需要，注重的是精神上的满足。其次，旅游直播与一般电商直播不同，其商品大多无法通过物流送达，具有不可传输性。如何平衡线上旅游直播与线下旅游体验，这是摆在商家、旅游者之间的一道难题。

马蜂窝旅游联合创始人兼 CEO 陈罡曾在接受媒体采访时，说：“人们观看旅游直播的心理预期往往不是从旅游消费开始的，而是被有趣的旅行体验或好玩的目的地内容所吸引，其中的内容就像一个‘钩子’”。同时，他还认为：“云旅游直播的背后，需要有丰富的、优质的内容满足用户的深层次需求。”

展望未来，制作好旅游产品才是企业的核心。而如何抢占旅游直播制高点，快速获取流量，则需要依托旅游从业者洞悉文旅行业发展趋势、洞察消费者心理诉求、打造深度旅游内容及把控直播行业发展趋势等多方面能力。

7.2.2　旅游行业直播案例

浙江省台州市天台县平桥镇张思村，是一个被时光封存的古老村落，这里桃花妖娆、田畴如画、溪水环绕、青砖黛瓦。每年的春天，隆重盛大的天台田园花海节都在这里开幕，吸引了成千上万的游客来此云游花海、访古问今。

2020 年，平桥镇为实现文旅产业恢复振兴和全面复工，通过抖音和斗鱼网络平台，采用云直播的方式，邀请大家共赏花事。

本次直播活动由两位来自天台县平桥镇的年轻干部担任主播，通过抖音和斗鱼两个网络直播平台的“诗画平桥”官方直播间与大家进行互动。直播间正式开通后，主播在直播前一天在线上发布“云节庆”直播预告小视频和宣传海报。

直播当天，主播带着大家从桃花林到宗渊书院，从文化长廊到宗风远邕，关注的游客越来越多，吸引游客的不仅仅是张思的万亩桃花林，张思的历史故事则更是令直播间里的网络游客流连忘返。霞客问路的故事、继善楼的名字由来、熏风亭的文化内涵、益华楼的建筑美学，还有那上新屋里的每一个老物件……一代代张思人守护着的文化根脉，主播在直播间里都一一向游客呈现。短短两个多小时，直播共吸引了近万人次观看并联动微信、抖音、斗鱼等网络平台进行转发，“云游花海”话题不断发酵，热度持续上升。

古村新韵，一场千年之约，青年创客纷纷来此开设了工作室。古风影楼、汉文化体验馆、墨格音乐酒吧、吾染工艺社等文创项目，令传统文化与现代文化发生着猛烈的碰撞，让古色古香的张思村散发着新时代的魅力。直播间里，主播带大家来到了墨格音乐酒吧，这里没有灯红酒绿的纷纷扰扰，走累了，可以到这里静静听老板弹吉他唱歌，或者点首歌开嗓，尽情释放！

来张思游玩，一定要尝下张思的手工糕点和现磨豆浆，一定要打卡天台大农场，带走几包土特产品。最后两位主播积极地向游客推介张思的传统美食和土特产品，介绍张思的农家乐和民宿，线上呐喊游客网络下单，欢迎来张思线下体验。

今后，天台县平桥镇将继续推广云直播，推出美食、大农场、古民居、农家乐（民宿）、景点打卡等一系列专题直播，助力平桥的土特产品经销和旅游产业复苏。

7.3 教育行业直播案例分析[①]

7.3.1 直播对教育行业的影响

1. 直播为教育带来的机遇

1）实现教育资源共享，促使教育更加公平

2016 年 12 月 28 日，国务院常务会议通过了《国家教育事业发展第十三个五年规划》（以下简称《规划》）。其中，对“教育公平”的重视程度比以往明显更高。作为教育资源配置的一种新形式，“直播+教育”可以将已有优质教育资源的价值和作用发挥到最大化。一方面，借助教育直播平台，可以实现先进教育水平和设备的共享及教学理念和思想的传播；另一方面，当前我国教育资源配置存在着不均衡性，将直播与教育相结合，可以使教育资源通过直播平台输送到全国教育资源稀缺的地区，从而改善教育资源不均衡的现状，使所有的师生都可以享受同等的教育资源，这在一定程度上维护了教育公平。只有教育资源实现最优化和均衡化，教育公平问题才会得到解决。

2）模拟真实教学环境，突破学习时空限制

在传统的学校教学中，虽然通过“面对面”的教学形式可以实现交流与互动，但是教学活动需要在固定时间和固定地点开展，教与学均受到时空限制。在以慕课、微课为主的在线录播教学中，虽然依托互联网的在线教学形式突破了时空的限制，但是这种教学形式是由教师事先录制教学视频供学生观看学习，在学生学习的过程中，教师不能实现与学生的实时交互。而“直播+教育”的出现，恰恰汲取了以上两种教学形式的优势，又弥补了其不足。借助教育直播平台，教师实时授课，学生实时听讲，模拟了真实的教学环境，实现了近似的“面对面”交流，同时，只要教师和学生提前约定好时间，这种教学活动就不会受到时间和空间的限制。

3）尊重学生个体差异，满足学生个性需求

个性化教育是“直播+教育”的核心优势，也是在线教育的未来发展方向。在传统的教学中，教师既是教学目标的制定者，又是教学过程的实施者，还是教学活动的评价者，而在“直播+教育”中，师生角色发生了变化，教学过程以学生为中心。正是这种师生角色的变化，让学生成为自己学习活动的“总导演”，能够做到从自己的需求出发，选择满足自己需求的学习内容进行学习。此外，教育直播相比之前的慕课、微课等在线录播教学，更加贴近传统课堂，师生可以通过文字、语音等方式进行实时交流，一方面，教师可以根据直播期间学生的反馈调整教学计划，另一方面，学生可以实时提出问题并得到实时解答。

4）转变原有的教学理念，促使教育更加多元化

“直播+教育”作为一种新的教学形式，一是要求直播教师转变原有教学理念，真正

---

① 资料来源：多知网。

做到以学生为主；二是要求直播教师有过硬的专业和信息技术知识，教学要风趣幽默，具有感染力。这就需要直播教师深刻反思原有教学，大胆探索新方法。此外，通过教育直播平台，直播教师可以实现在不同场景进行实时教学，教学过程不再局限于教师在固定地点进行讲授，直播教师可以在讲授某个具体内容时，选择合适的场景。总之，“直播+教育”场景化和现场感的特点和优势，使学习氛围更加活跃。

2. “直播”背景下教育所面临的挑战

1）教师需要适应角色变化，重视自身能力的提升

“直播+教育”主要是教师通过教育直播平台实施教学，学生基于自己的个性差异选择相应的教师进行学习。第一，直播教师需要适应直播教学中师生角色的变化。在直播教学中，教师是服务者、学生是被服务者，教师的教学设计主要取决于学生，帮助学生获得更好的学习效果与学习体验。所以，教师的首要挑战在于适应原有师生角色的变化。第二，直播教师需要具有较强的交流和互动能力。虽然“直播+教育”实现了教师与学生的“面对面”学习，但是直播教学对直播教师的交流和互动能力提出了较高的要求。教师需要在有限的直播时段内，了解学生的需求，从而适当地调整教学活动。

2）学生需要适应环境变化，重视独立学习

在传统的教学中，学生处于学习氛围较浓厚的环境中，教师与学生的关系更密切，交流更频繁，同时，学生间也存在着竞争与合作的关系，无论是教师还是同学，这些刺激都会促进学生更加关注自身的学习。而在直播教学中，学生处于独立的环境中，缺少与教师的直接交互，同时也缺少与同伴的相互学习，更多的是在单一地学习，这对学生而言又是极大的挑战。在“直播+教育”的环境下，教师应该更加重视学生学习时的注意力，及时加以提醒与吸引。学生需要主动适应这种不同于传统教学的新型教学形式，自身要不断地对自己进行学习督促，并产生自我鼓励机制，削弱同伴关系对学习过程的影响。

3）学习过程缺少监督，学习结果缺少评价

“直播+教育”虽然可以实现教师与学生的良好互动，但是教师仅仅可以看到学生发送的文字或语音信息，并不能直接监督学生的学习过程，一旦学生出现某些不良行为，教师无法直观地感受到，也无法及时提醒与制止。同时，在直播教学结束后，教师不能对学生的整体掌握情况进行全面分析，无法对学生的学习情况进行查漏补缺。因为教师对学生的课后学习不能进行跟进与指导，所以会严重影响直播教育的质量。总之，教师与学生均面临着巨大的机遇挑战。

7.3.2　教育行业应对挑战的措施

1. 优化校内直播，拓展校外直播

对于校内教育，学校应该认真分析教育直播的可行性，保证直播教师深入把握当地学生的学习水平，充分了解当地教学的进度安排，真正做到因材施教。同时，政府、教育行政部门应加大对落后地区教育信息化的投入，保证优质教育资源的均衡性发展。对于校外培训机构，教育直播平台应该根据相关规定，对直播内容和质量进行有效监管，

从而保证教育资源的优质健康，防止学生接收到不良的垃圾信息。同时，各大教育直播平台不仅要提升教育直播的内容和质量，还应打造自身品牌，创建自身优势，在为教师与学生带来收益的同时，找到适合自己发展的成熟的商业模式。

2. 利用交互手段，丰富教育直播

虽然“直播+教育”可以近似地实现“面对面”，但是还存在一些问题，例如，学生学习环境较单一、学生之间交互受限等。如果结合当下热门的 VR、AR 或 MR 等技术[①]，为教师与学生搭建一个真正的自主学习平台，就可能实现更高层次的交互体验，将学习内容更加可视化、形象化，能够提升学生的专注力，增强学生的学习效果，提高学生的学习质量。

3. 完善学习过程，增设评价方法

教育直播平台应该使用技术手段，使教师在后台可以观测到每个学生的学习过程，这样当学生出现注意力不专注的现象时，教师可以对其进行远程提示。同时，教育直播平台在学习评价方面应该增设一些额外工具，教师可以在上面发布作业，学生也可以将完成的作业上传，然后教师针对学生的作业完成情况进行评价和留言，或对学生的学习状况进行监控，从而实现学习质量的提升。

7.3.3 教育行业直播案例

2020 年，“直播电商”成了全行业绕不过去的热词。“火箭都可以直播卖，还有什么不能呢？”此前只有网红主播和商家直播带货，2020 年直播电商风起云涌，出现了很多著名主播，还有很多明星、垂直类 KOL、企业高层、政府官员等均加入直播主播的行列，教育培训行业也积极入局。

2020 年 4 月 10 日，猿辅导斑马人工智能（Artificial Intelligence，AI）课，通过直播卖出 1.08 万份，总销售额为 52.68 万元。2020 年 5 月 8 日，字节跳动旗下 AI 互动课“瓜瓜龙英语”，通过直播在不到 10 秒的时间内就售罄。

紧接着，2020 年 5 月 15 日，粉笔教育 CEO 在淘宝直播授课，在线观看人数达 11 万人，点赞数超过 180 万个。本来没计划带货，可是网友直接喊“上链接”。在直播期间，粉笔图书旗舰店支付用户数环比增长 67%，用户购买的商品主要以终极 4 套卷、申论方格本为主。

由此可见，“直播电商+教育”不是直接去卖正价课，而是通过低价课引流，同时扩大品牌效应。教育培训机构中的老师本身就可以作直播主播，这让“直播电商+教育”有了更大的想象力。

---

① VR 是纯虚拟数字画面，而 AR 指虚拟数字画面加上裸眼现实，MR 是数字化现实加上虚拟数字画面。在概念上，MR 与 AR 更为接近，都是一半现实一半虚拟影像，但传统 AR 技术运用棱镜光学原理折射现实影像，视角不如 VR 大，清晰度也受影响。

7.4　农产品领域直播案例分析[①]

7.4.1　直播对农产品领域的影响

1. 直播农产品电商的优势

1）渠道透明，提升信任

在传统的农产品电商中，用户只能通过缺少生命力的图片或视频了解农产品，缺少购物体验。由于更多的用户对于农产品的源头较感兴趣，而直播农产品电商正好能够满足这个愿望，并迎合了用户的需求。农产品的原产地直播让人们直观地看到农产品和种植的环境，营造一种身临其境的氛围，能够使用户在线实时感知农产品的特性，建立和提升用户对农产品和农民的信任。农民通过直播农产品生长、收货、包装、流通、加工、运输的全过程，使农产品的生产和流通渠道透明化，更有助于用户对农产品信任度的提升，把安全又可靠的农产品卖给用户。

2）农事体验，爱惜粮食

从小在城市里长大的人占据了农产品消费群体的绝大部分，他们对“稻谷如何播种插秧”“母鸡如何下蛋”等寻常的农事充满着无限的好奇和猎奇心理，五谷不分、缺少农事体验是这部分人的共性。“田间地头直播”让农民们能够展示春种、夏管、秋收和冬藏这种最淳朴的农事，让用户看到接地气的农村生活，感受盘中餐来之不易，从而爱惜粮食。

3）省时方便，价廉物美

在直播营销农产品出现前，大国小农、零落散户的特性使得农产品基本要经过多级分销，才能到达消费者手中，不仅提高了农产品的价格，而且货损和货差率较高。而网络直播形式下的农产品电商，农户可以与用户通过网络互动接触，对农产品进行现场介绍和解答，用户可以边看直播边购买，只需单击直播页面上的链接，就可直接到达购买页面，不仅提高了反应速度，提升了消费体验，还降低了农产品的价格。

4）助攻流量，二次传播

吸引流量是农产品电商的重中之重，有流量才可能有交易。短视频因其适合在碎片化时间和移动场景下进行观看的特性，已成为流量第三大入口，有着庞大的流量就意味着有更多的发展空间。将主播在现场直播中对农产品的精彩介绍、丰富的表情、火热互动环节等引人注意的优质内容进行剪辑，制作成精品化、定向化的短视频，就可在各个平台上进行二次甚至多次传播，尽可能地让主播的信息和直播内容留存在互联网的各个角落，传播得越多，留存的可能性就越大。

① 资料来源：网经社。

2. 农产品领域直播电商模式存在的问题

"短视频+直播"农产品电商有众多的优势，但在发展过程中也遇到了一些问题。

（1）前期引流难。直播电商入门门槛低，容易上手，但是也有不少主播遇到前期无流量、无人观看的局面。对于刚入行的较大型的商家而言，邀请明星或者网红作主播，在直播的初期引流效果较显著，但对于中小商家而言，这种投入比较难以接受。

（2）内容同质化严重。当前的短视频和直播内容主要以强调国家地理标志、农产品的某些特殊元素为主，没有充分挖掘和融合地方特色、文化内涵等内容。直播的形式主要以自己主播吸引用户，加以现场试吃、送优惠券和红包之类的活动为辅。同类商品的主播展示内容和方式都出奇相似，没有区分度，这样就难以形成用户黏性。

7.4.2 农产品领域直播的特点

（1）取景原生地。直播和短视频所需要的素材取景大多在原生地，在真实的环境里进行讲解和取景，可以拉近用户与产品的距离，让用户能够看到农产品的世界。直播农产品的种植、生长、收割、加工等一系列流程，让农产品完全透明化，只有产品的品质好，用户才能放心购买。

（2）内容垂直化，打造系统专题。现阶段直播和短视频存在的最大问题就是内容同质化，为了能够让自己脱颖而出得到用户的关注，只有追求优质的原创内容，才能为大规模的转载和传播做好铺垫。打造优质的内容，首先要有清晰的产品定位，确定要推广的农产品主要品类，其次所有的直播和视频内容都应尽量围绕同一主题进行设计，打造系列专题，定期推出优质的内容增加用户黏性，沉淀铁粉。

（3）打造农产品品牌形象。以高质量的农产品为基础，准确把握农产品的受众范围，充分挖掘农产品自身的卖点，结合各村的地方特色、农耕文化、文化内涵等塑造品牌，撰写品牌故事，打造独特的品牌形象。健全自身的品牌内涵，才能逐渐形成不易被模仿的独特核心力和竞争力。

（4）规划好直播环节。提前写好直播脚本，规划好直播互动环节，精准地将最优质的内容传递给用户；结合农产品品牌定位和直播内容，制作好短视频，做好预热和引流工作；设定适当直播时长，杜绝为了向用户介绍一个主题而 24 小时全程对着毫无实质内容的画面这种情况出现。

（5）做好助攻直播的短视频。助攻直播农产品电商的短视频大致分为两类，一类是爆款型视频；另一类是预热、引流型视频。爆款型视频定位为爆款、吸粉和立人设，内容需要和产品强烈结合，定期发布。预热、引流型视频定位为直播引流，在开播前发布预热短视频，告知用户开播时间和内容，引导用户进入直播间。预热、引流型内容需要结合直播内容进行策划，与直播建立强关联性，视频内容可以有多种选择，一是直接主播出镜告诉用户开播时间和内容；二是给出具有诱惑力的优惠；三是播出直播的片段，类似于电视剧、电影的花絮那样，让用户对整个直播感兴趣。把握好短视频内容的时效性与直播的关联性非常重要，通常预热视频在直播前一天或者直播当天发布，引流视频在直播前 3 小时或直播中都可以进行发布。

（6）构建社群。直播能够很好地解决主播和用户间的关系，短视频能够实现最快的传播及曝光引流，但解决用户跟用户间关系的最好途径是社群。社群的成员基本拥有统一的价值观，具有强烈的身份认同和归属，其传播的内容更带有温度感和价值体现。可以设定专人负责直播前、中、后与用户的互动，关注用户的动态，维持直播热度，做好售后服务。

7.4.3 农产品领域直播案例分析

2020 年 7 月 30 日晚上 8 点多，山西省吕梁市石楼县县委书记走进拼多多直播间，推荐起石楼好物。

截至当日晚 10 点，直播吸引了 52 万名拼多多网友围观，红枣、红豆薏米粉等农产品通过网络传播走出了吕梁山，成了数十万人眼中的网红产品。

1. 书记直播助农 稀有原生态农产品火爆亮相

近年来，依托纯天然的自然优势，石楼县扎实推进国家有机农产品认证示范县创建进程，特色农业产业如雨后春笋般地涌现在石楼大地，丰富多样、生态有机、安全优质的绿色农产品呈现出百花争艳的喜人局面。石楼不仅红枣、核桃、谷子等传统农作物丰收喜人，更有食用菌、粉条、辣椒酱、挂面等特色农副产品琳琅满目，这些石楼的优质特色农产品，品质优良、有口皆碑，被越来越多的人青睐。

在直播中，该县县委书记面对镜头侃侃而谈："我们石楼的黑枣不是'黑枣'，是红色的鲜枣在棉籽油、松烟水中煮熟，再用烟火熏烤成的，是鲜枣的干制品，营养丰富，每天吃两颗，是非常好的养生零食。"除了推介充满石楼特色的各类产品，他还向大家介绍石楼千年的悠久历史、黄河第一湾的美景。

石楼县全境被确定为绿色食品产业基地，2017 年，石楼县实施了绿色兴农、质量兴农战略，现已建成了 21 个有机农业生产基地。该县借助"互联网+乡域经济"，全力打造原产地品牌电商，并结合当地的自然条件，以"稀缺原生态绿色农产品"为卖点，助力农副产品外销。

2. 电商助力农产品上行 点燃脱贫攻坚新引擎

石楼县是吕梁山集中连片特困区深度贫困县之一，其地处偏远、境内交通不便。直播带货的良好开端，为石楼农业经济新业态发展开启了一扇希望之窗。近年来，石楼县电子商务风生水起，线上"电商"与线下"店商"相结合，区域经济呈现加速度，成为全市电商发展的示范县。

目前，石楼县通过典型引领，把农产品的大市场渐渐搭建起来，目前全县已有一百多家小型实体店先后走上了电子商务的发展道路。通过电子商务平台，一批生态品牌、特色品牌和原产地品牌正在逐步打造。为了鼓励发展电子商务，石楼县通过出台普遍培养和重点扶持的政策，在人员培训和资金、场地、物流等方面给予重点帮扶。目前，全县规模以上企业电子商务应用率达到了 60%以上，中小企业电子商务应用率达到了 50%以上。

据悉，助农增收是拼多多一直以来的社会担当和价值追求。2020 年 2 月 10 日起，拼多多在全国率先开启了“政企合作，直播助农”，探索“市县长当主播，农户多卖货”的电商助农新模式。2020 年上半年，拼多多市县长助农直播已超 150 场，近 300 位市、县、区等各级主要负责人进入助农直播间带货。2020 年 2 月以来，市县长直播等助农活动，已累计带动平台相关助农专区和活动累计成交 2.88 亿单，卖出农副产品累计超过 8.7 亿公斤。

复习思考题

1. 直播对医疗和旅游行业的影响是什么？
2. 教育行业在面对直播挑战时，应采取什么措施？
3. 农产品领域直播的特点是什么？

附录 A 《网络直播营销行为规范》

1. 前言

网络直播营销作为一种社会化营销方式，对促进消费扩容提质、形成强大国内市场起到了积极作用。规范网络直播营销活动，促进其健康发展，需要在现行法律框架下，构建包括政府监管、主体自治、行业自律、社会监督在内的社会共治格局。

网络直播营销活动的诸多要素带有明显广告活动功能和特点，广告活动的各类主体也积极参与投入网络直播营销活动，是网络直播营销新业态发展的重要力量。中国广告协会密切关注广告活动的变化以及网络直播营销新业态的发展，经过充分调研，征求意见，并得到国家市场监督管理总局有关单位、中国消费者协会的大力支持，制定了网络直播营销活动行为规范。

中国广告协会将不断倡导自律规范先行，依法加强行业自律，提供自律公共服务和引导市场主体自治，推进行业诚信建设。

本规范侧重为从事网络直播营销活动的各类主体提供行为指南。非直播网络视频营销，属于广告活动的，应当符合《中华人民共和国广告法》规定；属于其他营销活动的，可参照本规范进行自律。

2. 第一章 总则

第一条 为营造良好的市场消费环境，引导网络直播营销活动更加规范，促进网络直播营销业态的健康发展，根据《中华人民共和国电子商务法》《中华人民共和国消费者权益保护法》《中华人民共和国广告法》《中华人民共和国产品质量法》《中华人民共和国反不正当竞争法》等法律、法规、规章和有关规定，制定本行为规范。

第二条 本规范适用于商家、主播等参与者在电商平台、内容平台、社交平台等网络平台上，以直播形式向用户销售商品或提供服务的网络直播营销活动。

第三条 网络直播营销活动应当认真遵守国家法律、法规，坚持正确导向、诚实守信、信息真实、公平竞争原则，活动内容符合社会主义精神文明建设和弘扬中华民族优秀传统文化的要求。

鼓励网络直播营销平台经营者积极参与行业自律，共同推进网络直播营销活动社会共治。

第四条 网络直播营销活动中所发布的信息不得包含以下内容：

（1）反对宪法所确定的基本原则及违反国家法律、法规禁止性规定的；

（2）损害国家主权、统一和领土完整的；

（3）危害国家安全、泄露国家秘密以及损害国家荣誉和利益的；

（4）含有民族、种族、宗教、性别歧视的；

（5）散布谣言等扰乱社会秩序，破坏社会稳定的；

（6）淫秽、色情、赌博、迷信、恐怖、暴力或者教唆犯罪的；

（7）侮辱、诽谤、恐吓、涉及他人隐私等侵害他人合法权益的；

（8）危害未成年人身心健康的；

（9）其他危害社会公德或者民族优秀文化传统的。

第五条 网络直播营销活动应当全面、真实、准确地披露商品或者服务信息，依法保障消费者的知情权和选择权；严格履行产品责任，严把直播产品和服务质量关；依法依约积极兑现售后承诺，建立健全消费者保护机制，保护消费者的合法权益。

第六条 网络直播营销主体不得利用刷单、炒信等流量造假方式，虚构或篡改交易数据和用户评价；不得进行虚假或者引人误解的商业宣传，欺骗、误导消费者。

在网络直播营销中发布商业广告的，应当严格遵守《中华人民共和国广告法》的各项规定。

第七条 网络直播营销主体应当依法履行网络安全与个人信息保护等方面的义务，收集、使用用户个人信息时，应当遵守法律、行政法规等相关规定。

第八条 网络直播营销主体应当遵守法律和商业道德，公平参与市场竞争。不得违反法律规定，从事扰乱市场竞争秩序，损害其他经营者或者消费者合法权益的行为。

第九条 网络直播营销主体应当建立健全知识产权保护机制，尊重和保护他人知识产权或涉及第三方的商业秘密及其他专有权利。

第十条 网络直播营销主体之间应当依法或按照平台规则订立合同，明确各自的权利义务。

第十一条 网络直播营销主体应当完善对未成年人的保护机制，注重对未成年人身心健康的保护。

3. 第二章 商家

第十二条 商家是在网络直播营销中销售商品或者提供服务的商业主体。商家应具有与所提供商品或者服务相应的资质、许可，并亮证亮照经营。

第十三条 商家入驻网络直播营销平台时，应提供真实有效的主体身份、联系方式、相关行政许可等信息，信息若有变动，应及时更新并告知平台进行审核。

第十四条 商家销售的商品或者提供的服务应当合法，符合网络直播营销平台规则规定，不得销售、提供违法违禁商品、服务，不得侵害平台及任何第三方的合法权益。

第十五条 商家推销的商品或提供的服务应符合相关法律法规对商品质量和使用安全的要求，符合使用性能、宣称采用标准、允诺等，不存在危及人身或财产安全的不合理风险。

商家销售药品、医疗器械、保健食品、特殊医学用途配方食品等特殊商品时，应当依法取得相应的资质或行政许可。

第十六条 商家应当按照网络直播营销平台规则要求，提供真实、合法、有效的商标注册证明，品牌特许经营证明，品牌销售授权证明等文件。

第十七条 商家发布的产品、服务信息，应当真实、科学、准确，不得进行虚假宣传和欺骗、误导消费者。涉及产品、服务标准的，应当与相关国家标准、行业团体标准相一致，保障消费者的知情权。

商家营销商品和服务的信息属于商业广告的，应当符合《中华人民共和国广告法》的各项规定。

第十八条 商家应当依法保障消费者合法权益，积极履行自身做出的承诺，依法提供退换货保障等售后服务。

商家与主播之间约定的责任分担内容和方式等，应当遵守法律、法规规定，遵循平台规则。

4. 第三章 主播

第十九条 主播是指在网络直播营销活动中与用户直接互动交流的人员。

第二十条 主播应当了解与网络直播营销相关的基本知识，掌握一定的专业技能，树立法律意识。主播入驻网络直播营销平台，应提供真实有效的个人身份证明、联系方式等信息，信息若有变动，应及时更新并告知。主播不得违反法律、法规和国家有关规定，将其注册账号转让或出借给他人使用。

第二十一条 主播入驻网络直播营销平台应当进行实名认证，前端呈现可以采用符合法律法规要求的昵称或者其他名称。主播设定直播账户名称、使用的主播头像与直播间封面图应符合法律和国家有关规定，不得含有违法及不良有害信息。

第二十二条 主播的直播间及直播场所应当符合法律、法规和网络直播营销平台规则的要求，不得在下列场所进行直播：

（1）涉及国家及公共安全的场所；

（2）影响社会正常生产、生活秩序的场所；

（3）影响他人正常生活的场所。

直播间的设置、展示属于商业广告的，应当符合《中华人民共和国广告法》规定。

第二十三条 主播在直播营销中，应坚持社会主义核心价值观，遵守社会公德，不得含有以下言行：

（1）带动用户低俗氛围，引导场内低俗互动；

（2）带有性暗示、性挑逗、低俗趣味的；

（3）攻击、诋毁、侮辱、谩骂、骚扰他人的；

（4）在直播活动中吸烟或者变相宣传烟草制品（含电子烟）的；

（5）内容荒诞惊悚，以及易导致他人模仿的危险动作；

（6）其他违反社会主义核心价值观和社会公德的行为。

第二十四条 主播发布的商品、服务内容与商品、服务链接应当保持一致，且实时有效。法律、法规规定需要明示的直接关系消费者生命安全的重要消费信息，应当对用户进行必要、清晰的消费提示。

第二十五条 主播在直播活动中，应当保证信息真实、合法，不得对商品和服务进行虚假宣传，欺骗、误导消费者。

第二十六条 主播在直播活动中做出的承诺，应当遵守法律法规，遵循平台规则，符合其与商家的约定，保障消费者合法权益。主播应当遵守法律、法规，遵循平台规则，配合网络直播营销平台，做好参与互动用户的言论规范管理。

第二十七条 主播在网络直播营销活动中，不得损害商家、网络直播营销平台合法利益，不得以任何形式引导用户私下交易，或者从事其他谋取非法利益的行为。

第二十八条 主播向商家、网络直播营销平台等提供的营销数据应当真实，不得采取任何形式进行流量等数据造假，不得采取虚假购买和事后退货等方式骗取商家的佣金。

第二十九条 主播以机构名义进行直播活动的，主播机构应当对与自己签约的个人主播的网络直播营销行为负责。

5. 第四章 网络直播营销平台

第三十条 网络直播营销平台是指在网络直播营销活动中，提供直播技术服务的各类社会营销平台，包括电商平台、内容平台、社交平台等。

第三十一条 网络直播营销平台经营者应当依法经营，履行消费者权益保护、知识产权保护、网络安全与个人信息保护等方面的义务。鼓励、支持网络直播营销平台经营者积极参与行业标准化、行业培训、行业发展质量评估等行业自律公共服务建设。

第三十二条 网络直播营销平台经营者应当要求入驻本平台的市场主体，提交其真实身份或资质证明等信息，登记并建立档案。对商家、主播告知的变更信息，应当及时予以审核、变更。

第三十三条 网络直播营销平台经营者应当在以下方面建立、健全和执行平台规则：

（1）建立入驻主体服务协议与规则，明确网络直播营销行为规范、消费者权益保护、知识产权保护等方面的权利和义务；

（2）制定在本平台内禁止推销的商品或服务目录及相应规则；

（3）建立商家、主播信用评价奖惩等信用管理体系，强化商家、主播的合规守信意识；

（4）完善商品和服务交易信息保存制度，依法保存网络直播营销交易相关内容；

（5）完善平台间的争议处理衔接机制，依法为消费者做好信息支持，积极协助消费者维护合法权益；

（6）建立健全知识产权保护规则，完善知识产权投诉处理机制；

（7）建立便捷的投诉、举报机制，公开投诉、举报方式等信息，及时处理投诉、举报；

（8）有利于网络直播营销活动健康发展的其他规则。

第三十四条 网络直播营销平台经营者应当在以下方面加强服务规范，努力提高服务水平，促进行业健康发展：

（1）遵守法律法规，坚持正确导向；

（2）建立和执行各类平台规则；

（3）加强本平台直播营销内容生态审核和内容安全治理；

（4）规范主播准入和营销行为，加强对主播的教育培训及管理；

（5）明确本平台禁止的营销行为，及对违法、不良等营销信息的处置机制；

（6）依法配合有关部门的监督检查，提供必要的资料和数据。

第三十五条 电商平台类的网络直播营销平台经营者，应当加强对入驻本平台内的商家主体资质规范，督促商家公示营业执照及与其经营业务有关的行政许可信息。

第三十六条 内容平台类的网络直播营销平台经营者，应当加强对入驻本平台的商家、主播交易行为规范，防止主播采取链接跳转等方式，诱导用户进行线下交易。

第三十七条 社交平台类的网络直播营销平台经营者应当规范内部交易秩序，禁止主播诱导用户绕过合法交易程序在社交群组进行线下交易。社交平台类的网络直播营销平台经营者，应当采取措施防范主播利用社交群组，进行淫秽色情表演、传销、赌博、毒品交易等违法犯罪，以及违反网络内容生态治理规定的行为。

6. 第五章 其他参与者

第三十八条 网络直播营销主播服务机构，是指培育主播并为其开展网络直播营销活动提供服务的专门机构（如 MCN 机构等）。网络直播营销主播服务机构应当依法取得相应经营主体资质，按照平台规则与网络直播营销活动主体签订协议，明确各方权利义务。

第三十九条 主播服务机构与网络直播营销平台开展合作，应确保本机构以及本机构签约主播向合作平台提交的主体资质材料、登录账号信息等真实、有效。

主播服务机构应当建立健全内部管理规范，签约具备相应资质和能力的主播，并加强对签约主播的管理；开展对签约主播基本素质、现场应急能力的培训，提升签约主播的业务能力和规则意识；督导签约主播加强对法律、法规、规章和有关规定及标准规范等的学习。

主播服务机构应当与网络直播营销平台积极合作，落实合作协议与平台规则，对签约主播的内容发布进行事前规范、事中审核、违规行为事后及时处置，共同营造风清气正的网络直播营销活动内容生态。

第四十条 主播服务机构应当规范经营，不得出现下列行为：

（1）获取不正当利益，如向签约主播进行不正当收费等；

（2）未恰当履行与签约主播签署的合作协议，或因显失公平、附加不当条件等与签约主播产生纠纷，未妥善解决，造成恶劣影响；

（3）违背承诺，不守信经营，如擅自退出已承诺参与的平台活动等；

（4）扰乱网络直播营销活动秩序，如数据造假或作弊等；

（5）侵犯他人权益，如不当使用他人权利、泄露他人信息、骗取他人财物、骚扰他人等；

（6）故意或者疏于管理，导致实际参与网络直播营销活动的主播与该机构提交的主播账户身份信息不符。

第四十一条 用户是指使用互联网直播信息内容服务购买商品或者服务的组织或者个人，即网络直播服务的最终用户。用户在参与网络直播互动时，应遵守国家法律法规和平台管理规范，文明互动、理性表达，不得利用直播平台发表不当言论，侵犯他人合法权益。

7. 第六章 鼓励与监督

第四十二条 鼓励网络直播营销活动主体响应国家脱贫攻坚、乡村振兴等号召，积极开展公益直播。

公益直播应当依法保证商品和服务质量，保障消费者的合法权益。

公益直播应当遵纪守法，不得损害国家机关及其工作人员的名誉和形象。

第四十三条 中国广告协会将加强对本规范实施情况的监测和评估，向社会公示规范实施情况，鼓励自律自治。对违反本规范的，视情况进行提示劝诫、督促整改、公开批评，对涉嫌违法的，提请政府监管机关依法查处等，切实服务行业自律、服务行业维权、服务行业发展。

第四十四条 本规范自 2020 年 7 月 1 日起施行。

附录 B 《互联网直播服务管理规定》

第一条 为加强对互联网直播服务的管理，保护公民、法人和其他组织的合法权益，维护国家安全和公共利益，根据《全国人民代表大会常务委员会关于加强网络信息保护的决定》《国务院关于授权国家互联网信息办公室负责互联网信息内容管理工作的通知》《互联网信息服务管理办法》和《互联网新闻信息服务管理规定》，制定本规定。

第二条 在中华人民共和国境内提供、使用互联网直播服务，应当遵守本规定。

本规定所称互联网直播，是指基于互联网，以视频、音频、图文等形式向公众持续发布实时信息的活动；本规定所称互联网直播服务提供者，是指提供互联网直播平台服务的主体；本规定所称互联网直播服务使用者，包括互联网直播发布者和用户。

第三条 提供互联网直播服务，应当遵守法律法规，坚持正确导向，大力弘扬社会主义核心价值观，培育积极健康、向上向善的网络文化，维护良好网络生态，维护国家利益和公共利益，为广大网民特别是青少年成长营造风清气正的网络空间。

第四条 国家互联网信息办公室负责全国互联网直播服务信息内容的监督管理执法工作。地方互联网信息办公室依据职责负责本行政区域内的互联网直播服务信息内容的监督管理执法工作。国务院相关管理部门依据职责对互联网直播服务实施相应监督管理。

各级互联网信息办公室应当建立日常监督检查和定期检查相结合的监督管理制度，指导督促互联网直播服务提供者依据法律法规和服务协议规范互联网直播服务行为。

第五条 互联网直播服务提供者提供互联网新闻信息服务的，应当依法取得互联网新闻信息服务资质，并在许可范围内开展互联网新闻信息服务。

开展互联网新闻信息服务的互联网直播发布者，应当依法取得互联网新闻信息服务资质，并在许可范围内提供服务。

第六条 通过网络表演、网络视听节目等提供互联网直播服务的，还应当依法取得法律法规规定的相关资质。

第七条 互联网直播服务提供者应当落实主体责任，配备与服务规模相适应的专业人员，健全信息审核、信息安全管理、值班巡查、应急处置、技术保障等制度。提供互联网新闻信息直播服务的，应当设立总编辑。

互联网直播服务提供者应当建立直播内容审核平台，根据互联网直播的内容类别、用户规模等实施分级分类管理，对图文、视频、音频等直播内容加注或播报平台标识信息，对互联网新闻信息直播及其互动内容实施先审后发管理。

第八条 互联网直播服务提供者应当具备与其服务相适应的技术条件，应当具备即时阻断互联网直播的技术能力，技术方案应符合国家相关标准。

第九条 互联网直播服务提供者以及互联网直播服务使用者，不得利用互联网直播服务从事危害国家安全、破坏社会稳定、扰乱社会秩序、侵犯他人合法权益、传播淫秽色情等法律法规禁止的活动，不得利用互联网直播服务制作、复制、发布、传播法律法规禁止的信息内容。

第十条 互联网直播发布者发布新闻信息，应当真实准确、客观公正。转载新闻信息应当完整准确，不得歪曲新闻信息内容，并在显著位置注明来源，保证新闻信息来源可追溯。

第十一条 互联网直播服务提供者应当加强对评论、弹幕等直播互动环节的实时管理，配备相应管理人员。

互联网直播发布者在进行直播时，应当提供符合法律法规要求的直播内容，自觉维护直播活动秩序。

用户在参与直播互动时，应当遵守法律法规，文明互动，理性表达。

第十二条 互联网直播服务提供者应当按照"后台实名、前台自愿"的原则，对互联网直播用户进行基于移动电话号码等方式的真实身份信息认证，对互联网直播发布者进行基于身份证件、营业执照、组织机构代码证等的认证登记。互联网直播服务提供者应当对互联网直播发布者的真实身份信息进行审核，向所在地省、自治区、直辖市互联网信息办公室分类备案，并在相关执法部门依法查询时予以提供。

互联网直播服务提供者应当保护互联网直播服务使用者身份信息和隐私，不得泄露、篡改、毁损，不得出售或者非法向他人提供。

第十三条 互联网直播服务提供者应当与互联网直播服务使用者签订服务协议，明确双方权利义务，要求其承诺遵守法律法规和平台公约。

互联网直播服务协议和平台公约的必备条款由互联网直播服务提供者所在地省、自治区、直辖市互联网信息办公室指导制定。

第十四条 互联网直播服务提供者应当对违反法律法规和服务协议的互联网直播服务使用者，视情节严重程度采取警示、暂停发布、关闭账号等处置措施，及时消除违法违规直播信息内容，保存记录并向有关主管部门报告。

第十五条 互联网直播服务提供者应当建立互联网直播发布者信用等级管理体系，提供与信用等级挂钩的管理和服务。

互联网直播服务提供者应当建立黑名单管理制度，对纳入黑名单的互联网直播服务使用者禁止重新注册账号，并及时向所在地省、自治区、直辖市互联网信息办公室报告。

省、自治区、直辖市互联网信息办公室应当建立黑名单通报制度，并向国家互联网信息办公室报告。

第十六条 互联网直播服务提供者应当记录互联网直播服务使用者发布内容和日志信息，保存六十日。

互联网直播服务提供者应当配合有关部门依法进行的监督检查，并提供必要的文件、资料和数据。

第十七条 互联网直播服务提供者和互联网直播发布者，未经许可或者超出许可范围提供互联网新闻信息服务的，由国家和省、自治区、直辖市互联网信息办公室依据《互联网新闻信息服务管理规定》予以处罚。

对于违反本规定的其他违法行为，由国家和地方互联网信息办公室依据职责，依法予以处罚；构成犯罪的，依法追究刑事责任。通过网络表演、网络视听节目等提供网络直播服务，违反有关法律法规的，由相关部门依法予以处罚。

第十八条 鼓励支持相关行业组织制定行业公约，加强行业自律，建立健全行业信用评价体系和服务评议制度，促进行业规范发展。

第十九条 互联网直播服务提供者应当自觉接受社会监督，健全社会投诉举报渠道，设置便捷的投诉举报入口，及时处理公众投诉举报。

第二十条 本规定自 2016 年 12 月 1 日起施行。

附录 C 《网络直播营销管理办法（试行）》

网络直播营销管理办法（试行）

第一章　总则

第一条 为加强网络直播营销管理，维护国家安全和公共利益，保护公民、法人和其他组织的合法权益，促进网络直播营销健康有序发展，根据《中华人民共和国网络安全法》《中华人民共和国电子商务法》《中华人民共和国广告法》《中华人民共和国反不正当竞争法》《网络信息内容生态治理规定》等法律、行政法规和国家有关规定，制定本办法。

第二条 在中华人民共和国境内，通过互联网站、应用程序、小程序等，以视频直播、音频直播、图文直播或多种直播相结合等形式开展营销的商业活动，适用本办法。

本办法所称直播营销平台，是指在网络直播营销中提供直播服务的各类平台，包括互联网直播服务平台、互联网音视频服务平台、电子商务平台等。

本办法所称直播间运营者，是指在直播营销平台上注册账号或者通过自建网站等其他网络服务，开设直播间从事网络直播营销活动的个人、法人和其他组织。

本办法所称直播营销人员，是指在网络直播营销中直接向社会公众开展营销的个人。

本办法所称直播营销人员服务机构，是指为直播营销人员从事网络直播营销活动提供策划、运营、经纪、培训等的专门机构。

从事网络直播营销活动，属于《中华人民共和国电子商务法》规定的“电子商务平台经营者”或“平台内经营者”定义的市场主体，应当依法履行相应的责任和义务。

第三条 从事网络直播营销活动，应当遵守法律法规，遵循公序良俗，遵守商业道德，坚持正确导向，弘扬社会主义核心价值观，营造良好网络生态。

第四条 国家网信部门和国务院、公安、商务、文化和旅游、税务、市场监督管理、广播电视等有关主管部门建立健全线索移交、信息共享、会商研判、教育培训等工作机制，依据各自职责做好网络直播营销相关监督管理工作。

县级以上地方人民政府有关主管部门依据各自职责做好本行政区域内网络直播营销相关监督管理工作。

第二章　直播营销平台

第五条 直播营销平台应当依法依规履行备案手续，并按照有关规定开展安全评估。

从事网络直播营销活动，依法需要取得相关行政许可的，应当依法取得行政许可。

第六条 直播营销平台应当建立健全账号及直播营销功能注册注销、信息安全管理、营销行为规范、未成年人保护、消费者权益保护、个人信息保护、网络和数据安全管理等机制、措施。

直播营销平台应当配备与服务规模相适应的直播内容管理专业人员，具备维护互联网直播内容安全的技术能力，技术方案应符合国家相关标准。

第七条 直播营销平台应当依据相关法律法规和国家有关规定，制定并公开网络直播营销管理规则、平台公约。

直播营销平台应当与直播营销人员服务机构、直播间运营者签订协议，要求其规范直播营销人员招募、培训、管理流程，履行对直播营销内容、商品和服务的真实性、合法性审核义务。

直播营销平台应当制定直播营销商品和服务负面目录，列明法律法规规定的禁止生产销售、禁止网络交易、禁止商业推销宣传以及不适宜以直播形式营销的商品和服务类别。

第八条 直播营销平台应当对直播间运营者、直播营销人员进行基于身份证件信息、统一社会信用代码等真实身份信息认证，并依法依规向税务机关报送身份信息和其他涉税信息。直播营销平台应当采取必要措施保障处理的个人信息安全。

直播营销平台应当建立直播营销人员真实身份动态核验机制，在直播前核验所有直播营销人员身份信息，对与真实身份信息不符或按照国家有关规定不得从事网络直播发布的，不得为其提供直播发布服务。

第九条 直播营销平台应当加强网络直播营销信息内容管理，开展信息发布审核和实时巡查，发现违法和不良信息，应当立即采取处置措施，保存有关记录，并向有关主管部门报告。

直播营销平台应当加强直播间内链接、二维码等跳转服务的信息安全管理，防范信息安全风险。

第十条 直播营销平台应当建立健全风险识别模型，对涉嫌违法违规的高风险营销行为采取弹窗提示、违规警示、限制流量、暂停直播等措施。直播营销平台应当以显著方式警示用户平台外私下交易等行为的风险。

第十一条 直播营销平台提供付费导流等服务，对网络直播营销进行宣传、推广，构成商业广告的，应当履行广告发布者或者广告经营者的责任和义务。

直播营销平台不得为直播间运营者、直播营销人员虚假或者引人误解的商业宣传提供帮助、便利条件。

第十二条 直播营销平台应当建立健全未成年人保护机制，注重保护未成年人身心健康。网络直播营销中包含可能影响未成年人身心健康内容的，直播营销平台应当在信息展示前以显著方式做出提示。

第十三条 直播营销平台应当加强新技术新应用新功能上线和使用管理，对利用人工智能、数字视觉、虚拟现实、语音合成等技术展示的虚拟形象从事网络直播营销的，应当按照有关规定进行安全评估，并以显著方式予以标识。

第十四条 直播营销平台应当根据直播间运营者账号合规情况、关注和访问量、交易量和金额及其他指标维度，建立分级管理制度，根据级别确定服务范围及功能，对重点直播间运营者采取安排专人实时巡查、延长直播内容保存时间等措施。

直播营销平台应当对违反法律法规和服务协议的直播间运营者账号，视情况采取警示提醒、限制功能、暂停发布、注销账号、禁止重新注册等处置措施，保存记录并向有关主管部门报告。

直播营销平台应当建立黑名单制度，将严重违法违规的直播营销人员及因违法失德造成恶劣社会影响的人员列入黑名单，并向有关主管部门报告。

第十五条 直播营销平台应当建立健全投诉、举报机制，明确处理流程和反馈期限，及时处理公众对于违法违规信息内容、营销行为投诉举报。

消费者通过直播间内链接、二维码等方式跳转到其他平台购买商品或者接受服务，发生争议时，相关直播营销平台应当积极协助消费者维护合法权益，提供必要的证据等支持。

第十六条 直播营销平台应当提示直播间运营者依法办理市场主体登记或税务登记，如实申报收入，依法履行纳税义务，并依法享受税收优惠。直播营销平台及直播营销人员服务机构应当依法履行代扣代缴义务。

第三章 直播间运营者和直播营销人员

第十七条 直播营销人员或者直播间运营者为自然人的，应当年满十六周岁；十六周岁以上的未成年人申请成为直播营销人员或者直播间运营者的，应当经监护人同意。

第十八条 直播间运营者、直播营销人员从事网络直播营销活动，应当遵守法律法规和国家有关规定，遵循社会公序良俗，真实、准确、全面地发布商品或服务信息，不得有下列行为：

（一）违反《网络信息内容生态治理规定》第六条、第七条规定的；

（二）发布虚假或者引人误解的信息，欺骗、误导用户；

（三）营销假冒伪劣、侵犯知识产权或不符合保障人身、财产安全要求的商品；

（四）虚构或者篡改交易、关注度、浏览量、点赞量等数据流量造假；

（五）知道或应当知道他人存在违法违规或高风险行为，仍为其推广、引流；

（六）骚扰、诋毁、谩骂及恐吓他人，侵害他人合法权益；

（七）传销、诈骗、赌博、贩卖违禁品及管制物品等；

（八）其他违反国家法律法规和有关规定的行为。

第十九条 直播间运营者、直播营销人员发布的直播内容构成商业广告的，应当履行广告发布者、广告经营者或者广告代言人的责任和义务。

第二十条 直播营销人员不得在涉及国家安全、公共安全、影响他人及社会正常生产生活秩序的场所从事网络直播营销活动。

直播间运营者、直播营销人员应当加强直播间管理，在下列重点环节的设置应当符合法律法规和国家有关规定，不得含有违法和不良信息，不得以暗示等方式误导用户：

（一）直播间运营者账号名称、头像、简介；

（二）直播间标题、封面；

（三）直播间布景、道具、商品展示；

（四）直播营销人员着装、形象；

（五）其他易引起用户关注的重点环节。

第二十一条 直播间运营者、直播营销人员应当依据平台服务协议做好语音和视频连线、评论、弹幕等互动内容的实时管理，不得以删除、屏蔽相关不利评价等方式欺骗、误导用户。

第二十二条 直播间运营者应当对商品和服务供应商的身份、地址、联系方式、行政许可、信用情况等信息进行核验，并留存相关记录备查。

第二十三条 直播间运营者、直播营销人员应当依法依规履行消费者权益保护责任和义务，不得故意拖延或者无正当理由拒绝消费者提出的合法合理要求。

第二十四条 直播间运营者、直播营销人员与直播营销人员服务机构合作开展商业合作的，应当与直播营销人员服务机构签订书面协议，明确信息安全管理、商品质量审核、消费者权益保护等义务并督促履行。

第二十五条 直播间运营者、直播营销人员使用其他人肖像作为虚拟形象从事网络直播营销活动的，应当征得肖像权人同意，不得利用信息技术手段伪造等方式侵害他人的肖像权。对自然人声音的保护，参照适用前述规定。

第四章　监督管理和法律责任

第二十六条 有关部门根据需要对直播营销平台履行主体责任情况开展监督检查，对存在问题的平台开展专项检查。

直播营销平台对有关部门依法实施的监督检查，应当予以配合，不得拒绝、阻挠。直播营销平台应当为有关部门依法调查、侦查活动提供技术支持和协助。

第二十七条 有关部门应该加强对行业协会商会的指导，鼓励建立完善行业标准，开展法律法规宣传，推动行业自律。

第二十八条 违反本办法，给他人造成损害的，依法承担民事责任；构成犯罪的，依法追究刑事责任；尚不构成犯罪的，由网信等有关主管部门依据各自职责依照有关法律法规予以处理。

第二十九条 有关部门对严重违反法律法规的直播营销市场主体名单实施信息共享，依法开展联合惩戒。

第五章　附则

第三十条 本办法自 2021 年 5 月 25 日起施行。

参 考 文 献

[1] 杨浩. 直播电商 2.0. 北京：机械工业出版社，2020.

[2] 刘东明. 直播电商全攻略. 北京：人民邮电出版社，2020.

[3] 马涛，王大明. 淘宝直播与电商新玩法. 北京：机械工业出版社，2018.

[4] 淘宝大学达人学院. 淘宝直播运营与主播修炼手册. 北京：电子工业出版社，2017.

[5] 赵钢. 电商运营营销一本通. 北京：中国商业出版社，2018.

[6] 徐鹏举. 引爆流量：直播营销的战略打法和技巧. 北京：中国宇航出版社，2017.

[7] 宋江龙. “直播+互联网”精彩的成长蜕变. 北京：中国经济出版社，2018.

[8] 刘兵. 直播营销：重新定义营销新路径. 广州：广东人民出版社，2018.

[9] 高长利，李伟东，郭春光. 直播营销 互联网经济营销新思路. 广州：广东经济出版社，2017.